高等教育艺术设计系列教材

动漫构成艺术

主 编 陈 伟

清华大学出版社
北京

内 容 简 介

本书是一本动漫专业的基础教材。本书结合动漫专业的特点,对构成的概念、技法以及在动漫创作中的具体运用,由浅入深、循序渐进地进行了详细阐述,并启发学生理解与运用基本抽象概念、色彩原理以及空间立体概念。本书通过总结专业教师多年的经验,从理论知识到实践操作都进行了精准的讲述。

本书主要内容包括动漫构成艺术概述、动漫平面构成、动漫色彩构成以及动漫立体构成。这些内容都是动漫艺术设计、创作爱好者及专业人士必须了解并熟练掌握的基础知识,也是动漫创作和艺术设计的基石。

本书图文并茂,通俗易懂,可满足初学者的需要。读者通过学习本书,可对三大构成基本理论在动漫创作中的应用有一个全面的认识和理解,这也是编写本书的初衷。

本书适合作为高校动漫创作以及艺术设计类专业的教材,也可以作为艺术设计爱好者学习的参考资料。

本书封面贴有清华大学出版社防伪标签,无标签者不得销售。
版权所有,侵权必究。举报:010-62782989,beiqinquan@tup.tsinghua.edu.cn。

图书在版编目(CIP)数据

动漫构成艺术 / 陈伟主编. -- 北京:清华大学出版社,2025.2.
(高等教育艺术设计系列教材). -- ISBN 978-7-302-67980-6
Ⅰ. J218.7
中国国家版本馆 CIP 数据核字第 202511W2W4 号

责任编辑:张龙卿
封面设计:刘代书　陈昊靓
责任校对:李　梅
责任印制:曹婉颖

出版发行:清华大学出版社
　　　网　　址:https://www.tup.com.cn, https://www.wqxuetang.com
　　　地　　址:北京清华大学学研大厦 A 座　邮　编:100084
　　　社 总 机:010-83470000　　　　　　　邮　购:010-62786544
　　　投稿与读者服务:010-62776969, c-service@tup.tsinghua.edu.cn
　　　质量反馈:010-62772015, zhiliang@tup.tsinghua.edu.cn
　　　课件下载:https://www.tup.com.cn, 010-83470410
印 装 者:三河市龙大印装有限公司
经　　销:全国新华书店
开　　本:185mm×260mm　　印　张:18　　字　数:432 千字
版　　次:2025 年 3 月第 1 版　　　　　　印　次:2025 年 3 月第 1 次印刷
定　　价:99.00 元

产品编号:108033-01

前　言

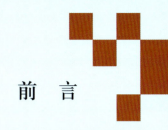

　　动漫是一门艺术，因其风趣幽默、直观易懂的特性而成为一种世界语言，它对于少年儿童是一种颇具吸引力和渗透力的艺术形式。动漫又是一个大产业，越来越受到政府和企业家的重视，成为当今经济发展的一个新的增长点。随着动漫产业的不断发展壮大，动漫教育也要与时俱进，动漫教育理论和配套的教材也应适时发展。

　　"动漫构成艺术"是用形、色、体等构成要素研究动漫造型设计的一般规律和方法，是一门按照一定的构成原则和色彩表现形式进行艺术化创作的设计课程，其理论可广泛应用于设计的诸多领域中。

　　"动漫构成艺术"又是一种创造性思维活动，能挖掘设计者的潜力和聪明才智，并为自由创作提供广阔的空间，可以培养学生和设计师的逻辑思维与形象思维能力，并不断拓展新的设计语言、手段和领域。

　　"动漫构成艺术"与现代艺术设计有着有机的联系，是艺术设计的基础阶段，但也是艺术设计的必经之路。构成并不等于设计，因为它是去掉了时代性、地方性、社会性和生产性等诸多因素的、纯粹的构成活动。

　　在"动漫构成艺术"中，平面构成主要研究和解决的问题是在二维空间中，通过点、线、面等构成要素和一些美的构成法则组成一种和谐的、美的形态。色彩构成主要研究和解决的问题是在特定的空间中，通过色彩原理和一些美的构成法则组成一种和谐的、美的形态，并用色彩加以渲染，达到设计的目的，同时重视对色彩组合规律的探讨，把色彩美学观点应用于诸多设计领域。立体构成主要研究和解决的问题是在三维空间中，通过点、线、面、体等要素和一些美的构成法则组成一种和谐的、美的形体，同时重视物体结构的解体及对重组规律的探讨，把美学、哲学观点应用于诸多设计领域。

　　"动漫构成艺术"也是一种强调实训的课程，通过一系列有针对性的实际练习，使学生具有一定审美的形象思维能力和创造设计能力。特别是通过较抽象的形式美法则的培养，使学生对美形成一种敏感性，同时能使作品反映现代人的生活方式和审美理想。

　　为了满足诸多设计类专业的学生及具有一定基础的设计爱好者的需要，本书从一定的理论高度将创作和制作相结合，运用作者自身总结的经验和各种图片资料，通过分析中外艺术家和设计大师的成名之作和教学中的案例，以图文并茂的形式，有针对性地介绍构成设计的基础技法，使学习者能够通过实践明确构成设计在诸多设计领域中的内涵和要领，为以后进入真正的设计领域打下坚实的基础。在此，编者向相关的中外艺术家和设计师表示由衷的敬意。本书在撰写过程中得到同事和同行的大力支持，在此一并表示感谢。

　　由于时间仓促，作者水平有限，不当之处还请广大读者批评指正。

编　者
2024年8月

目 录

第1章 动漫构成艺术概述 ·· 1
  1.1 构成的基本知识 ·· 1
    1.1.1 构成的起源 ·· 1
    1.1.2 构成的含义与目的 ·· 2
    1.1.3 构成的分类 ·· 3
  1.2 构成的学习方法 ·· 5
  1.3 动漫构成的含义与目的 ·· 6

第2章 动漫平面构成 ·· 10
  2.1 动漫平面构成基本要素——点 ·· 10
    2.1.1 动漫点的基本概念 ·· 10
    2.1.2 动漫点的性质与作用 ··· 12
    2.1.3 动漫点的性格表现 ·· 18
    2.1.4 动漫点的时间构成 ·· 20
  2.2 动漫平面构成基本要素——线 ·· 26
    2.2.1 动漫线的基本概念 ·· 26
    2.2.2 动漫线的性质与作用 ··· 28
    2.2.3 动漫线的种类与性格特征 ··· 31
    2.2.4 动漫线的时间构成 ·· 34
  2.3 动漫平面构成基本要素——面 ·· 38
    2.3.1 动漫面的基本概念 ·· 39
    2.3.2 动漫面的性质和作用 ··· 41
    2.3.3 动漫面的种类与性格特征 ··· 44
    2.3.4 图与底互换原理 ··· 48
    2.3.5 动漫面的时间构成 ·· 50
  2.4 动漫平面构成中的形态变化 ·· 54
    2.4.1 形态与心理感受 ··· 54
    2.4.2 层次 ·· 55
    2.4.3 空间 ·· 57
    2.4.4 视角 ·· 61

		2.4.5 构图 ··· 63
		2.4.6 运动 ··· 68
		2.4.7 变形 ··· 69
		2.4.8 质感 ··· 74
	2.5	动漫平面构成中的形式美法则 ··· 76
		2.5.1 对比与统一的动漫构成 ·· 77
		2.5.2 对称与平衡的动漫构成 ·· 83
		2.5.3 节奏与韵律的动漫构成 ·· 87
		2.5.4 虚与实的动漫构成 ··· 89
	2.6	肌理在动漫平面构成中的应用 ··· 93
		2.6.1 肌理的含义、分类、形式及制作技法 ···························· 93
		2.6.2 肌理与心理 ··· 95
		2.6.3 肌理在动漫构成中的应用 ·· 99

第3章 动漫色彩构成 ·· 101

3.1 动漫色彩构成的基本理论 ·· 101
- 3.1.1 色彩的生理与物理理论 ·· 101
- 3.1.2 动漫色彩的创作源泉与实践 ··· 108
- 3.1.3 动漫色彩的基本属性 ··· 110
- 3.1.4 色立体 ·· 114

3.2 动漫色彩与心理感受 ·· 121
- 3.2.1 动漫色彩的视觉感受 ··· 122
- 3.2.2 动漫色彩的情感 ··· 130
- 3.2.3 动漫色彩的联想 ··· 139
- 3.2.4 动漫色彩的性格与象征 ·· 145
- 3.2.5 动漫色彩的肌理与心理感受 ··· 147
- 3.2.6 动漫色彩的时间构成 ··· 148

3.3 动漫色彩对比原理 ··· 153
- 3.3.1 动漫色彩对比的含义 ··· 153
- 3.3.2 动漫色彩对比的构成原理 ·· 154
- 3.3.3 动漫色彩对比的形式 ··· 157
- 3.3.4 动漫色彩对比的时间构成 ·· 165

3.4 动漫色彩调和原理 ··· 170
- 3.4.1 动漫色彩调和的含义 ··· 170
- 3.4.2 动漫色彩调和的形式 ··· 172
- 3.4.3 动漫色彩调和的时间构成 ·· 182

第4章 动漫立体构成 ······ 186

4.1 动漫空间立体的情感特征 ······ 186
- 4.1.1 立体构成的基本元素与情感特征 ······ 186
- 4.1.2 空间立体的基本形态与情感特征 ······ 196
- 4.1.3 动漫空间立体的基本形态与情感特征 ······ 198
- 4.1.4 动漫空间立体的时间构成 ······ 200

4.2 动漫空间立体的形式美法则与审美感受 ······ 202
- 4.2.1 立体基本形的含义与构成形式 ······ 203
- 4.2.2 立体构成与空间结构 ······ 217
- 4.2.3 立体构成中的对比与统一原理 ······ 223
- 4.2.4 立体构成中的节奏与韵律原理 ······ 231
- 4.2.5 立体构成中的对称与平衡原理 ······ 234

4.3 立体构成的肌理表现 ······ 241
- 4.3.1 肌理的含义、分类、功能及制作办法 ······ 242
- 4.3.2 立体肌理的表现与情感特征 ······ 247
- 4.3.3 立体肌理在动漫设计中的应用 ······ 250

4.4 动漫基本形态的综合构成 ······ 252
- 4.4.1 线立体形态构成 ······ 253
- 4.4.2 面立体形态构成 ······ 260
- 4.4.3 块立体形态构成 ······ 273

参考文献 ······ 279

第 1 章　动漫构成艺术概述

本章学习目标：

认识构成的含义及其所研究的对象和总体目的，了解动漫构成的概念及应用范围，了解构成设计的精髓及前沿动态，为后面学习具体知识做准备。

本章学习重点：

通过本章的学习，学生可以初步了解构成及动漫构成的含义；本章重点对学生的思维有正确的引导，为以后的具体学习及实际应用打下基础。

1.1　构成的基本知识

1.1.1　构成的起源

构成一词的最早提出有两种说法：一种说法是来源于 20 世纪初抽象美术的构成主义（constructivism）、构成派。人们首先从雕塑中提出构成新概念，进而引申到立体主义的拼贴，并转化成三维的抽象构成。构成主义以俄国构成主义的奠基者塔特林和罗德琴柯为先驱（图 1-1），构成派以毕加索为主（图 1-2）。另一种说法是来源于德国包豪斯中的 GESTALTUNG 一词。包豪斯的基础教育深受新艺术运动的影响，学院有很多当时被公认为是艺术大师的重要人物，他们强调现代设计精神，不愿意延续传统美术和美术教育方法——具象性再现，喜欢真实地描绘对象，用非具象形态和抽象性思维分解形体并实现再构成，同时非常注重材料质感的对比，以体现新的造型效果。包豪斯把前所未有的造型试验方法引入教学中，从而在性情各异、才华不同的学生中引起不同的反响，让他们的技术活动适合他们的个性，从而把学生们从传统的美学意识中彻底解放出来，使其建立新观念，激发灵感并培养创造力。包豪斯的教学目的就是要培养有创造性的人才,这也是当今设计院校所追求的目标。

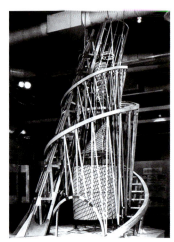
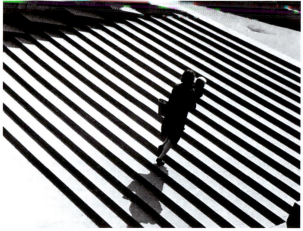

图1-1　俄国塔特林作品《第三国际纪念碑》和罗德琴柯摄影作品《阶梯》

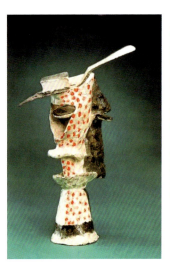
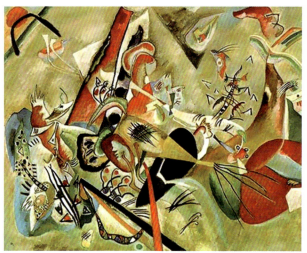

图1-2　毕加索和康定斯基作品

在我国,构成能追溯到原始社会的彩陶文化中的彩色图形以及被公认的可代表中国文化的龙、凤(图1-3),只不过当时不叫构成。彩陶的特点以结构严谨、色彩对比强烈为主;龙和凤是把多种动物分解开来而又重新组合成的瑞兽形象(龙以蛇身为主体,接受了兽类的四脚、马的头、鬣的尾、鱼的鳞和须、鹿的角、狗的爪;凤是鸿前麟后、蛇颈鱼尾、鹳颡鸳思、龙文虎背、燕颔鸡喙、五色备举。),这种构成设计意识在中国得到了充分的体现。

1.1.2　构成的含义与目的

构成理论引入中国已有四十多年的历史了。作为设计的基础课,其经历了一个由陌生到熟悉的过程。目前,构成已成为各艺术院校设计基础课的重要组成部分,各艺术院校以此培养出了很多思维活跃、技术高超的专业设计人才。

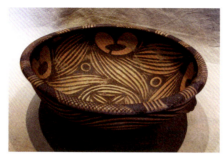
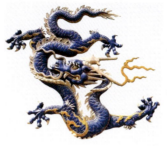
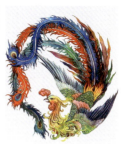

图1-3 彩陶和龙、凤

随着社会的进步，构成作为现代视觉传达的基础理论，在现代经济社会和未来社会里必将受到更广泛的欢迎，其含义也会越来越丰富。因此，我们可以把构成理解为一种美的关系的形成，其不仅涉及静止不动的画面组合，还延伸到具有时间性质的运动画面组合。对组合关系的认识、把握、创造以及色彩、空间的美的搭配是构成的关键。事实上，在我们生活的环境中，无论在宏观层面还是微观层面，处处都能体现出物体的美的组合关系、美的秩序关系、美的逻辑关系。把这些关系打散后再组合成有目的性的新的关系，就是构成。所以，我们可以把构成理解为组装，即把构成中的诸要素像机器零件一样按照美的形式法则和目的性的原则进行组合，从而形成一种新的适合审美需要的关系。

构成是一门并列于造型艺术和设计的学科，它以提升美感及发挥个性为目的，侧重于传授设计方法和制作技术。构成设计课程的教学内容不延续传统的设计意识，而是建立在新理论的基础上的。其教学目的是培养学生的分析能力和综合思维能力，使其思维更活跃，视野更开阔，想象力更超前。因此，对形与色的造型语言、造型方法、造型心理效应的研究极为重要。通过教学，让学生能够亲身去体验，在实践过程中去思考，培养学生新的美感鉴赏力与创造力，为未来各专业的发展输送具有计划性、发展性、持续性和创造性的人才。

1.1.3 构成的分类

构成应用于设计艺术的各个领域（图1-4）。一般认为，构成分为平面构成（图1-5）、色彩构成（图1-6）和立体构成（图1-7）三种，合称为三大构成，它们所研究的角度不同，但相互联系，互为补充，共同为设计服务。

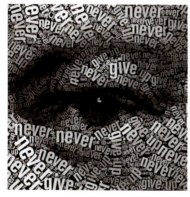
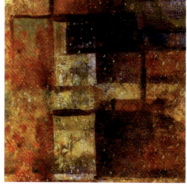
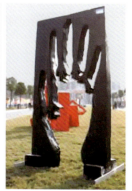

图1-4 构成的具体应用

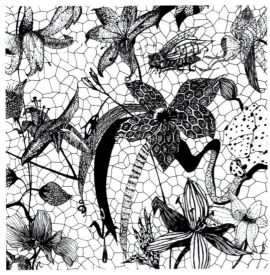
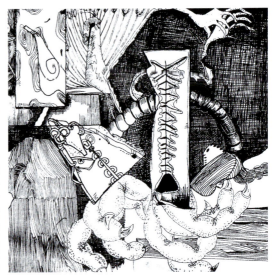

图1-5　平面构成（学生作业）

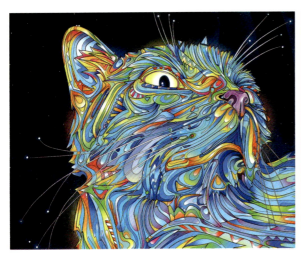
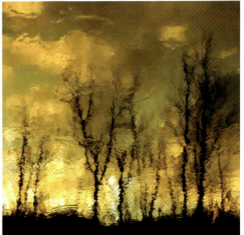

图1-6　色彩构成

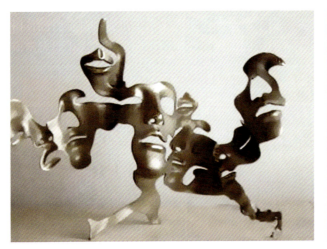
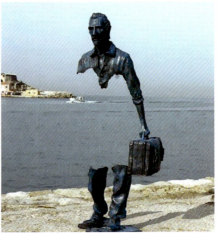

图1-7　立体构成

1.2 构成的学习方法

根据构成思维方式的相关论述,我们应该有相应的学习方法来配合思维方式的实现,以完成自己的设计。

我们知道,任何创作都离不开生活,无论是具象的设计还是抽象的设计,都与生活密切相关。离开生活,创作将成为无源之水、无本之木。所以我们要热爱生活,关心生活中的点点滴滴。我们应拜生活为老师,从自然景观中找到抽象的点、线、面等要素,再加入现代思维,才能创作出具有超前意识的实用设计作品。

多欣赏优秀构成作品,提高对构成的学习和认识。人没有鉴赏力,就无法设计出高级的作品。我们对构成的学习首先要从欣赏开始,俗话说"见多才能识广"。通过对构成作品的鉴赏,可以加强对构成的感性认识,还可以将优秀设计作品与相关的理论相结合,加深自己对构成的理解,启发创造性思维。

通过对构成各个阶段的学习,深入了解构成的作用与意义。构成的思维方式分为五个阶段,每个阶段都有各自的特点和要求。通过多媒体现代化教学,调动起学生的学习兴趣和积极性,使学生了解更多构成的信息,掌握每一阶段的学习要点,深入了解构成的基础知识及其意义,为以后的设计打好基础。

通过命题作业的练习,提高学生的思考能力和创造能力。创造性的作业训练是发展创造能力和思考能力的必要手段。通过命题练习,每名学生都能体会到不同阶段的要求和设计意图,从而循序渐进地提高思维能力和创造能力。例如,以某一音乐为启发,设计以线为主的构成作品,可以培养节奏感和韵律感,提高分析能力。

学习中要充分发挥学生的个性,个性在创作中是非常重要的。我们不能通过学习将学生都培养成千篇一律的性格。个性是创作的灵魂,是不同于其他作品的活的东西。如果不能把每名学生的生活经历和各种差异发挥出来,教学将是失败的。学生在练习中也不能被某些教师的习惯和技巧影响太深,从而被教师某些想法和构思的束缚。学生应在教师的启发下,大胆构思,勇于开拓,充分发挥出自己的潜力,使构成的学习能真正培养自己的想象力和创造力,为以后艺术领域专业课的学习打好基础(图1-8~图1-10)。

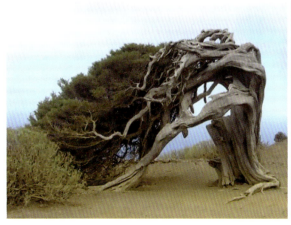
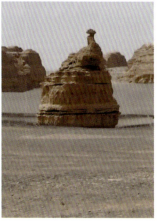

图1-8 自然景观

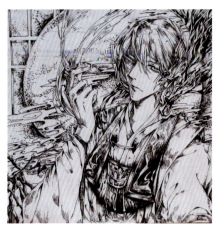
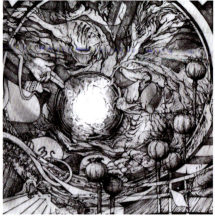

图1-9　平面构成作业

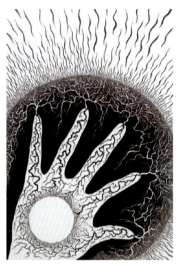
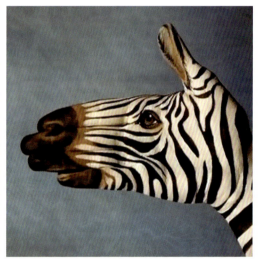

图1-10　创造性思维设计作品

1.3　动漫构成的含义与目的

前面已对构成的定义做了解释，而动漫构成又是新概念，其研究领域有所拓展，在三大构成的基础上，在每种构成中又加入了动漫的内容。动漫构成不仅研究静止的画面，还研究运动的画面，即三大构成在运动画面中的应用。它适用于动画与漫画的创作设计范围，实际上可以理解为构成在动漫创作设计中的应用。

动漫构成中三大构成的具体含义与目的如下。

动漫平面构成是应用平面构成诸要素并结合动漫特征，组合成新的合乎设计者意图的静止与运动的平面构成作品。

在影视作品中，平面构成的应用已是有目共睹的，它作为一种有一定规律性、创造性的训练手段，是设计者和创作者必须要灵活掌握的基础之一。它的目的就是要培养学生和动漫爱好者运用平面构成原则和规律来表达自己的设计意图，并最大限度地发挥学生的想象力，营造深刻的审美境界，以唤起观众强烈的视觉体验与心理感受。为了达到这样的目的，就必须掌握平面构成的基本法则和规律，能按照美的形式法则去构建画面，并能灵活地应用于影视动画创作中。这种学习应该是循序渐进的，按照每一阶段的学习目标和方法认真完成相应的练习，从而不断提高自身的素质和能力，为将来的创作打好基础（图1-11和图1-12）。

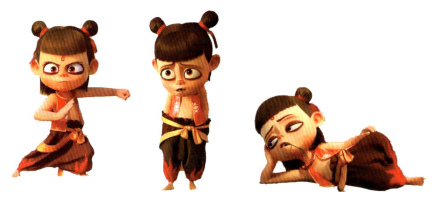

图1-11　动画电影《哪吒之魔童降世》中哪吒的动画造型

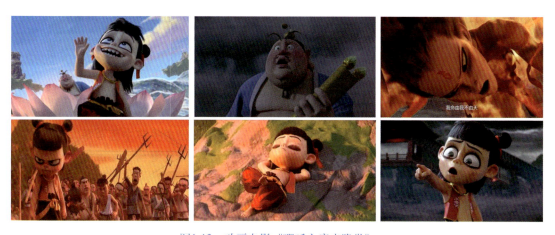

图1-12　动画电影《哪吒之魔童降世》

动漫色彩构成即应用色彩构成诸要素，结合动漫特征，组合成新的合乎设计者目的的静止与运动画面的色彩构成设计。动漫色彩构成的目的就是要培养学生和动漫爱好者应用色彩构成原理表达自己或导演的设计意图，发挥最大限度的想象力，创造更广泛、更深刻的审美境界，以唤起观众强烈的视觉与心理感受。为了达到这样的目的，就必须掌握色彩构成理论和法则，按照影视创作规律，进行严格的静止与运动画面色彩构成训练，将理性色彩知识灵活地融于感性的色彩实践之中，力图在由浅入深的学习中增强动漫色彩语言的表达能力，以便在实际应用中有更多的主动权和自由的表达能力。培养这种能力需要不断提升自身素质，循序渐进地积累知识（图1-13）。

顾名思义，动漫立体构成中的立体是指具有长、宽、高的三维空间。立体物有着三个不同方向的轴，给人们的感觉是一个真实的实体，包括三维的虚拟空间（专指计算机三维造型）。立体物不仅能让人们从各个角度观察其不同的形态，还会因光的照射而产生丰富的光影效果，甚至还可让人们进入其中感受内部的真实空间（专指场景、建筑等）。动漫立体构成就是立体构成在动漫中的应用，也就是研究关于三维空间设计规律和设计方案的理论课程，还是关于空间立体造型的学科。立体构成的任务是研究如何在三维空间里将立体的造型元素组合出遵循形式美学原则的立体形态，揭示立体造型的基本规律，并在时间推移中对该规律进行合理的应用（图1-14 和图1-15）。

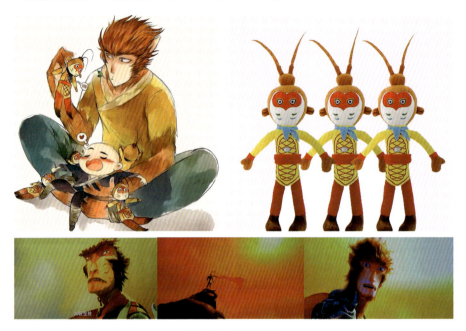

图1-13　动漫造型

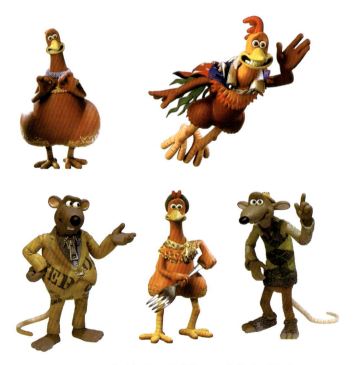

图1-14　动画电影《小鸡快跑》中的造型设计

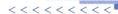

第 1 章 动漫构成艺术概述

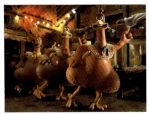
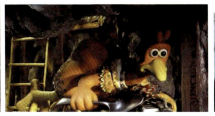
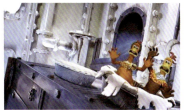

图1-15　动画电影《小鸡快跑》中的场景

思考与练习

1．理解"构成""动漫平面构成""动漫色彩构成""动漫立体构成"的含义及其作用，并仔细观察日常生活中的各种形态，深刻理解它们所具有的特点。

2．通过临摹一些优秀的构成作品，理解三大构成思维模式的几个阶段，并能适当地加以掌握。

3．如何根据思维特征理解动漫构成设计的学习方法？如何建立起有效的学习方法？

第 2 章 动漫平面构成

本章学习目标：

让学生在掌握设计的基本要素——点、线、面、形态要素、形式美法则及肌理的概念、性质和形式的基础上，能在艺术的各个门类中加以灵活应用，尤其是在影视动画构成中加以应用。

本章学习重点：

在重点掌握点、线、面、形态要素、形式美法则及肌理的基本概念和性质的前提下，理解平面构成中点、线、面的形式和错觉以及在影视动画中的构成形式，并了解它们在运动画面中的位置、大小给人们带来的心理影响和视觉力量。

2.1 动漫平面构成基本要素——点

2.1.1 动漫点的基本概念

在日常生活中，我们经常感受到某些形态在特定的环境下有一种点的感觉。这种感觉是相对而言的，相对于自然界来说，实际大的形态也有一种点的感觉。例如天上的星星（图 2-1）、海中的船只、卫星拍摄的地形资料，以及动画片中远处的人物、树木和房舍等。在造型艺术中，相对于线与面来说，点是最小的单位，它是将具体形态缩小到一定程度的表现。

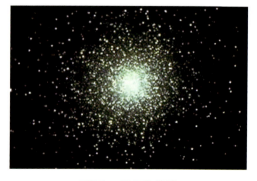

图2-1 天上的繁星

在艺术领域中,艺术家把点作为表现语言的抽象化运用,通过大小、聚集、虚实、方向等形式变化使之性格化,具有一种抽象含义。例如,中国画(国画)中点染方法的应用,力求达到形神兼备的境界。西方印象派画家凡·高等人将作品表现语言之一的笔触在作品中应用得出神入画,中国影视动画《小蝌蚪找妈妈》中小蝌蚪作为点的运动方位、方向的变化,都给人一种耳目一新的感觉,甚至达到了美学的新高度,如图2-2和图2-3所示。

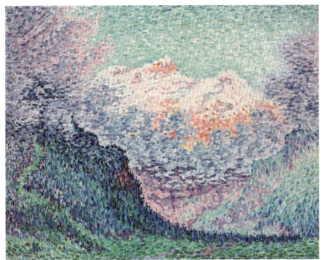
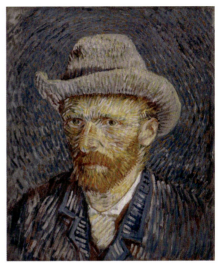

图2-2　大师西涅克和凡·高的作品

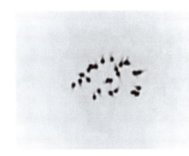
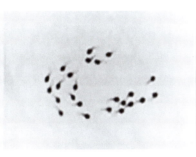
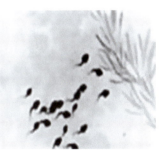

图2-3　动画片《小蝌蚪找妈妈》片段

1．点的基本概念

康定斯基认为:"点是最简洁的形态。"点也是一切形态的基础。从几何意义上讲,点没有大小,只有位置,没有长度和宽度。点是线的开端和终结,是两线的交点,是概念化的表现。从造型意义上讲,点必须有形象存在才是可见的,因此,它具有独立的大小、形状和色彩,是具有空间位置的视觉单位,它没有上下、左右的连续性和方向性,其大小绝不允许超越当作视觉单位的点的限度,超越这个限度就失去了点的性质而成为面了。要具体划分点和面的界限,必须根据它们所处的具体位置的对比关系来确定。如银河系中的太阳,其体积是地球的130万倍,但我们每天观察到的太阳只有一个点的感觉,这是因为天体整体框架的比例关系给人们造成的印象;再如大海中的孤舟、天空中的繁星等,都是这种感觉(图2-4)。

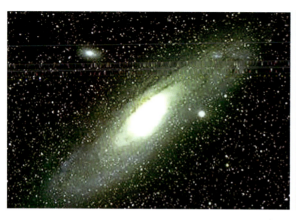
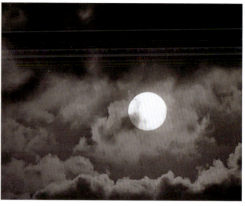

图2-4 天体图片

2．动漫点的基本含义

动漫点与平面构成中点的含义基本上是相同的，但是它们的外延不同，它不仅包含静止画面中点的特性，还包含时间上的内容，即运动中点的特性。我们也可理解动漫点是平面构成中点的形式和内容在运动画面中的应用，并给人们在心理上和视觉上造成一定的影响。例如，动画片《九色鹿》中鹿王飞走时的镜头，其点的位置变化给人们在心理上造成较强烈的感受（图2-5）。

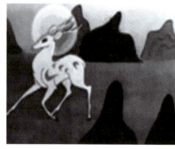
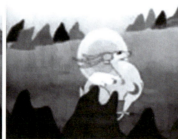
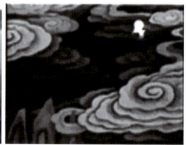

图2-5 动画片《九色鹿》片段

2.1.2 动漫点的性质与作用

点是构成形态的最小单位，在画面中具有以下几方面的性质与作用。

1．点的独立性

点容易形成视觉中心，在画面中具有中心地位及避免被其他形态同化的性质，并起到突出、强调的作用（图2-6）。一般情况下，人们的注意力始终会放在占有"力"的空间位置上。单个点无论在什么位置上都会成为视觉中心，这也是力场的中心。但单独的点本身并没有上下、左右的连续性，只有视觉上的聚集性。因此，点能让人们感觉到内在的力量和扩散的潜能，并作用于周围的空间，使人们心理上产生紧张感和舒适感。尤其在影视方面，当运动的点落在某一位置时，会使观众有一种片刻的安定感和舒适感，起到一定的调节作用，平衡心理状态。例如，电影《霍元甲》中霍元甲与俄国大力士比武的镜头中，比武开始时，观众的心理是紧张、不安的，最后镜头在左边的霍元甲身上停留片刻，人们的心情由紧张、不安变为兴奋、激动——因为霍元甲打赢了，如图 2-7 所示。再如动画电影《金猴降妖》中白骨精降落亮相，最后也是落在左边的位置上，让人们感觉到有一种透不过气来的压抑感，预示着危险将要发生，如图 2-8 所示。

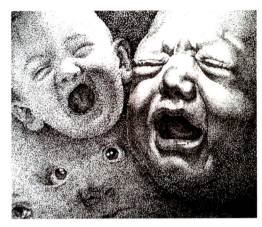
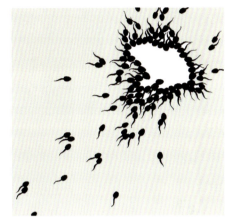

图2-6　点的构成

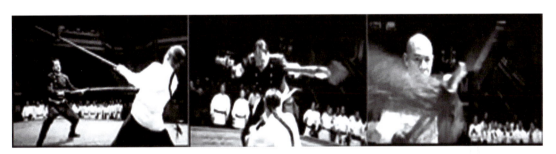

图2-7　电影《霍元甲》片段

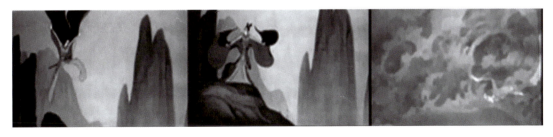

图2-8　动画电影《金猴降妖》片段

2．点的定位性

点的另一个特性是其定位性。由于几何形中的点在视觉上具有收缩性，可以把人们的视觉向点的中心集中，具有一种向心力，能引起观者更大的关注，可以使人们的视线相对稳定，因此具有定位功能。对于画面中不规则的点，由于面积相对较小，边缘在视觉上容易模糊，也有向圆形靠拢的感觉，同样具有圆心点的定位性。

在艺术设计中，运用点的高度抽象、简洁的属性和向心力的特征，可在画面中进行视觉上的定位性设计（图 2-9）。

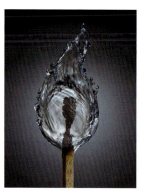
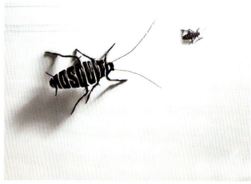

图2-9　广告设计作品

3. 点的张力性

因为点是力的中心,所以点的另一个特性就是张力性。当画面中只有一个点时,除了独立性、定位性特征之外,点还有张力作用。此时,人们的视线就会集中在这一点上,心理上会产生扩张感。影视动画设计中也会用到这一特性,为了强调某一角色,导演会对这一角色作特殊安排,使其在画面中处于重要位置,在视觉中产生力场,使观众一目了然。例如,动画艺术短片《三个和尚》中,小和尚出场时,画面中有一个点出现,给人一种张力,很自然地把观众吸引到故事当中,如图2-10所示。当画面中出现两个点时,其张力作用就变为两点的连线了,在视觉上会有一种无形的线的感觉。从力学角度上讲,是把视觉力一分为二,出现了长度和隐晦的方向性,一种内在的能量在两点之间产生了特殊的张力,直接影响其中的空间。在动画片的设计中,要表现两个角色之间的关系时,经常会把两个角色放在同一画面上,让观众在视觉上产生一种无形的连线,从而交代了两人的关系。如中国动画艺术短片《三个和尚》中,两个和尚的表演让人回味无穷,如图2-11所示。当画面中出现大小不同的两点时,人们的视觉习惯是先注意到占优势的一点,然后向劣势的一点滑动和转移。这就会自然地形成一种方向感,引导人们去观看某一形态。如果在画面设计中有意设计或要引导观众去观看相应的对象,就要用到这种方法。如动画艺术短片《三个和尚》中,和尚与小乌龟的关系会使观众产生活泼、轻松之感,如图2-12所示。当画面中出现三个点且三个点在三条轴线上平均散开时,点的视线作用就表现为一个三角形的场的关系,距离较近的点的引力比距离较远的点的引力更强。例如,自然现象中的北斗七星会让人们很容易联想到一个勺形,容易被人们识别。再如,动画艺术短片《三个和尚》中三个和尚的对垒局面,就很容易让人联想到三个和尚没水吃的原因,以幽默的方式让人们深思其中的哲理(图2-13)。

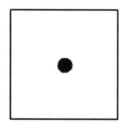
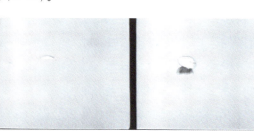
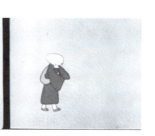

图2-10　动画艺术短片《三个和尚》片段(1)

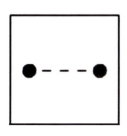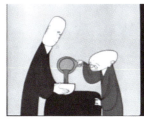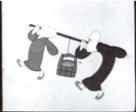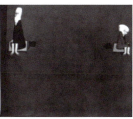

图2-11 动画艺术短片《三个和尚》片段（2）

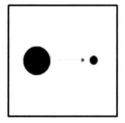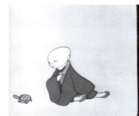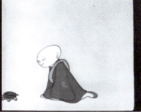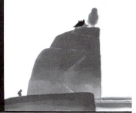

图2-12 动画艺术短片《三个和尚》片段（3）

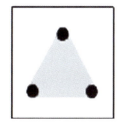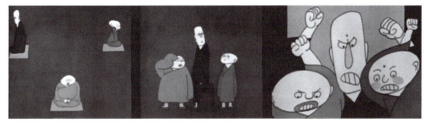

图2-13 动画艺术短片《三个和尚》片段（4）

4．点的点缀性

由于点的形态既具有灵活性又具有多样性，因此，点可以极大地丰富画面设计的视觉效果。如"万绿丛中一点红"中的这一点红，无论是从面积对比还是色彩对比上都展现了大自然的生机勃勃。从理论上讲，点具有高度的抽象性，如服装上的纽扣、电线杆上的小鸟，无不具有点的点缀性特征。

点缀的构成是充分应用点的视觉特征对画面进行构成的重要方法。如在大面积的形态上，为了打破大面积造成的单调，又不打破大面积的效果，就可以应用点缀的方法来解决。点缀在大面积形态上，再通过层次感及色彩关系加以丰富，会得到良好的视觉效果。如果黑白画面局部使用点或小面积的点缀，会起到一定的调节及补充作用（图2-14）。

5．点的虚线性和虚面性

点在一条线上等间隔排列会产生线的感觉。无论何种形态的点，在移动和组合中可在视觉上产生强烈的动感，并可产生虚线的感觉。如果点在大小上渐次变化，可产生速度感和空间感，这也是空间感表现的重要手段之一。如果这些虚线再上下、左右间隔排列，则会产生虚面感。大而疏朗的点等间隔排列，看起来较为轻松、舒畅，这是空间效应的结果；小而密的点等间隔排列，有很强的包容性。多数点处于分散且不加以排列时，我们可视为暗示面。与实面相比，暗示面应处于后面的层次中，以丰富画面的内容和增强空间感。

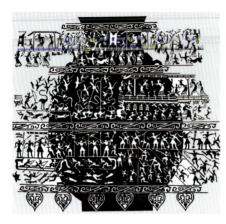
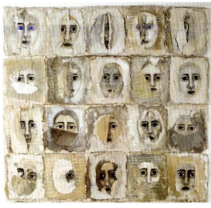

图2-14　点的点缀性

在平面构成中，我们理解了点的特性后，应转入扩展阶段，把这些单纯的点以形象代替，这样既可增强其生动性和可观赏性，又有一种规律性的规则在里面，使人感觉心情愉悦，不至于有种混乱的感觉。有时在构成设计中需要增强一种灰线和灰面时，就可应用点的虚线性和虚面性的特征。在保持原形态线或面的同时，对线或面进行虚化处理，使其若隐若现地赋予画面强烈的视觉表现力（图2-15）。

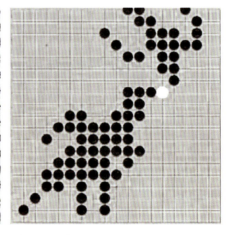

图2-15　点的虚线性和虚面性

在动漫作品中，为了增强空间感或视觉冲击力，往往会用到点的虚线性和虚面性的特征。例如，美国音乐动画片《幻想曲2000》中有一个小片段就应用了一种形态的排列来体现音乐的旋律并让人产生视觉上的感受（图2-16）。

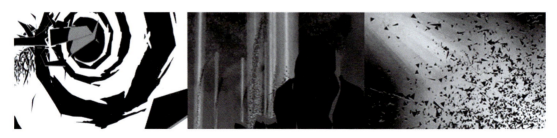

图2-16　美国音乐动画片《幻想曲2000》片段

6. 点的错觉性

在研究点的错觉性时，先要搞清楚错觉性的含义与作用。在日常生活中，我们会遇到很多错觉的现象。例如，我们乘车时，会感觉到身边的树木和大地在向后移动，而车不动，这种错觉是参照物不同造成的，这种现象已经被物理学解释了。再如，法国国旗蓝、白、红三色的面积比例通常为 30∶33∶37，但人们在视觉上感觉到面积是相同的，这是色彩在视觉上造成的错觉，这种现象被色彩学解释了。但是，还有的错觉现象不太好解释。例如，《论语》中《两小儿辩日》一文说："一儿曰：'我以日始出时去人近，而日中时远也。'一儿曰：'我以日初出远，而日中时近也。'"这种错觉是在视觉的综合分析下产生的。因为，当光线进入眼球时，透过视觉的群化法则、图和底概念、完整理论等视觉特征，才能使我们判断出影像的时间与空间、安全与危险、平衡与不平衡、美与丑等，从而进行分析、思考与创造。这是产生错觉的主要原因。

但在造型、视觉艺术中，这种错觉能使人产生好奇心，以达到身心愉悦的效果。因此，错觉是指与实际事物不一致的现象。构成基本要素中点的位置会随着其色彩、明度和环境条件等的变化而产生远近、大小等变化错觉。例如，当在方框内点的形象周围加上适当形象时，便会产生一种体的感觉，使点失去自身的特性（图2-17）。

在适当的空间里，一个点原来具有点的特征，若在其形内加上其他造型因素，其点的特征就受到了破坏，产生了面的感觉（图2-18）。

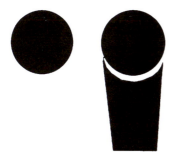
图2-17　点的错觉（1）

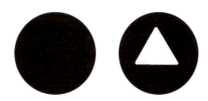
图2-18　点的错觉（2）

点周围环境对比发生变化也会增强或丧失点的特征（图2-19）。

当两个同样大小的黑、白点分别放在白纸和黑纸上时，由于明度的不同，人们感觉到黑纸上的白点比白纸上的黑点要大一些（图2-20）。

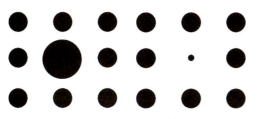
图2-19　点的错觉（3）

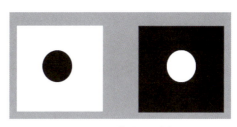
图2-20　点的错觉（4）

两个大小相同的点，由于周围的点大小不同，人们会产生两个点大小不同的错觉（图2-21）。

当同样大小的两个点在一个夹角中时，人们会产生这两个点大小不同的错觉（图2-22）。同样大小的两个点由于空间对比关系的不同，人们也会产生这两个点大小不同的错觉（图 2-23）。

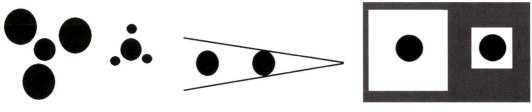

图2-21　点的错觉（5）　　　　图2-22　点的错觉（6）　　　　图2-23　点的错觉（7）

所有这些都是视觉做出的错误判断，使人们产生心理上的错觉，并能引起人们的好奇心。有时应用这些错觉设计会收到意想不到的效果（图 2-24）。

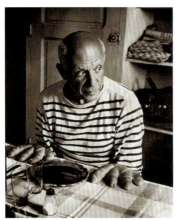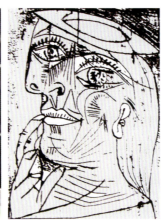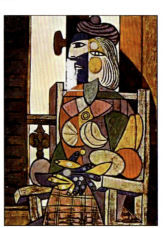

图2-24　毕加索及其作品

2.1.3　动漫点的性格表现

任何事物都具有情感，即使是无生命的形态，因为人在本质上是有感情的。我们所见到的无论是平常的形态还是特殊的形态，都有其美的一面。构成的基本要素——点也不例外，不同形态的点表达不同的情感。点的不同形态往往能引起人们对自然物的一些联想，进行某种情感的传递，因此，可以说不同的点有不同的情感。这里把动漫点的性格表现分为两种类型，即具象点的性格表现和抽象点的性格表现。

1. 具象点的性格表现

由于造型艺术中点是有形象的，这种形象来自日常生活，而且人类是高级感情动物，所以会不可避免地对某些事物产生联想。具象点的空间位置不失去点的性质时，各种具体事物会引起人们不同的欲望和感受，其性格就隐藏其中，因为这些具象形态能传递某些信息，使人深信不疑。例如，在画面中有许多橘子和香蕉时，人们会联想到水果，有一种想吃的欲望，从而产生美好的感觉，该具象形态的性格就表现得亲切；如果画面中是许多铁丝，人们会联想到工业，有一种冰冷的感觉，该具象形态的性格就表现得冷酷、无情（图 2-25）。

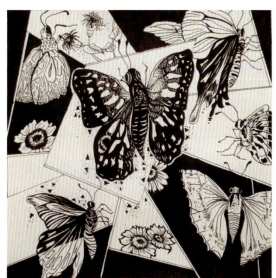
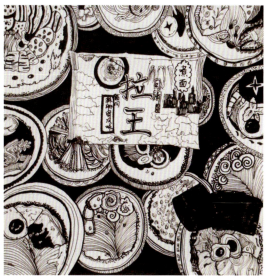

图2-25　具象点的性格表现

在影视动画作品中也是如此。具象点的形象能传递一种真实性，让人有一种亲切感。例如，动画艺术短片《诺亚方舟》中众多具象、写实的造型会在人们心理上形成一种虚拟的真实性，让观众在虚构的环境中产生真实感。这也是动画片的本质特征之一（图2-26）。

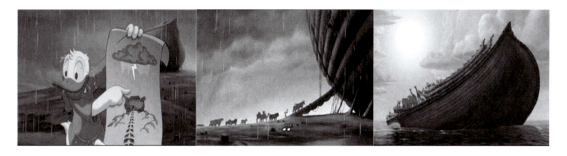

图2-26　动画艺术短片《诺亚方舟》片段

2. 抽象点的性格表现

抽象是人们抓住事物共性和本质特点所总结出来的。不同抽象形态的点有不同的性格表现。如方形点具有坚实、规整、静止和稳定之感；圆形点具有饱满、运动、充实和不稳定之感；三角形点具有尖锐、女性化特征，其中正三角形点具有稳定之感，倒三角形点具有极不稳定之感；多边形点具有紧张、躁动和活泼之感；不规则点具有自由、随意之感；等等。如果我们有意识地把不同形态的点经过精心组织，使之反映不同心理效应与情态并与构成画面中的各种意象相呼应，那么就可使作品有了情绪表现，使作品更具有生命力。在影视动画片中也有这样的性格表现。比如，在动画片《幻想曲2000》中用两个倒三角形组成的蝴蝶意象就表现出了这种点的性格特征，让人感觉到既是蝴蝶又非蝴蝶的意象，再与经典音乐的内容、节奏相呼应，就会把人带到一个极富幻想而又美好的境界中（图2-27和图2-28）。

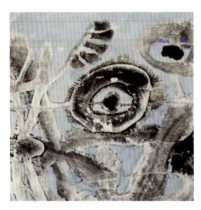
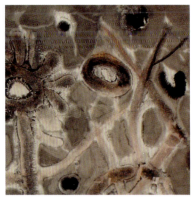

图2-27　抽象点的性格表现

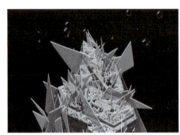
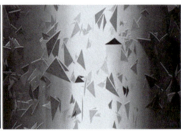
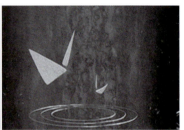

图2-28　动画片《幻想曲2000》片段

2.1.4　动漫点的时间构成

前面讲到的点的含义、性质及性格表现，人们一般理解为是静止画面所有的特性，但在运动画面中同样适用。我们在研究的静止画面和单幅画面中加入了时间的推移，就变为运动画面，即四维空间。在运动中，如何应用点的特性来使画面达到视觉平衡，从而影响观众的心理，使观众产生心理愉悦感，达到美的效果？下面从三个方面加以阐述。

1. 点在不同位置中的作用

点能产生强烈的视觉效果，在不同的位置会使人产生不同的心理与生理感受。例如，点在画面对角线的交点上，上下左右力量均衡，来自各方面的引力和张力相互抵消，会给人一种安定、安全、平稳、集中和庄严的心理感受。在影视动画设计中的应用效果也是如此（图2-29）。

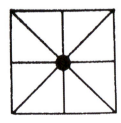
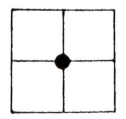
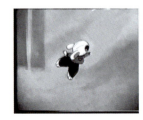

图2-29　点在画面对角线的交点上

如果点在纵向中心轴的下方，来自左、右两边的力是均衡的，来自上、下两边的力却是不同的，此时会有一种稳定、压抑之感（图2-30）。

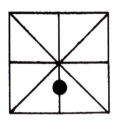 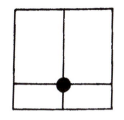 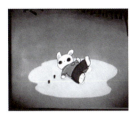

图2-30　点在纵向中心轴的下方

如果点在纵向中心轴的上方，来自左、右两边的力同样是均衡的，来自上、下两边的力是不同的，这会使人在心理上产生一种动感和轻飘感（图2-31）。

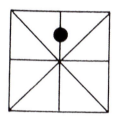 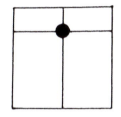 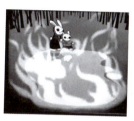

图2-31　点在纵向中心轴的上方

如果点在横向中心轴的左边，来自上、下两方的力是均衡的，来自左、右两边的力是不同的。人们在心理上对上下对称比对左右对称更敏感，所以人们对这种点可能不会太关注（图2-32）。

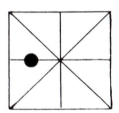 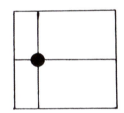 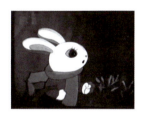

图2-32　点在横向中心轴的左边

如果点在横向中心轴的右边，来自上、下两方的力同样是均衡的，只是人们对位于右边的点比较敏感。这种点比较引人注意，但比起对角线上的点要稳定一些（图2-33）。

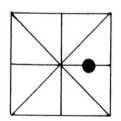 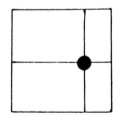 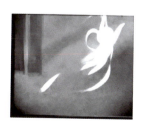

图2-33　点在横向中心轴的右边

如果点在左上侧的对角线上，就会使人在心理上有一种向下的运动感，并且会向右边展开（图2-34）。

如果点在左上侧的对角线与水平中线之间，就有一种很强烈的运动感，再向下、向右都有宽广的空间，使人产生一种轻飘感。假如在下方没有物体，这种轻飘感将更强烈（图2-35）。

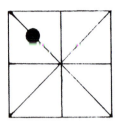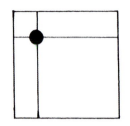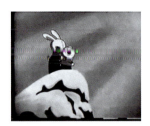

图2-34　点在左上侧的对角线上

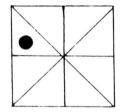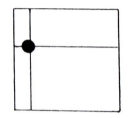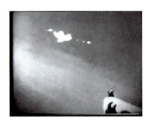

图2-35　点在左上侧的对角线与水平中线之间

如果点在右上侧的对角线上，那么这将是一个动静关系配合得最完美的位置。因为该位置不但打破了来自上、下、左、右的均衡关系，会产生动感，而且是最引人注目的位置。在心理上，该位置有向下、向左、向中心移动的趋势，并留有较大的视觉活动空间，从而产生运动感。在生理上，该位置又符合人们右侧控制能力强于左侧的特点，因此，会产生既丰富又不杂乱的视觉效果，形成和谐统一的位置对比关系，还能产生一种象征含义，把观众带入一种至美的境界中（图2-36）。

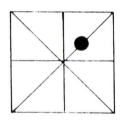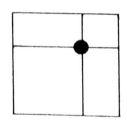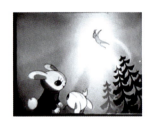

图2-36　点在右上侧的对角线上

以上八种点的位置关系是比较常用的，是从静止的角度来分析的。如果把这些位置关系应用于运动画面中，不仅会有上述特征的体现，还会有经过导演和设计人员精心安排而达到的另外的深层含义，让观众在时间的推移中感受到一种美感，得到心理上的愉悦。这种表现会比单幅画面丰富得多，再加上声音的介入，更会令人心旷神怡。例如，动画短片《雪孩子》中雪孩子被火化掉的象征镜头中，雪孩子虚幻成雪人飞向远方，其路径形成了一条优美的曲线，符合开合构图规律。虽然是用多个镜头来表现的，但在视觉空间中不会有停顿的感觉，使观众感觉很流畅，并有一种精神升华之感，给人们一种美的享受（图2-37）。

2．点在动画构成中的视觉平衡

所谓平衡，是指画面空间结构中各种形态之间在达到一种停顿状态时所构成的一种力的均衡分布，在观众视觉中达到一种和谐，使观众产生愉悦感。无论是静止画面，还是影视类的运动画面，都会有这种视觉平衡，这是人们长期观察事物的习惯造成的。尤其点

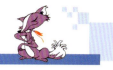

往往能引起人们的特别关注,容易形成视觉中心,因此,平衡又表现为一个中心点或中心线两侧或四周的物象在形状、数量、质地、色彩、大小等方面处于安定状态,这是对有序原则的一种变化和超越,是现代各门类的学科设计追求的方向。但当点在无序构成中表现为一种无逻辑的状态时,整体的平衡关系是关键。要获得平衡的视觉感受,重心的处理就显得尤为重要。

在表现特殊的多重心的空间组合时,就需要考虑各重心之间的整体平衡,尤其是影视类的运动画面,要在运动中达到高度的视觉平衡,就需要有更高的掌控整体的能力,在起幅与落幅中更要使观众的视觉达到平衡,

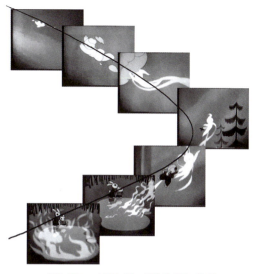

图2-37　动画短片《雪孩子》片段

从而影响观众的情绪,使更多的观众产生愉悦感,这也是影视片中导演要重点解决的问题之一。比如电影《霍元甲》中霍元甲与俄国大力士比武时的镜头。起幅是霍元甲在横向中心轴的右边停顿,来自上、下两方的力是均衡的,但位于右边的霍元甲会使观众在心理上产生敏感性,同时也反映出霍元甲此时具有一代武术宗师的素质,较之以前稳重、成熟了许多。接着在运动画面中俄国大力士偷袭没有成功,反被霍元甲踢了出去,其运动轨迹向左上角飞出,又从右上角向下入画,被霍元甲用脚尖顶住,略有停顿,在视觉上产生很强烈的动感。最后宣布霍元甲取胜,停顿,位置处于横向轴的右边,有很大的稳定感,达到暂时的视觉平衡。此时,观众会产生很强烈的兴奋感,得到很大程度的满足,同时这样的安排也让观众明白,霍元甲真正成了一代武术宗师(图2-38)。

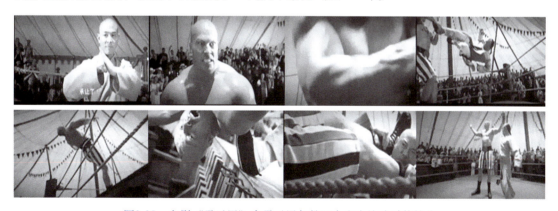

图2-38　电影《霍元甲》中霍元甲与俄国大力士比武时的镜头

再如动画电影《狮子王》中刀疤准备谋反的主观镜头。开始起幅停顿,刀疤处于右侧对角线的上面,此位置能引起观众极大的注意,是一个非常重要的位置,也反映出刀疤主观上想成为这个世界的主宰,突出了刀疤的地位。接着在镜头的运动过程中,刀疤后面始终有很大的阴影和大山,说明刀疤的行为不是正大光明的,是十分阴险的,最后刀疤停顿在纵向中心轴的上方,会在观众心理上造成一种动感和轻浮感,让观众从画面周围形态的

搭配中获得暂时的心理平衡，并预示着更大的危险隐藏在后面，使观众在心理上产生一种不安感（图2-39）。

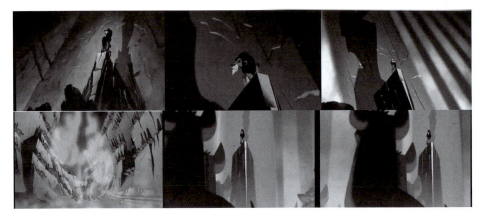

图2-39 动画电影《狮子王》中刀疤准备谋反的主观镜头

3．点在动画构成中的应用

作为动漫平面构成要素之一的点的形态，不仅在二维平面设计中要用到，而且在动漫画面中也会经常用到。例如，中国动画片《天书奇谭》中玉皇大帝的出行镜头（图2-40），各种形态的点在画面中有序地排列，不仅使画面的内容丰富，而且反映出玉皇大帝出行的气派以及地位的高贵，最后落在玉皇大帝身上，其头部的位置正好在右边对角线的上方，给人们心理上造成一种突出以及引人注目的感觉，在生理上符合人们右边控制能力强于左边的习惯，会使人不由得产生一种敬畏之感。

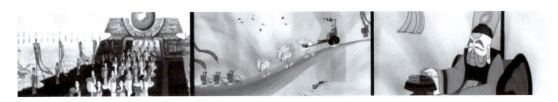

图2-40 中国动画片《天书奇谭》中玉皇大帝的出行镜头

再如，动画电影《大闹天宫》中孙悟空出场时的动作，孙悟空从水帘洞中飞出，位置正好处于画面的中心地位，其来自上、下、左、右的压力都是均衡的，这个位置符合中国人传统的审美标准，会给观众一种安定、平静、集中和庄严之感。最后落在对角线下方的位置上，给观众一种稳定、深沉之感，同时也造成一种神奇感，引导观众继续欣赏（图2-41）。

再比如，《大闹天宫》中孙悟空与马监军相互冲突的一场戏中，马监军出场是在运动画面的右上方，是最显要的位置，表现出马监军的地位。最后画面经过转换，孙悟空落在了右上方，马监军落在了对角线的下方，在气势上好像是孙悟空占据了有利位置，但是孙悟空所占画面的面积小，而马监军所占画面的面积大，在观众心理上双方的力量是平衡的。下一个镜头，两人的位置相互换了一下，马监军处于显眼的右上方，而孙悟空在左下方，但是其所占画面的大小是不同的，孙悟空所占面积大，抵消了其位置的弱点；马监军所占的面积小，但其位置突出，使双方的力量在观众心理上达到平衡。导演没有在感情上偏向某一方，而是让观众自己去判断、欣赏（图2-42）。

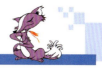

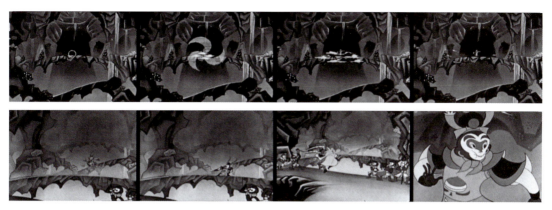

图2-41　动画电影《大闹天宫》中孙悟空出场时的亮相动作

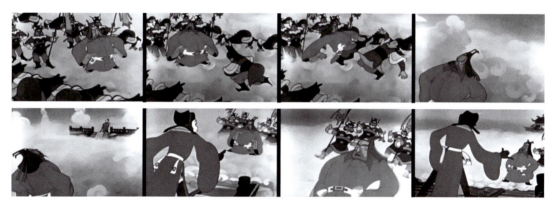

图2-42　动画电影《大闹天宫》中孙悟空与马监军相互冲突的一场戏

思考与练习

1．认真思考动漫平面构成中点的含义、性质，以及在画面中的作用和在实践中的具体应用。

2．通过自己的学习并结合自己的经历，以及对点的认识与理解，应用点构成的规则，完成4张点的构成练习。具体要求如下。

（1）题材、内容不限，要有积极意义。

（2）形式不限，但能充分地表达所要表现的主题。

（3）点的分量在整个画面中要占到75%以上。

（4）可以用少量的线和面来点缀画面，以丰富画面。

（5）要突出自己的个性，充分利用其法则深入地表现主题思想。

（6）画面尺寸为10cm×10cm。

（7）数量为4张。

（8）完成后贴在4开的卡纸上。

（9）画面整洁，不得有污点。

2.2 动漫平面构成基本要素——线

在日常生活中,马路两边的电线杆和电线杆上的电线、远处的树林、天上的彗星尾巴以及喷气式飞机所喷的烟雾都会给我们一种线的感觉。这些形态以静止或运动的方式存在于自然环境中。从绘画角度讲,线是人们刻意创造出来的绘画表现手段。人们在长期的实践认识中,将线的形式感和事物的性能结合起来而产生种种联想,使线变得有了生命力。因此,线是视觉感性和分析理性相统一的表现。下面就从线的基本概念、性质与作用、性格特征、运动构成几方面加以详细阐述(图2-43和图2-44)。

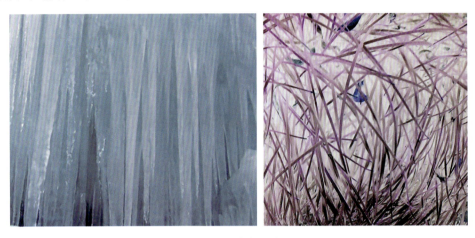

图2-43 自然形态

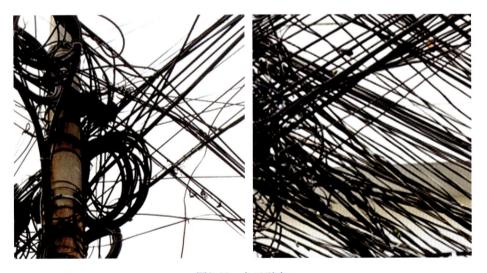

图2-44 人工形态

2.2.1 动漫线的基本概念

相对于点与面来说,线是更活跃、更富变化、更具个性的构成元素。在动漫构成设计中,对线的认识具有更广泛的意义,因为线是视觉上不可取代的构成元素之一。

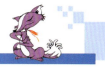

1. 线的基本概念

从几何学的角度讲,康定斯基认为:"线是点运动的轨迹……线产生于运动,而且产生于点自身隐藏的绝对静止被破坏之后。这里有从静止状态转向运动状态的飞跃。"因此,线只有位置和长度,而没有宽度和厚度。

从造型意义上讲,无论是绘画还是设计,线都是比较简洁、有效的造型手段。它必须是人们能看到的具有一定形象的形态,是造型中不可缺少的元素。例如,写生轮廓的绘制、设计构思的最初体现、创作意图的表达以及体、面的分割等都可以用线实现(图2-45)。

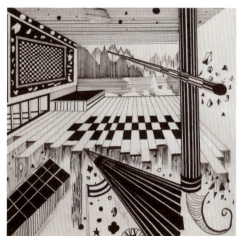
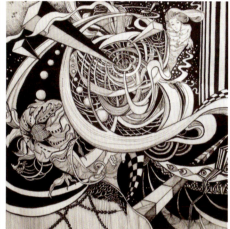

图2-45　线的构成

2. 动漫线的基本含义

动漫线的基本含义与平面构成中线的基本含义在本质上是一样的,所不同的地方是动漫线是在运动的过程中给视觉造成不同的影响,从而影响观众的心理,产生审美愉悦。线的性质、作用在动漫中同样适用,我们也可以理解为线的形式与内容在运动画面中的应用。例如,动画片《钢丝圈的恶作剧》中就用线组成的各种形态在画面中的运动变化,演绎了一个耐人寻味的亚当与夏娃的爱情故事,从而让人们体会到爱情固然重要,但如果受到外界的威胁,就可能会失去。同时用钢丝这种无情的材料与沉重的主题配合,使观众感受到一种更加强烈的震撼(图2-46)。

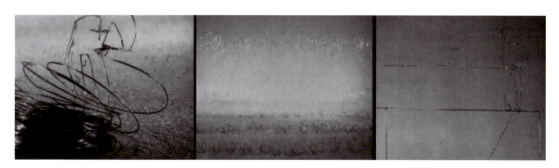

图2-46　动画片《钢丝圈的恶作剧》截图

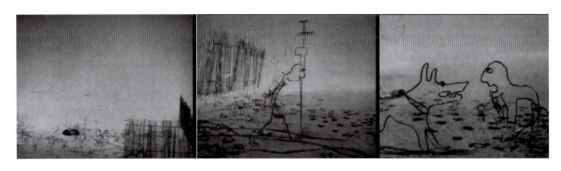

图 2-46（续）

2.2.2 动漫线的性质与作用

线作为平面构成中的基本要素和基本造型元素，研究其本身的性质和在画面中的作用是非常重要的。如果我们不了解这些性质和作用，就无法在具体设计中加以灵活应用，也就无法发挥线的作用。

1．线的界定性和凝聚性

线最基本的功能是限制图形的轮廓，轮廓能使图形的凝聚性得到巩固和显现。同时，线条也能分割和解释图形的各个部分以表现其结构的面、体和质地。画家和设计师可以用线条再现自己的认识、理解和情感，并赋予所表现的事物艺术化的生命力，所以在表现时会有所侧重、简略、加工和变形。线条具有界定性和凝聚性，是抽象思维结合形象思维的产物，是一种高度提炼的表现法（图 2-47）。

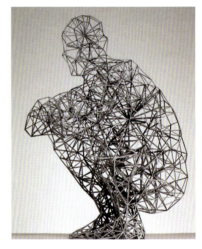

图2-47 线的界定性

2．线的表形作用

线除了上述的界定性和凝聚性外，还有很强的表形功能，如线的曲直、粗细、浓淡、流畅和顿挫等，这些相对的视觉特征提供了富于表现力的造型手段。我国传统的线描十八法就是从线的多样性和系统性上表现了线的不同种类、不同的表现方法和视觉特征。

在现实生活中，我们常常看到的铁路、公路和电线等都是线型物质和线型结构。法国的埃菲尔铁塔也是以线为主的结构建筑。这些线型的结构形态在实际应用中同样具有简洁及便于塑形的性质。线又是一种抽象的形态，它以抽象、简洁的形状存在于千姿百态的自然物象之中。用线造型的历史我们也可追溯到原始社会，当时先人们就认识到可以用线去表形。例如，史前阿尔塔米拉洞窟中的岩石壁画、中国原始彩陶文化以及传统书法艺术，都是以线为元素展开的具象或抽象的造型。在这些人类实践活动中，线逐渐被确立起表形的作用（图 2-48 和图 2-49）。

3．线的表意作用

线更为重要也最难把握的是其表意作用。在艺术创作中，抽象的线条被赋予了速度、上升、稳定、力度和抒情等一系列的情感因素，并通过线条的重新组合表现出来。线的表意在影视创作中同样会被用到。如中国水墨动画片《山水情》中，在表现水流和船的漂动时都是用一根或几根不断变化的线条，下面留有大面积的空白，在能使人们感觉到水存在的同时，也让人感受到了中国线描营造的深远意境（图2-50）。

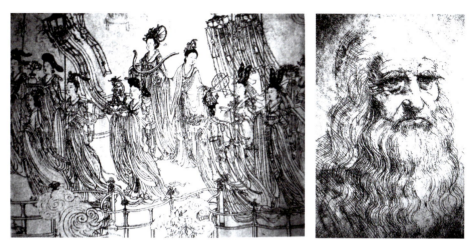

图2-48　中国线描《八十七神仙卷》（局部）和达·芬奇自画像

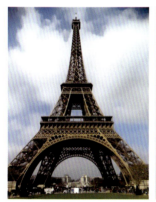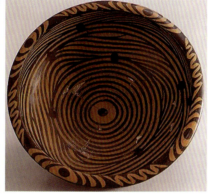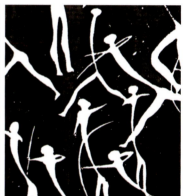

图2-49　埃菲尔铁塔、中国原始彩陶、岩石壁画

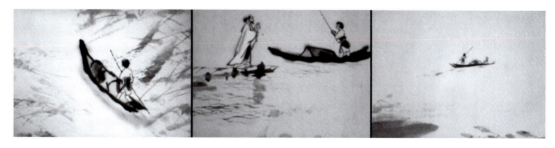

图2-50　中国水墨动画片《山水情》片段

表意与作者的个性是分不开的，不同个性的创作者的情绪和用线的表达方式也是不同的。在西方画论中，个性型的线描是指画家发挥个性和情绪的线描，是与机械线描相对立的。这类线描显示出流畅、坚韧、颤动、干涩的不同变化和不同效果。如流

动的线描比较流利，线条因长短组合不同而效果各异。像池田满寿夫为《十日谈》所做的插图一样，线条十分活泼，短而细的曲线互相似连非连，画面人物造型虽然松散，整个画面却极有跃动感，这种富有生气的线描显然是受了现代大师毕加索作品的影响。强化的线描往往给观众视觉以反常的刺激。像野兽派大师马蒂斯用水彩笔的不规则粗线所画的作品《裸妇》，就给人不同于表现女性娇柔等作品的印象，为了追求单纯化，在裸妇周围空间加了粗短线，这和一般将人物与背景拉开距离的表现法是相反的，反而增强了画面的运动感。颤动的线描是后印象主义大师塞尚首先使用的，其目的在于突破旧传统光滑流利的模式。像布治斯卡的女性速写，库里显维奇的插图《疲惫》所用的线稍加颤抖，便具有悸动感。悲怆的线描是破碎的、粗细不定的线条。像别赫捷夫的《战争》以及贾斯蒂的《退却》，描绘了战场和战后的败军，全部用钢笔勾线后，再以毛笔补充近处人物，加粗轮廓甚至部分涂黑，线条不整齐而潦草，表现了留在人们身后的战斗痕迹，这种线条意在表现悲凉的气氛。

　　一般来说，一根线条无法体现个性，如果用同样的线条组合成造型，每根线条的内涵、性格通过集聚才能得到充分的体现。线条并非仅表现轮廓和体、面，同时也表现出作者赋予形体的活力。因此，线条可以加粗，可以重叠，也可以断而再续或似画未画。这一切都在说明线条不是记录的手段，它具有艺术表现力。如何利用这些丰富而简洁的线条去表达自己的设计意图是每名艺术工作者必须要考虑的问题之一（图2-51 和图2-52）。

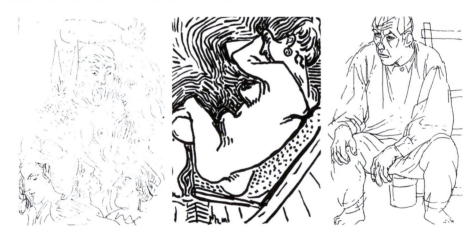

图2-51　《十日谈》插图、马蒂斯画的《裸妇》、插图《疲惫》

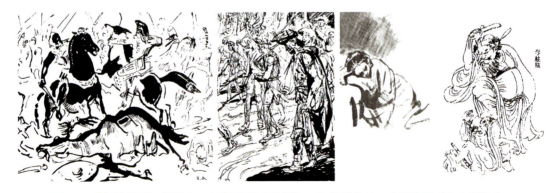

图2-52　别赫捷夫的《战争》、贾斯蒂的《退却》、伦勃朗作品、中国线描"十八描"之一

4．线的错视性

错视的原理前面已讲过，在设计中我们可利用这种眼睛的"失误"来完成一些特殊的设计。如两个形态完全相同的物体由于其他原因而呈现出不一样的视觉感受，当然这也是因为人特定的心理作用而导致主观感受与客观现实出现偏差。线的错视性主要表现在以下几个方面。

（1）垂直向的错视。两条完全相同的直线垂直放置要比水平放置时感觉长一些，这是由于我们眼睛的习惯往往注意观察水平方向的发展，而对于垂直方向的认识不那么敏感（图2-53）。

（2）水平向的错视。两条完全相等的线段，改变周围的环境，会使得两条长度相等的线段变得有不相等的感觉（图2-54）。

（3）形态扭曲的错视。由于斜线的感觉，直线在视觉上会有扭曲的感受，交叉斜线越多，其扭曲程度就越明显，因为斜线是一种方向性极强的线条（图2-55 和图2-56）。

（4）分断线的错视。如果一条斜向的直线，被两条平行直线断开，其斜线会产生不在一条直线上的感觉，断开的次数越多，错位的感觉越强（图2-57）。

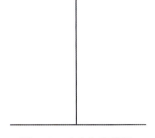

图2-53　垂直向的错视

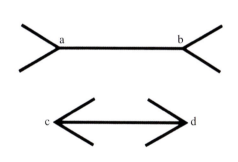

图2-54　水平向的错视

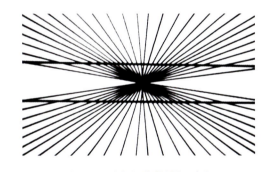

图2-55　形态扭曲的错视（1）

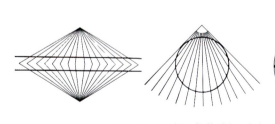

图2-56　形态扭曲的错视（2）

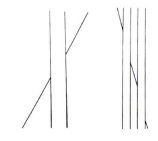

图2-57　分断线的错视

2.2.3　动漫线的种类与性格特征

在造型艺术中，线比点更具有感性性格且种类繁多。一般情况下，直线给人静的感觉，曲线给人动的感觉，曲折线给人不安定的感觉。

1. 直线

从总体上讲，直线具有男性化的特征，有整齐、干脆、严肃、简单明了和直率的性格，它能体现一种力的美。主要分为以下几种类型。

（1）垂直线：具有严肃、庄重、高尚、直立、明确、刚毅、沉着、有力度美、富于生命力和伸展的感觉，是男性化的性格。

（2）水平线：具有稳定、平和、舒展的感觉，同时具有静止、安定、疲劳、寒冷、横卧、女性和被动之感。

（3）斜直线：具有冲击、飞跃的方向感，同时具有向上、冲刺、前进之感，是一种富有动感的线，可使我们联想到飞机起飞、短跑运动员起跑和滑冰运动员的姿态等。

（4）粗直线：表现力强，具有重量感和粗笨之感。

（5）细直线：具有秀气、敏锐和神经质的感觉。

（6）锯状直线：具有焦虑、不安定和烦躁之感。

（7）用直尺画出的直线：具有一种机械味，缺乏人情味，有冷淡和坚强的表现力。

（8）用手随意画出的直线：具有一种人情味和亲和力，是自由、开放的线条。

（9）放射线：向四面八方散开的线条，具有突出中心和爆发力强的感觉（图2-58）。

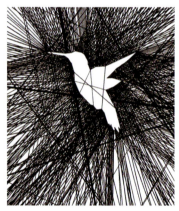
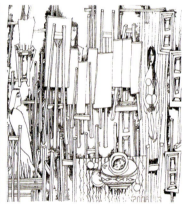
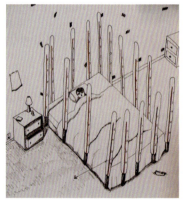

图2-58　直线构成

2. 曲线

从总体上讲，曲线具有女性化的特征，较直线有温柔之感，它有一种动感和弹力感，会使人体会到一种柔软、优雅的情调。其基本类型大概分为几何曲线和自由曲线两种。

（1）几何曲线：主要指圆弧线、扁圆形、卵圆形、涡形、椭圆形和抛物线等，最典型的表现是圆周，具有对称美和秩序美。如果有序、合理地应用几何曲线，可取得良好的效果。几何曲线较直线更具有温情的性格，是动力和弹力的象征，但缺乏个性，是可以复制出来的曲线。

（2）自由曲线：自由曲线能够自然伸展，圆润而富有弹性，同时也是极富个性，不可复制，给人潇洒、随意和优美的感觉（图 2-59）。

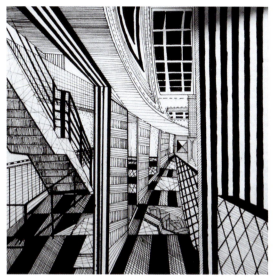
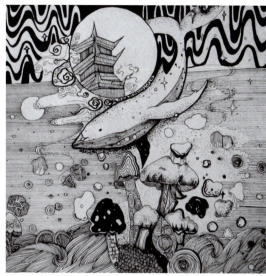

图2-59　曲线构成

3. 排线

排线是指为了达到某种效果、意境而并排处理的线条，包括直线和曲线，它的粗细和间隙的宽度不同会表现出不同的效果。这些排线用在不同的环境下会体现出不同的性格特征，给我们在视觉上留下不同的感受。例如，排线体现出的平和感主要来自田园、草地等熟悉的地方，在这样的环境下，人们的心情会平静下来，会有安定感，感到非常舒服；排线体现出的静止感主要来自无声、平静的池水和湖水，如果我们看到这样的画面，会很容易被带到一种心如止水的境界，生活中的任何杂事都可以被扫除；排线体现出的温和感主要来自弥漫的雾气，在远处，烟雾中的村庄会给人一种温和感，仿佛又回到了故乡，令人十分感动和舒心；排线体现出的崇高感来自挺拔的大树、雄伟的高峰、高耸的尖塔和中流砥柱等形象；排线体现出的凄凉感主要来自阴沉的雨天、寒冷的瀑布，在这样的环境中，人们的心情会受到影响，从而变得低沉、消极；排线体现出的向上感来自茂密的森林。

在特定环境背景下的排线给我们心理上造成的这些感受是大家形成的同感，排线带给人们的视觉效应是我们在设计中要考虑的因素之一（图2-60）。

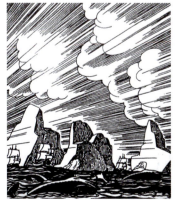
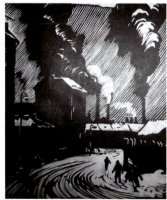
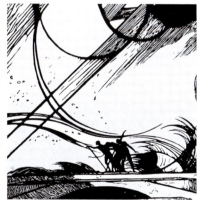

图2-60　排线构成

2.2.4 动漫线的时间构成

在静止画面中,线的位置、大小、性质和作用能给观众在心理上造成不同的感受。观众能从作者的精心安排中体会其中的含义和用意。现在我们拓宽一下思路,如果线的这些作用和性质用在运动画面中,同样会给观众带来一种动态的视觉平衡。导演能运用这些设计元素体现出自己的意图,同时观众也能在运动的画面中感受到导演的用意。在场面调度中,线形形态的不同位置不仅交代一种关系,还会有特定的含义要同观众交流——从中传递出一种信息,使观众心理达到一种平衡。下面将从线在运动画面中不同位置的作用、所达到的一种视觉平衡以及在影片中的具体应用三方面加以解析和探讨。

1. 线在不同位置中的作用

画面中,不同位置上的形态会给人在心理上造成不同的影响。线也是一种形态,不同形态的线组成的形在不同位置上出现,同样会给人们在心理上造成一种影响。我们在设计中,尤其是在运动画面的整体设计中,要合理地把握这种影响,并作用于观众的视觉,使观众在连续地观看和思考中能体会到导演的用意,同时也是为影片整体构思服务。如中国动画电影《大闹天宫》中孙悟空被捆住的镜头中,孙悟空身上的铁索形成几道斜向的线条,不仅有动感,而且会使观众在心理上产生一种愤怒的、冰冷的感觉。铁索随着孙悟空位置的变化也在发生变化,表现出孙悟空要努力挣脱铁索的苦苦挣扎,但落幅最终落在左下角,在视觉上有一种稳定之感。两条斜向的铁索无情地捆绑着孙悟空,但捆不住孙悟空坚强的意志。在右上角斜射下来的箭雨形成一条条虚线,向着同一个目标射去,使观众心里更加担心孙悟空的处境,这些箭雨的位置在视觉上是最突出的。再如美国动画片《恐龙》中猴子们在自己的家园里尽情玩耍的镜头,相互交叉的枝条在猴子们的玩耍下显得非常自然活泼。随着镜头的移动,线的粗细、位置在发生着变化,也把观众的心带到了轻松快乐的境界。但后面出现的流星雨所形成的虚线又破坏了这种和谐的气氛,造成了自然灾难,摧毁了它们的乐园,使它们不得不另找栖身之地。这些线条粗细、位置的不同增添了氛围感(图2-61 和图2-62)。

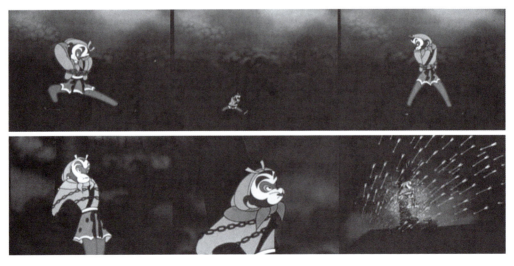

图2-61 中国动画电影《大闹天宫》片段

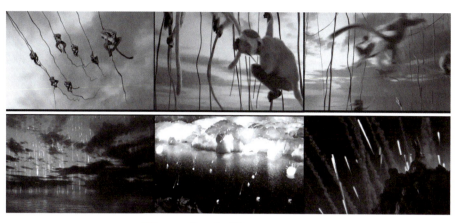

图2-62　美国动画片《恐龙》片段

2. 线在动画构成中的视觉平衡

运动画面不同于静止画面,观众的视觉是在运动中不断地调节而达到平衡的。观众刚开始看到的画面即一个镜头的起幅在视觉中要停留一段时间,这幅画面给观众的印象是很深的。但接着镜头要运动,其形态的位置会不断变化,这也是导演所要考虑和设计的运动路线,这种运动的轨迹还要与角色的任务和性格相吻合,更重要的是要适合大多数观众的视觉审美习惯。画面中线的位置究竟要移到什么地方及如何运动是观众最关心的,也就是在落幅时观众能较长时间地看到的画面效果应该是很有讲究的。这既是观众欣赏运动画面中的视觉平衡,也能满足人们观赏的心理平衡,使观众产生愉悦感。如电影《霍元甲》中霍元甲与俄国大力士比武的镜头中俄国大力士与霍元甲分别出场时的动作,俄国大力士运用正俯视镜头,人物缩成一个点,但突出了枪的位置;枪从右上角向对角线方向移动,又向上回弹,动作完成,枪所形成的线的运动轨迹在人们视觉中达到平衡,从而体现出俄国大力士内在实力的不足。霍元甲的出场亮相动作就不同,导演运用正面的构图,枪从左划到中间,又经过枪的下挑、上挑,最后枪尖指向右上方,给观众在视觉上形成很强烈的冲击力。根据透视原理,枪尖占据大半个画面,观众心目中的英雄形象亮相舞台,使人们在心理上达到平衡。再如中国动画电影《宝莲灯》中,白龙马从马变成龙的形象的镜头,其运动路线是从右上角向左下角冲出,又到左上角并向右下角冲出画面,符合传统的开合构图,使人们在视觉上达到平衡。龙在运动中飞舞,形成优美的曲线,给观众一种美的享受,使观众产生一种愉悦感,同时也体现出东方的神奇力量(图2-63和图2-64)。

3. 线在动画构成中的应用

线比点有更强的表现力,而且形式多样。粗线给人的厚重感、粗犷感在动画片中经常有所表现。例如,俄罗斯动画小品《孤岛》中表现石油管道的镜头,从画面中可以感受到粗壮的各国石油管道正在贪婪地吸取孤岛水下的石油,其贪婪程度到了令人发指的地步,它们"喝"饱以后,无声地离去。动画画面上所表现的粗曲线给观众心灵深处造成极大的影响,这些粗线从四面八方散开,使我们的视线始终集中在中心,突出孤岛的存在,从而使我们深思最本质的生存之道。再如,美国音乐动画片《幻想曲2000》中,《线与色的即兴诗》里的各种形态的线条随着美妙的音乐在尽情地跳动。线条变化莫测,或直或曲,或多或少,或平行或交叉，线条仿佛有了生命，并随着节奏跳舞，不由得给观众一种兴奋感和激动感。线条在运动画面的构成中不断地倾斜，不断地协调，在运动中达到平衡。这比单幅画面多了一种时间流动之美，在时间的流动中产生心灵的震撼与和谐之美，从而使观众产生愉悦感，得到美的享受（图2-65和图2-66）。

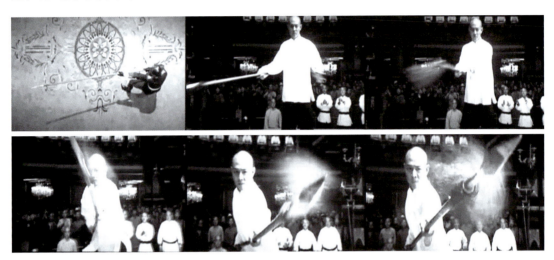

图2-63　电影《霍元甲》片段

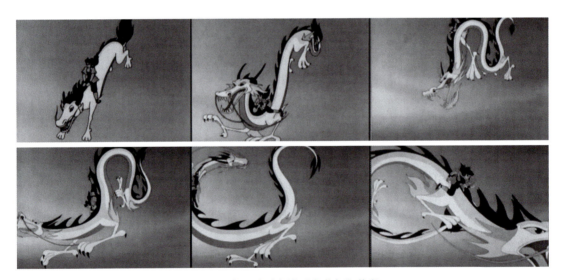

图2-64　中国动画电影《宝莲灯》片段

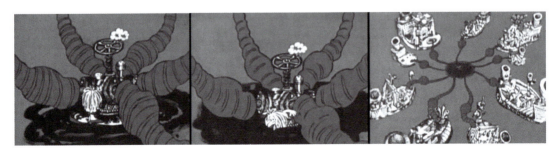

图2-65　俄罗斯动画小品《孤岛》片段

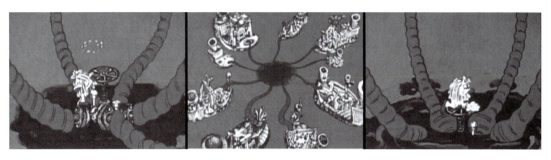

图 2-65（续）

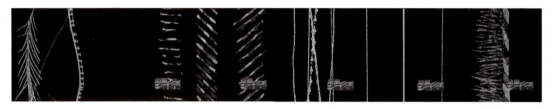

图2-66 美国音乐动画片《幻想曲2000》中的《线与色的即兴诗》片段

线条在构成中是较为活泼的造型因素之一，其重复排列会产生一种强烈的厚重之感，用在不同的环境中会有不同的意境。例如，中国动画片《雪孩子》中对景物的描绘，随着镜头的运动，树的形态不断地重复排列，产生纵深感。前景、中景、后景中茂密的树林，再加上色调的运用，线条的相互穿插、粗细变化、疏密变化，以及小主人公生动优美的动作表演，使我们仿佛置身于一幅幅意境深远的美丽的运动画面之中，我们的视觉被感染了，我们的心灵被净化了。只有心灵美的作者才能创作出这样美的画面，带给观众以美的享受。再如，中国动画电影《大闹天宫》中，孙悟空给猴子们展示从龙宫得到的宝贝金箍棒的镜头，为了强调金箍棒的重要性和神奇性，刚开始金箍棒比较小，比较细，占据画面中心位置；随着金箍棒越变越大，应用俯视的透视镜头，与地面上的猴子们的对比，使金箍棒显得更加高大和神奇；最后金箍棒占据了整个画面的右半部分，这根粗壮的线条给观众留下了深刻的印象。同时金箍棒的变化在画面中与孙悟空和猴子们的位置变化达到视觉平衡，使观众在心理上产生愉悦和平衡之感（图2-67和图2-68）。

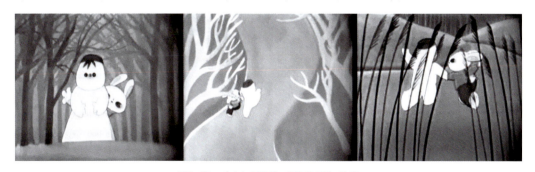

图2-67 中国动画片《雪孩子》片段

以上列举的这些例子都是线条在运动画面中的应用，它们不但使运动画面变得丰富自然，而且能使观众心理上产生审美平衡，导演也应用这种艺术手段达到了自己的设计意图，传达给观众一种信息，从而影响观众的心灵。

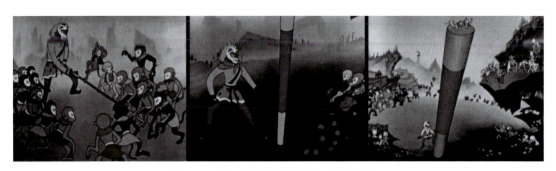

图2-68　中国动画电影《大闹天宫》片段

思考与练习

1. 在理解平面构成中线的含义、性质与作用时，尤其要对动漫平面构成中线的含义、性质和作用加以理解，并能融会贯通，在实践中加以灵活应用。

2. 利用自己对线的认识，应用线的一些特性和构成原理完成4张线的构成练习。如果有必要，可适当加入点和面的元素以丰富画面，但不能超过整个画面的1/3。具体要求如下。

（1）画面主题、内容不限，但需是积极向上的。
（2）画面形式不限，但要能恰当地表现主题思想。
（3）构图的目的性要明确，要经过精心设计。
（4）画面要体现出线的特征。
（5）材料为卡纸。
（6）尺寸为10cm×10cm。
（7）数量为4张。
（8）画面整洁，不得有污点。
（9）完成后贴在8开的卡纸上，右下角写上作品名称、班级、姓名和指导老师。

2.3　动漫平面构成基本要素——面

前面讲过点的性质。如果简单地说某物质形态是点或某物质形态是面则不恰当，必须把其放在特定的范围之内，如果超出了点的性质就变成面的感觉了。例如，我们生存的地球相对于月球来说是面，而相对于太阳来说是点。在自然界中，有很多我们能认为是面的形态，像平静的湖面、蔚蓝的天空、一望无际的大草原等都会给我们以面的印象；公园里的栏杆、由竹子围成的篱笆以及马路两边的路灯，其本身是线的形态，但我们站在一定距离外观看其整体效果时，就会有虚面的感觉。前者是由于形成条件不同，所以面表现出各

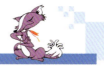

不相同的特性；后者是由于其他性质的元素结合而形成虚面的感觉。这些都是在一定范围之内观察到的。

在二维造型艺术领域中或者在运动画面的真二维、假三维的空间中，用面去表现对象的转折和空间的虚实是最常见的。设计者应用其构成法则和色调明暗变化加以主、客观表现，反映出作者的设计意图，并传达给观众。如何运用所学知识和经验去恰当地表现一个主题思想，是我们必须具备的素质之一。尤其在动漫设计中，更需要发挥自己的灵感和想象力，去体会，去感悟，去设计（图2-69和图2-70）。

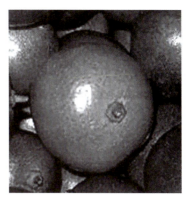

图2-69　点的性质

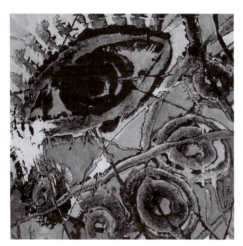
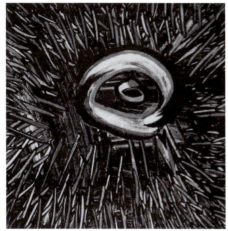

图2-70　点的构成

2.3.1　动漫面的基本概念

面在画面构成中是较有分量和说服力的造型元素。如何去理解面的概念和作用，是影响以后创造力的重要因素。下面就把面的概念，尤其是运动画面中面的概念加以解释，从而为以后对基本原理的理解打下基础。

1．面的基本概念

面的基本概念，我们从两个方面加以理解：一是几何意义上的概念。面主要解决几何方面的问题，解释为线运动的轨迹。如垂直线平行移动为方形，直线弧形移动为扇形，斜线移动为菱形。二是造型意义上的概念。面是有长度、宽度的二维空间，它所形成的各式各样的形态是设计的重要因素。但面的界定与画面边框有关，不能超出一定的空间。如在一定的空间中，视觉效果处于相对小的形态称为点，视觉效果处于相对大的形态称为面。点与线的密集化处理也有虚面的感觉。在造型艺术领域中，面的形象是极其重要的，根据形象我们可以联想到各种各样的现象，这是我们创作的源泉。面又是最大的形态，它的大小、形状、位置、虚实和层次在整个构成的视觉效果中有举足轻重的作用（图2-71和图2-72）。

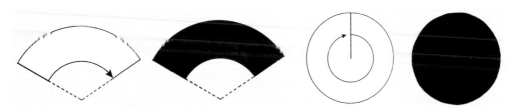

图2-71 面的几何概念

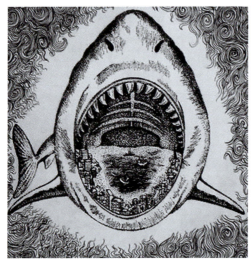
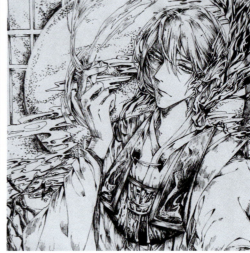

图2-72 面的造型概念

2．动漫面的基本含义

动漫面的含义是指在一定空间中的长、宽所形成的形态。动漫面是在运动状态下研究动态画面的性质和作用以及在人们心理上所造成的感受。作为设计者或导演都应考虑到面在人们心中的视觉平衡和视觉感受，从而应用这种心理现象来调动和影响观众的情绪，达到一种互动的效果。例如，中国动画电影《哪吒闹海》中哪吒自杀的推镜头，哪吒的头部特写和表情让观众流下了同情的眼泪，使观众不由得产生同情和愤怒的感觉，加上音乐的渲染，达到了强烈的视听效果（图2-73）。

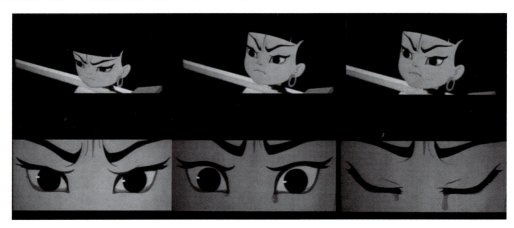

图2-73 动画电影《哪吒闹海》截图

2.3.2 动漫面的性质和作用

在平面构成中，对面的性质的把握是非常重要的。任何事情都是相对的，也是有一定范围的。我们在研究面时就要把握其性质，如果其性质发生了变化，那么就没有再研究的必要了。至于面在一定画面中的作用，无论是静止的还是运动的，都是必然存在的，设计者如果不了解这一点，那么就不能很恰当地表达自己的设计意图，也不能很好地感染观众。下面就从4个方面来研究面在一定范围内带给人们的心理感受。

1. 面的体感

在现实生活中，空间指具有长、宽、高的三维空间，是人与物活动的场所和范围。在平面构成中，表现的是一种真二维、假三维的视觉错觉，其本质是平面。面所造成的体感即空间感是画面中形态与形态之间相互关系的结果。它不必受到客观透视的限制，只要在一定的空间且在面与面的构成关系中强调其变化与节奏，体感就会自然形成。也就是说，面的体感必须依靠不同形态之间的相互组合才能形成，可不同程度地借助透视原理以增强体感的程度。如果在设计中，面与面之间存在间隙，那么，体感就会受到破坏。因此，面的体感产生过程中必须重视各自的面形态合用边缘轮廓的特征。

我们知道，形态与形态的重叠组合会造成层次感，而层次与层次的叠加就会形成空间感。同时也会造成一个物体位于另一个物体前方的感觉，这里还要遵循近大远小的透视关系，产生一种真实感。如果进行平面形态的倾斜安置或排列的变化会产生空间旋转的效果，将二维的平面形态作具有三维立体空间的扭曲构成，无疑会产生奇特的个性，会给观众造成一种耳目一新的感觉，从而产生好奇感和愉悦感，达到设计目的(图2-74)。

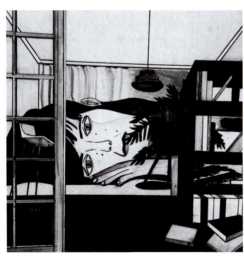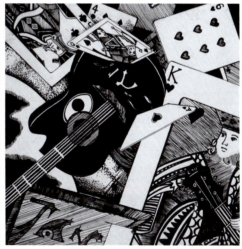

图2-74 面的体感

2. 面的量感

从面的性质可以看出，面在一定的空间中占有较大的比例，在平面构成中起到占有和分割空间的构成作用，并以面的力量影响着整个设计效果。尤其在运动画面中，面往往能在连贯的视觉冲击下起到特殊的视觉效果，给观众留下深刻的印象。

面的量感是指面形态在画面中所占面积的大小，这是构成平面的十分重要的因素。由于面在画面中所占比例较大，其往往起到主导作用，其量感是通过面的大小对比、黑白对比、虚实对比以及层次关系来体现的。虽然是在二维空间中以量的形式在层次关系上将二维空间分割成大小不同、层次不同的面，从而形成量感构成，但是，在分割时还要注意其性格特征，否则会有点的感觉。因此，分割时把握好度是很关键的。在点和线构成的平面层次之上，量感越强，视觉的主导效果就越强，这还需要依据具体的形态对比状况而定，因为平面构成是一种综合构成（图2-75）。

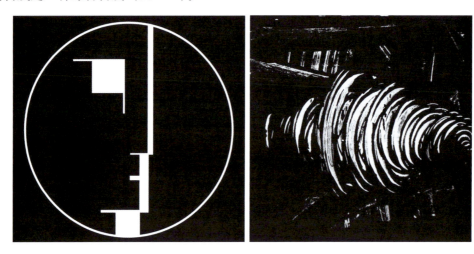

图2-75　面的量感

3．面的虚化感

面的虚化感是通过对某一视觉平面或静止或运动的形态面的虚处理，体现的是虚、实变化。应用点或线的密集、群化形成量感，使实的形态变得柔和，形成虚面的感受，在视觉上有一种模糊、后退之感，从而形成画面的层次感甚至空间感。这种处理方法也可利用各种各样的肌理，不仅有虚面之感，而且能表达一定的内涵，强化设计主题，协调并丰富整个画面（图2-76）。

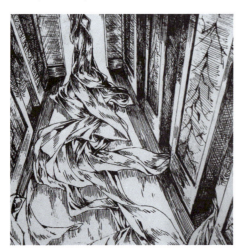
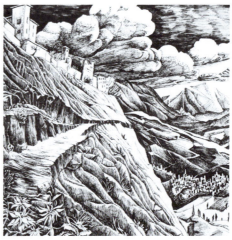

图2-76　面的虚化感

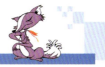

4．面的错视感

错觉能引起观者对欣赏事物的兴趣和好奇心。设计者利用人们的这种好奇心理，绞尽脑汁设计新奇画面，以期产生意想不到的效果，从而让观众身心愉悦。在平面构成中起很强作用的面同样具有这种错视性，给人们造成一种假象或让人们进行错误的判断。这种错视性具体表现为以下几种现象。

（1）平行线方向的压缩与拉伸现象。并排的等间隔的水平线和垂直线组成正方形的虚面，在视觉中会造成压缩和拉伸的效果，这是由视觉的传递特征决定的（图2-77）。

（2）面积的错视。改变周围的环境或对比的差异，使原来完全相等的形体产生不同的视觉效果，从而引起人们的好奇心。例如，放在

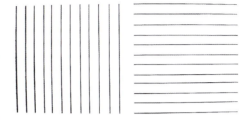

图2-77　平行线的压缩与拉伸现象

黑底上的白形看上去要比放在白底上的黑形大些，因为白色给人一种前进感，而黑色会给人一种后退感；两个完全相同的形体，改变其周围图形的大小时，会产生面与点的感觉；在黑白色块分割形成的缝隙中会显示出并不存在的神秘灰点，这是视觉残像相互影响的结果（图2-78）。

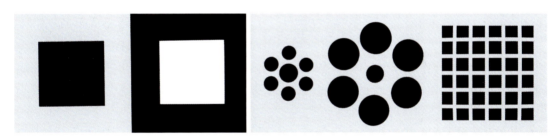

图2-78　面积的错视

（3）集中线的错视。集中线会产生一种近大远小的透视线，各种面积完全相等的形态放置在这些集中线上，同样会受到集中线的影响而产生错觉。我们会感到靠近集中点的形体看起来会相对大一些，这是我们的感知经验在起作用的结果（图2-79）。

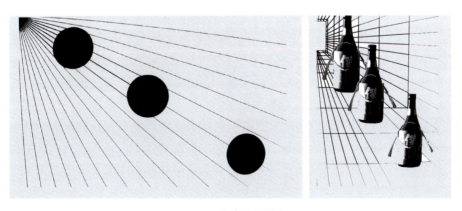

图2-79　集中线的错视

(4) 上、下方的错视。在通常情况下，人们观察物体时，视平线都习惯在中心线偏高些的位置，上部的图形大多散分形成相对的视觉中心，从而产生错觉。例如，同样大小的两个形体上下并置时，人们会感觉上面的形体稍大一些，而下面的形体稍小一些。根据这一原理，要想达到在感觉上两个形体相等的效果，就要在视觉上清除这些错觉，使上面的形体略小于下面的形体，这样设计不但调整了由于视觉而产生的缺陷，而且增加了形体的稳定性，使画面看起来比较舒服（图2-80）。

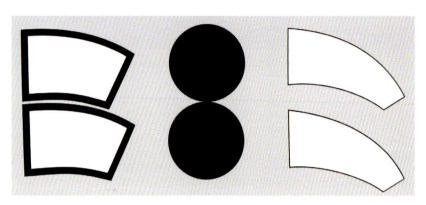

图2-80　上、下方的错视

2.3.3　动漫面的种类与性格特征

无论是在自然界还是在绘画中，在一定的空间内，任何具有一定面积的物体外表都可视其为面。而面的内、外轮廓都是形态的限定因素。对于面种类的认识需要先了解面形成的因素。同时，在设计中也要充分了解和熟练掌握不同面形态的性格特征，这样才能随心所欲地加以应用，达到良好的效果。

从大的方面来分，面可以分成两大类：现实形态中的面称为有机面，概念形态中的面有几何形面、直线形面、曲线形面、不规则形面和偶然形面。这些不同形态和不同性质的面都能给人不同的视觉与心理感受，成为我们设计的重要造型元素。

1. 现实形态中有机的面

我们平时所说的有机组成部分、有机整体，其中的有机一词在《现代汉语词典》中的解释是："指事物构成的各部分互相关联协调，而具有不可分的统一性，就像一个生物体那样。"因此，我们可以把自然界中的任何生物形象及各种人工形态的物象都视为有机体，视为我们的表现对象。无论是多么抽象的表现，都离不开对现实当中有机体的认识和理解。自然界中的生物体有各种植物如花草、树木等，各种动物如马、牛、羊等；人工形态的物象有汽车、高楼大厦等。这些有机的面在一定的空间范围内都可体现出面的感觉，它们是我们设计作品的源泉。我们可以通过对这些有机体进行适当的简化处理来设计作品，使作品更具有情感，更易激发人们的联想。作品的艺术形态不仅可以体现设计者的智慧，而且应使人们在心理上产生亲切、圆润、丰满、淳朴及富有弹性的感觉，并带给人们一种充满生命力的印象（图2-81）。

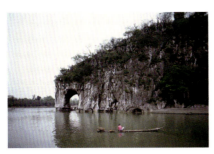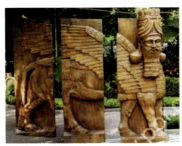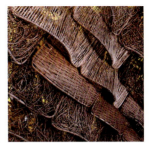

图2-81　现实形态中的有机面

2．概念形态的面

由于对形态深入研究的需要，我们要把具体的有机形态抽象为善于表现的概念形态。不同概念形态的面都有其具体特征的显现，其取决于不同形态的本质特征。另外概念形态的面具有简洁、明了、易于复制的特点，因此，有必要对其进行研究，从而更好地应用于不同的设计领域。

概念形态的面包括直线形面、曲线形面、不规则形面和偶然形面4种类型。

1）直线形面

面形态的边缘由直线限定，具有直线所表现的心理特征，缺乏自由变化，但在表现某些性格方面有很强的能力。它具有一种安定的秩序感，会使人在心理上产生简洁、井然有序之感，是男性化的象征。具体表现为几何直线面和自由直线面两种类型。几何直线面是借助绘图工具和绘图仪器的辅助形成的，其构成效果具有明确、庄重、简洁、明了、规范、易于复制等特点，给人一种数学之美和理性的秩序感，如方形面、梯形面、三角形面等。不同的形态和放置都能给我们带来不同的视觉感受。

（1）方形面。方形面包括正方形面和长方形面。

① 正方形面：具有严肃、厚重、匀称、正直和坚定之感（图2-82）。

② 长方形面：具有厚重、灵秀之感。竖置时有一种高耸、雄伟、坚毅的感觉，横置时具有稳固、坚实和安全之感（图2-83）。

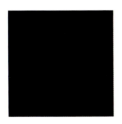 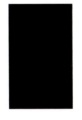

图2-82　正方形面　　　　　　　　　　图2-83　长方形面

（2）梯形面（图2-84）。梯形面具有三角形和长方形的部分特点。

① 长边在下，有稳定、坚实之感，同时又有一种生气和向上集中的动势。

② 长边在上，给人一种活泼、开阔和扩张的印象。

（3）三角形面。三角形面是借助直线最少的面，角给人一种尖锐的扩张感。

① 等边三角形（图2-85）。正置三角形时，具有庄重、

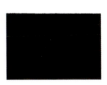

图2-84　梯形面

稳固、整体、崇高和乐观之感；倒置三角形时，具有动感强烈、威胁、悲观和最刺激之感。

② 等腰三角形（图2-86）。一边短于另两边时，会产生一种明确的指向性，力度稳定且有惯性极强的运动感；一边长于另两边时，会产生不同程度的阻力和飘浮感。

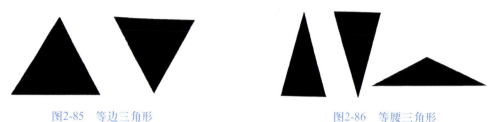

图2-85　等边三角形　　　　　　　　　图2-86　等腰三角形

③ 任意三角形（图2-87和图2-88）。其三边均不相等，在构成中是较丰富、扩张力较强的一种三角形，它能使人产生随意变化的动势。

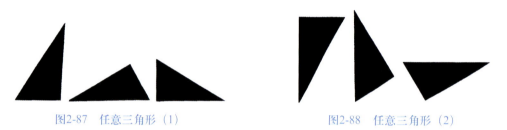

图2-87　任意三角形（1）　　　　　　　图2-88　任意三角形（2）

三角形的短边呈水平状为底边时，有很强的上升冲击力；长边呈水平状为底边时，会有一种持久、缓慢的升力；长边居中的边呈水平状且为底边时，在心理上的影响力也居中；任何一角位于下方时，有重心明显失调的晕眩感，可构成一种方向明确的倾斜趋势，也会使人产生一种悲观情绪。

自由直线面不受绘图工具的影响，较活泼、自然，带有一定的个性，同时具有很强的人情味，是一种极富情感的面，在设计中应灵活应用（图2-89）。

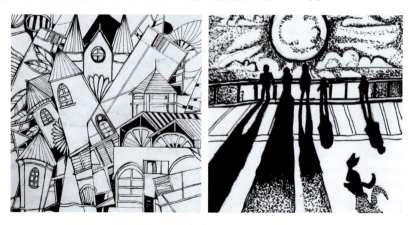

图2-89　自由直线面构成

2）曲线形面

面形态的边缘是由曲线限定的，具有曲线所表现的心理特征，即自由、活泼、运动、抒情、丰满而柔美，是女性化的象征，具体表现为几何曲线面和自由曲线面两种类型。

(1) 几何曲线面。比直线面显得柔软，有数理性和秩序感。由于圆形过分完美，而有呆板、缺少变化的缺陷；椭圆形更具美感，使人在心理上产生一种自由、整齐之感（图2-90）。

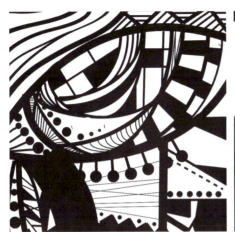
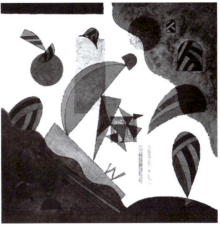

图2-90　几何曲线面构成

(2) 自由曲线面。能充分体现作者的个性，是有趣的造型元素，因此，深受人们喜爱。它是女性特征的典型代表，在心理上有优雅、有魅力、柔软和带有人情味的温暖之感；但如果应用不当，会出现散漫、无秩序、繁杂的效果。自由曲线面比较活泼多变，在设计中常常作为画面分割和衬底使用（图2-91）。

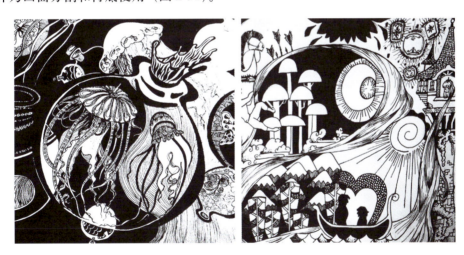

图2-91　自由曲线面构成

3）不规则形面

不规则形面在画面中变化丰富，设计时可凭直觉自由地发挥，但要注意整体的配合，像音乐一样，做到恰到好处。多数不规则形面是在几何形面的基础上将局部加以变化，常给人一种稚拙、朴实、原始的印象，带有很强的活泼性和人情味。在不规则形面表现作品的情感和主题内容方面有很强的力量，是个性极强的形态（图2-92）。

4）偶然形面

这种面是创作者不能完全主观控制和把握的，具有很强的随意性，它又是一种偶然出现的形，具有很强的偶发性和朴实、奔放、变化自然的特点，不宜表现严肃、规律性强的主题，但能给人产生强烈的想象空间，激发创作者的灵感，并且在画面的烘托上起到一种点缀的作用。例如，用手撕开的纸所产生的形，比较有个性；油水分离所形成的图形、冬天玻璃窗上的冰花等也别具一番风格（图2-93）。

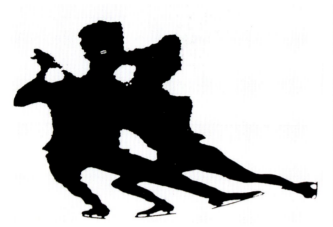
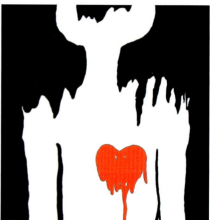

图2-92　不规则形面

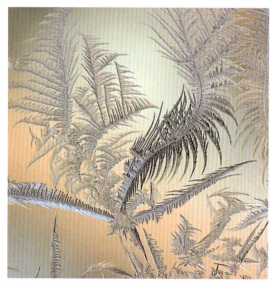
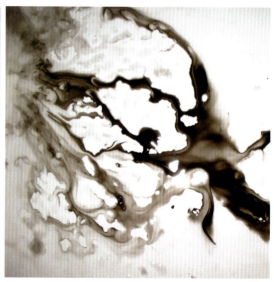

图2-93　偶然形面

2.3.4　图与底互换原理

我们在设计时，通常只注重面中的图的形态，而忽略画中底的形态。但我们都知道，任何画面都是由图与底两部分组成，要使图中的形态让人感到其确实存在，必须由底来衬托，这只是人们长期以来的习惯看法。其实，自然界不存在形象与背景、图与底的关系。人的视觉在注意事物时往往集中于一点而把周围一切当作环境和背景。设计者正是利用视觉的局限将注意点突出成图，其他的处理成底，处于衬托的地位。这一现象是由一个叫鲁宾的人在1920年发现的，他用一个杯子，两个人头侧面像反映图与底互相转化的原理，故该设计图形称为"鲁宾之壶"。但我们在设计时，会有意无意间使得这个概念产生混淆，一些图形也可以随着视点的移动，让图自动转换为底，或者让底自动转换为图。注意点的恰当选择，就成了图、底相互转换的关键。当然，如果底也可以顺应图自成完整一体，那么注意点也会在图与底之间迅速地移动，造成一种转换不定的错视效果。因此，在设计时应特别注意图与底之间的关系，要有设计图及设计底的设计思路（图2-94）。

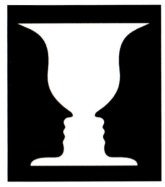 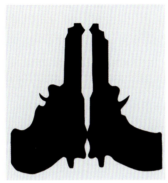 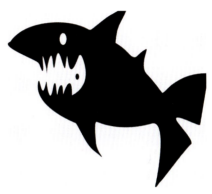

图2-94　"鲁宾之壶"与学生作品

1. 图与底的含义

国外一些绘画心理学家对图与底作了如下解释和界定，认为图具有突出性且密度高，有充实感，有明确的形状，有轮廓线和界定线；底具有后退感，无充实感，形状较松散，无固定界限和轮廓线。总而言之，图具有凝聚性，能给人以强烈的印象；底则相反。如果图与底的明度相近，而图形轮廓不大清晰，就得让图形的凝聚性来起作用，因为它能勾起每个人的视觉经验。这种凝聚性又称闭锁图形。但因为每个人的知识信息储存有多有少，所以人们在辨认闭锁图形的结果上会有差别。例如，人们常常能从屋漏痕、冬天玻璃窗上的冰花和天上云彩的变化中想象出各种各样的具体形象，像植物、动物之类，应当说人们对于这些偶然形状的形象感很强，因为这些偶然形状能唤起人们的知识储存信息，使抽象的形变得有形象。这种对闭锁图形的联想有两种情况：其一，引导视觉把零散的部件连接起来，形成整体；其二，引导视觉将几个关键点联系成片，并依照想象加以补充形成形象（图2-95）。

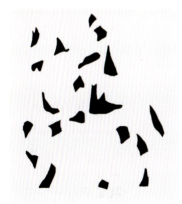 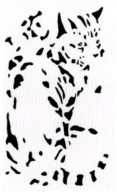 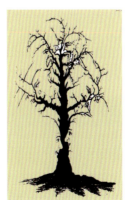 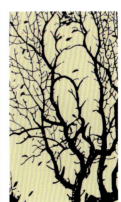

图2-95　图与底的联想

2. 图与底产生的条件

根据人们的视觉习惯，突出图与底的条件有：在一幅画中，被包围和封闭的形易形成图，包围者易形成底；凡是有纹理和突出的形易形成图，而较少或没有纹理的形易形成底；在画面构图中，位于画面稍下方较稳定的形易形成图，或者是处于水平及垂直方向的形较之在侧位或倾斜位置的形易形成图；在一定领域中，异质性图形比相同性质的图形更容易形成图；形的群化或对称的图形即相同因素放在一起，有秩序地排列，因具有类似性而易形成图；面积小的、凝聚性强的形易形成图，面积大的、结构松散、密度小的、凝聚性弱的形易形成底；在日常生活中，常见的图形在头脑中容易形成图，这是在视觉经验中所积累起来的形象在观察事物时被联想到的结果。总之，图与底在画面中的产生是有条件的，如果符合人们的视觉经验，就会形成各自的感觉，从而影响画面，影响人们的感受（图2-96）。

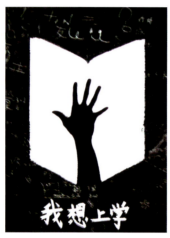
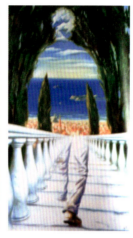
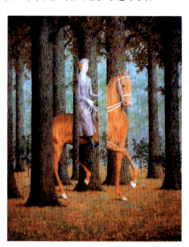

图2-96　图与底设计作品

3. 图与底的形象转化及在动画构成中的应用

我们了解了图与底的含义后，在进行设计时，应注意图与底各自的形象，使画面更具有充实感，传递更丰富的内容。在静止画面中，图与底各自的形象在视点的移动下会进行转换，产生错觉。设计师们正是抓住视觉的这种特性创作更加神奇的图形，激发人们的好奇心。在动漫设计中，这种形象转变变得更加容易，更加奇妙。人们能在不断变化着的形象中体会到一种深刻含义，这是实拍电影中无法比拟的特技。例如，电影《迷墙》中有一段动画表现，主要是通过各种不同形象的转换体现一种精神分裂状态，使人们感到一种奇异的变化，产生强烈的视觉和心灵的震撼（图2-97）。

2.3.5　动漫面的时间构成

在设计中，面是最富有表现力的。在画面中，面的不同位置和形态对视觉的影响力是不容忽视的，其所形成的力场是点与线无法比拟的。因此，无论是静止画面还是运动画面，面的这种表现力都是很强烈的，也是我们在设计中应用的重要因素之一。面的动画构成就是要研究形成的面在运动画面中的位置、大小和运动中对观众心理造成的感受和视觉冲击力。把握好这些规律，是动漫设计人员的基本素质，也是增强创造力的必要条件。

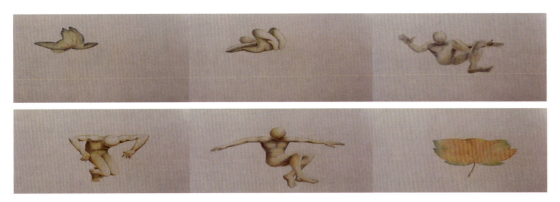

图2-97 电影《迷墙》片段

1. 面在不同位置中的作用以及视觉平衡

由于人们长期以来形成的视觉习惯，在观看画面时，就会有一种视觉偏向。这种偏向因大多数人受教育的相似性存在着同感，人们在观赏中就形成了一致性。一般认为，在静止画面中，面形态处于右上方的位置时容易形成视觉中心，给人们的感觉是既重要又活泼；处于中心位置时，其视觉扩张力向四周平均散开，视觉力场太平稳，除了表达特定的、庄重的、威严的场面外，给人的感觉是过分完美，反而略显呆板；处于下方位置时，其重心应是很稳的，但上方太轻，要有相应的形态相呼应才能平衡。这些感觉都是人们长期观察事物的结果。在运动画面中加入了时间的推移，在视觉中面形态就会有流动感，观众欣赏时会在从平衡到不平衡，再到重新平衡的过程中进行不断调整，从而感受角色和形态的不断变化，在心理上受到一定影响，从中得到愉悦感，产生美感和心理满足。例如，动画电影《花木兰》中木兰家中的牌位和木兰决定代父从军的表现都是一种中国传统的中心构图，所有的面形态都处于中心位置，这是特定环境造成的，目的是表现一种威严、庄重的氛围和毅然决然的思想情感。再如，动画电影《花木兰》中父女在出征问题上意见不一致而争吵，父亲的位置在左边，女儿的位置在右边，从视觉角度看，导演还是着力于表现女儿的重要地位。观众在画面的运动中感受到父亲的威严和疼爱女儿的真挚情感，视觉感是舒服的（图2-98和图2-99）。

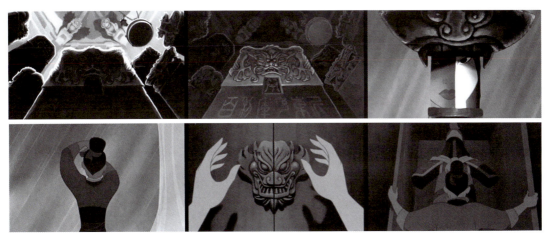

图2-98 动画电影《花木兰》中木兰家中的牌位和木兰决定代父从军的表现

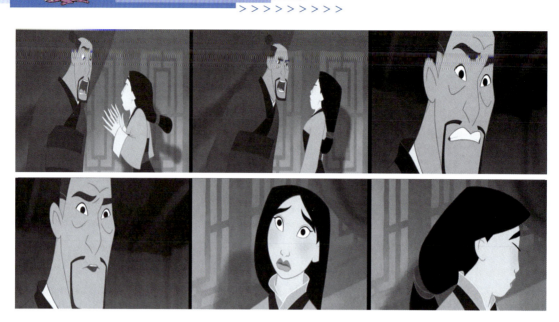

图2-99 动画电影《花木兰》中父女在出征问题上意见不一致而争吵

2. 面与点在运动画面中的相互转化

画面中的形态由于所占画面比例、大小不同，在视觉上会有点和面的感受，这是由其基本性质决定的。由于是运动画面，随着时间的推移，视觉也在不断地发生变化，如果画面中某形态开始是处于点的性质，在运动的过程中，画面中的比例不断增大，所占面积不断扩大，超出了点的范围，就形成面的感觉了，这在影片镜头运动中是一个推镜头，形态不断扩大，让观众看清楚细节，它的视觉冲击力也是很强的。相反，开始面形态所占画面比例较大，慢慢在画面中变得越来越小，超出了面的范围，就有了点的视觉感受，这种情况在影片镜头运动中是拉镜头。其作用是使得观众的视野慢慢变得开阔，交代角色所处的环境。这些在影片镜头处理中是非常普通的变化，但对于观众的观感和对故事的讲述是非常重要的，它已成为电影的非常重要的技术手段之一，导演可以利用这些手段充分地表达故事情节和自己的思想，从而也给观众在心理上造成深刻的影响。例如，动画电影《九色鹿》中采药者看皇榜的一场戏，导演应用推镜头把采药者既想拿赏金又不想出卖良心的矛盾心理给观众表现了出来。从推上去的面部表情中可以看出，采药者的心理是在不断斗争的，给观众留下很深的印象（图2-100）。

3. 面在动画构成中的应用

面比起点与线来说，其说服力和视觉冲击力更强。在画面中一旦形成一定比例的面，就会在视觉中引起特别的重视，其位置、大小、运动都会带动观众的视线和思维运动。因此，在处理这些画面时，要注意它们的视觉感受，应恰当、突出地加以运用，否则就会出现散、乱的现象。例如，美国动画电影《花木兰》中木兰舍命救将军时受了伤的镜头，是从点的感觉转到面的感觉，表现出木兰受伤的痛苦表情和伤口，给观众留下很深的印象，从而也体现出木兰勇敢、坚强的内心世界。另外，《花木兰》中敌人首领可恶的面部特写占据了大部分画面，从右到左慢慢推移，空间越来越小，面部表情越来越可怕，给观众心理造成一种狰狞和恼羞成怒的感觉,把敌人的内心世界通过特写镜头表现得淋漓尽致(图 2-101 和图 2-102)。

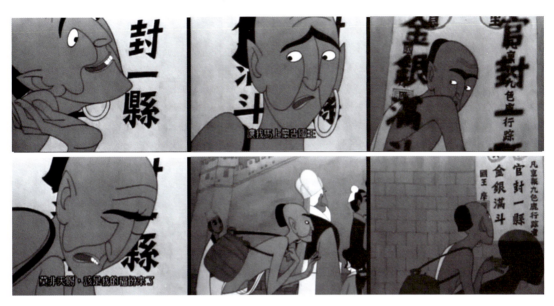

图2-100 动画电影《九色鹿》中采药者看皇榜的一场戏

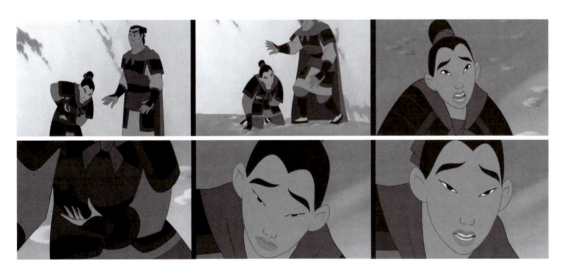

图2-101 美国动画电影《花木兰》中木兰舍命救将军时受伤的镜头

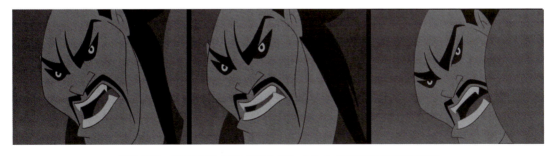

图2-102 美国动画电影《花木兰》中敌人首领可恶的面部特写

思考与练习

1. 在理解面或点在平面构成中的含义的基础上，特别对面在运动画面中的含义及其作用加以理解，并能在实际中灵活应用。

2. 利用自己对面的认识和理解，结合自己的经验，完成2张自由分割及形象转换的构成练习。具体要求如下。

（1）应用点、线、面的形态元素使画面分割，要力求达到既变化又统一的效果。

（2）充分发挥自己的想象力。

（3）面的形态在画面中占大部分，可加入少量的点、线元素，使画面丰富。

（4）材料为卡纸。

（5）数量为2张。

（6）尺寸为25cm×25cm。

（7）画面整洁，不得有污点。

（8）完成后贴在4开的卡纸上。

2.4 动漫平面构成中的形态变化

平面构成中，尤其是在运动中的形态变化极其丰富，大到宇宙天体，小到微观世界，以及从现实的生活到非现实的梦境都是我们表现的对象和内容。无论是自然形态还是人工形态，对这些形态的心理、层次、空间、视角、构图、运动、变形、质感的分析处理，是完成平面构成艺术作品的重要前提，也是我们必须掌握的技能（图2-103）。

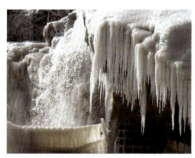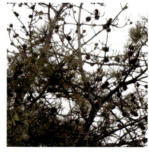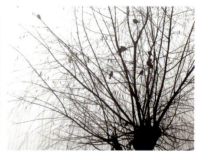

图2-103　自然形态

2.4.1　形态与心理感受

随着科技的不断发展，人们生活的节奏越来越快，质量也越来越高，对各种形态的感受也越来越敏锐，人们总想透过外表看到内在的本质，听到内在的声响。

形态与人的心理有着密切的联系，正方形给人稳健、正直之感，长方形或给人平稳或高耸之感，三角形给人一种稳定的感觉或令人担忧的心态，圆形能给人完美、柔和之感。这些形态在人们的心目中会有不同的感受，从而影响人们的情绪。比如，埃及金字塔的造型给人以崇高、稳定之感，悉尼歌剧院的造型给人以优美、崇高之感，法国埃菲尔铁塔给人一种高耸入云的感觉，这些人工形态不但给人气势恢宏的感觉，而且表达了创作者的心理感受（图2-104）。

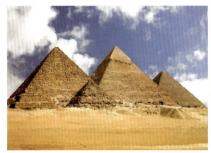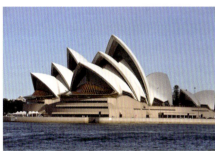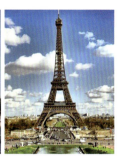

图2-104　人工形态

不同的形态也能唤起不同时代的声音，表达各个时代不同的审美心理。从历史角度去分析，形态总是随着时代和科技的不断进步而发生变化，20世纪视觉心理学的巨大成就给设计者的思想带来了极大的变化。对形态心理学的分析是艺术心理学中最复杂、最微妙的课题之一。人们越来越感觉到，形态涉及的领域在不断地拓展，内涵在不断丰富，对设计者来说都不是随便处理的问题，而是需要精心设计和规划，否则就不能恰当地表达内容，甚至会被时代淘汰（图2-105）。

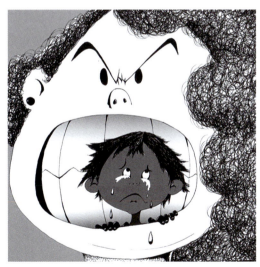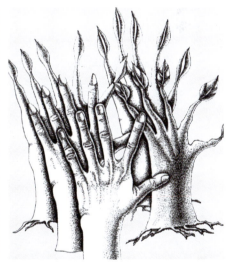

图2-105　形态构成

2.4.2　层次

任何设计都离不开对层次的认识，它是相对于空间而言的平面化效果，是一种视觉感受，不具备实际的距离与深度。在平面构成中，层次是指在二维空间构成关系中形态与形态之间的前后关系和顺序。从一个层面上来讲（简称一层平面），形态与形态之间没有重叠和交叉现象，而是以相离、相接的形态组合在一起，它是构成中最基本的形式，是较典型的平面化结构。因此，在一层平面上要留有空白，这些空白具有特殊的意义，不仅有"计白当黑"的功能，而且要为后面的层次做准备。如果在画面中有两个层面（简称二层平面），视觉中就会有一种层次感，整个画面就会出现重叠和交叉感，所表达的内容就会丰富起来，人们在心理上就会产生愉悦感。如果层面继续增加，画面中层次就会越来越丰富，内容就会越来越充实，越来越有变化，这就是多层平面的表达。但在表达过程中不能产生混乱，随着层次与层次之间距离的拉大，就有了浅空间和深空间的区分，画面就由层次转向空间表达。

如果在画面中没有层次的表达，而只有形态本身的体感，也不能丰富画面的层次。因为它也属于平面的形态，并没有出现形态与形态之间的前后关系和重叠交叉现象。

从上面的分析中可以总结出层次的一些特点。

（1）层次是在空间的不同位置、不同层面安排和处理形态的重要环节。

（2）层次在平面构成空间中要有主次之分。通过形态在层次前后关系上的摆布，形成视觉上协调、丰富、饱满和耐看的效果。

（3）层次是视觉审美的必备条件和重要环节。如果在画面中有较多的形态需要安排，但没有前后的层次关系，而是都集中于同一层面上，这样必然会造成视觉上的拥挤和混乱，除非要表达特殊的主题。如果画面中有较少的形态，而又没有层次关系，就会有一种单调、乏味之感（图 2-106）。

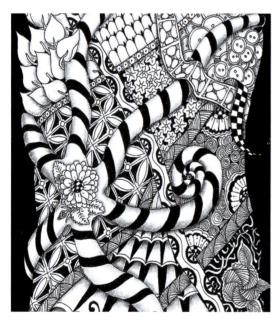 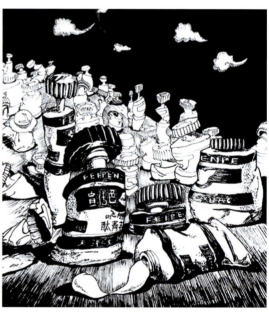

图2-106　层次（学生作业）

（4）层次在画面中表现为形态与形态之间的前后、重叠和遮挡关系，从而也就形成一种节奏、空间秩序关系，这在影视作品中也同样重要和适用。因此，表达好这些层次关系是设计者必须掌握的基本功之一（图 2-107）。

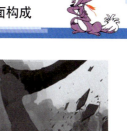

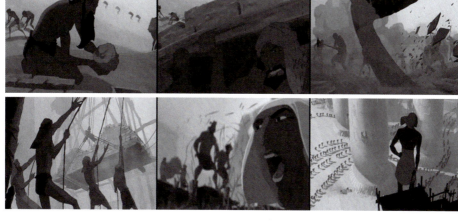

图2-107　动画电影《埃及王子》片段

2.4.3　空间

1．空间的特点

在平面构成中，空间是多层次和透视表现的结果。它是一种假象，或者是一种错觉，其本质是平面的。但它又是一种视觉感受，不是空虚的，是一种实实在在存在的充实体。它与真实的物理空间相比，是一种在平面上再现出来的非实质的空间。设计者就是利用这种空间舞台来表达自己的设计意图和心理感受，把真实的物理空间利用种种手段变成一种真二维、假三维的空间，因此，我们在设计中要把握好平面构成中空间的几个特征。

（1）平面构成中空间是形态与形态之间的距离感和深度感。具有空间感的平面会让人在视觉上产生纵深感，在心理上产生极大的愉悦感。同时，强烈的空间感会给人的心灵带来震撼。

（2）平面构成中空间的表现是通过形态与形态之间大小的重叠关系和虚实关系表现出来的。空间感的强烈程度是处理重叠和虚实的对比程度。

（3）平面构成中空间关系是一种真二维、假三维的空间构成关系。这种假三维的视觉感受主要是通过透视变化制造出来的，是一种视觉上的错觉。利用视觉上的这种错觉使人们在心理上产生一种快感，符合视觉审美功能，容易被观众接受（图2-108和图2-109）。

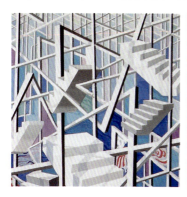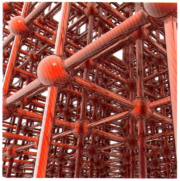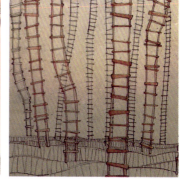

图2-108　平面构成空间关系

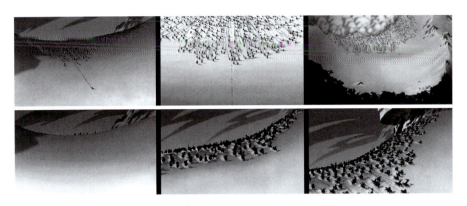

图2-109　美国动画电影《花木兰》片段

2．空间的意境

平面构成中，空间是创造意境和产生联想的条件。画面的空白处理常常占很大的比例，有时甚至占到画面的80%～90%。在设计时，空白部分如果处理得当，能使画面有虚有实，有疏有密。假如画面被一些形态塞满，不留一些空隙，就会使人觉得气闷和闭塞。像中国画中的"计白当黑"，做到"密不透风，疏可跑马"，让观众感到"无画处皆为妙境"。在水墨动画的表现中也是如此，如中国水墨动画片《山水情》中的表现。（图2-110和图2-111）。

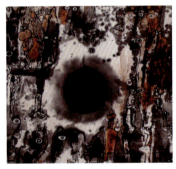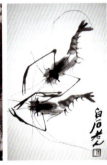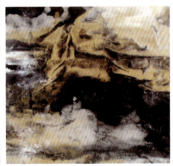

图2-110　空间构成

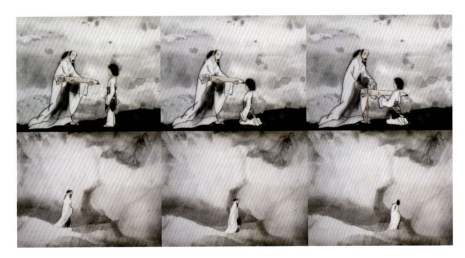

图2-111　中国水墨动画片《山水情》截图

3. 空间的形式感

平面构成中空间的形式感也是我们必须要掌握的。

（1）浅空间和深空间的构成是层次差别的量的处理。差别不大时是层次，差别较大时是浅空间，差别很大时是深空间（图2-112）。

（2）无秩序空间。其主要是表现没有衡量纵深空间标准的画面。它不是表现同一时空出现的景象，而是通过将不同时空生活中的种种景象不按主次、一一罗列在画面中来表现社会生活景象和生活气息（图2-113）。

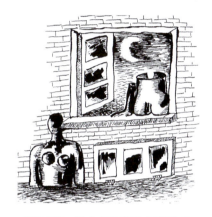

图2-112　浅空间和深空间的构成

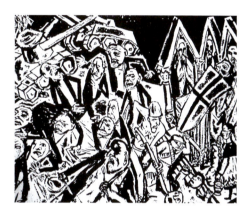

图2-113　无秩序空间

（3）二维空间。主要是通过形态与形态的遮挡和不同位置来表现空间的纵深感，让观众感觉是在同一地平线上的位置表现（图2-114）。

（4）二维半空间。在画面中主体部分为纵深空间的立体表现，次要部分和背景部分用平面表现（图2-115）。

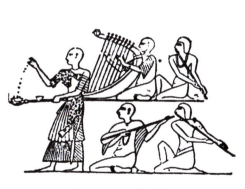

图2-114　二维空间

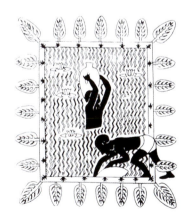

图2-115　二维半空间

（5）三维表现法。这是西方传统意义上的透视法，即近大远小，有一点、二点、三点透视。这种表现法是比较符合客观实际的，被人们普遍认为是科学的，它可以比较真实地再现客观事物（图2-116）。

（6）线性透视法。它主要是用线的方向来表现空间深度（图2-117）。

(7) 空气透视法。用虚实变化，在画面中表现近处形态清晰，远处形态模糊，就像摄影中的景深效应一样，在景深范围内清晰，在景深范围外模糊。这主要是空间距离所造成的（图2-118）。

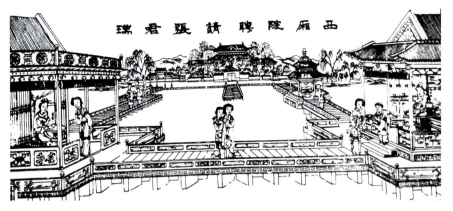

图2-116　三维表现法

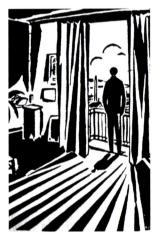

图2-117　线性透视法

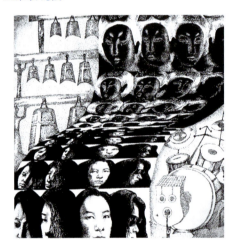

图2-118　空气透视法

(8) 用肌理纹路的渐变来表现空间深度（图2-119）。

(9) 异常透视法。这主要以非正常视觉感受为基础，消失点不定，也不止一个消失点。形态远近大小，仰俯不一，构成一种虚幻的空间感（图2-120）。

(10) 剖面透视法。通过所讲的透视，能看到被遮挡的内部景象，这是一种真正意义上的透视法（图2-121和图2-122）。

(11) 现代空间表现法。现代流派不仅有反对传统的摹写客观自然的意识，同时也改变了绘画的空间观念，使空间变得自由、夸张，目的是要表现自己的主观意愿（图2-123）。

以上这些空间的表现形式是人们长期以来总结的结果，我们应在以后的应用中加以灵活掌握。

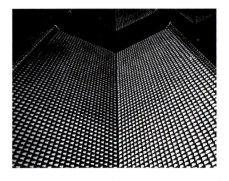

图2-119　用肌理纹路的渐变来表现空间深度

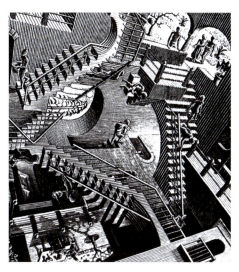

图2-120 异常透视法

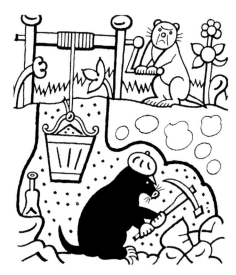

图2-121 剖面透视法（1）

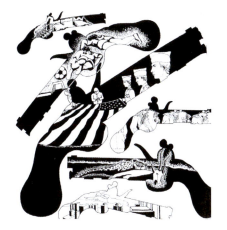

图2-122 剖面透视法（2）

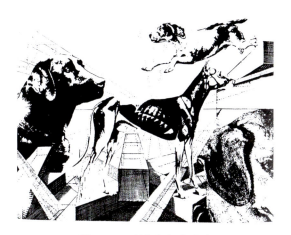

图2-123 现代空间表现法

2.4.4 视角

在设计和影视作品中，视角是非常重要的表现手段。视角的表现离不开透视的三个坐标，即视网膜、视位与形体的距离以及视角，这就好像是摄影的镜头、距离和角度。

尤其在影视作品中，只从一个视角来表达或观看是远远不够的，只有从不同角度去表达，去观看，才能深入地刻画角色，给观众留下深刻的印象，才能使观众产生共鸣。

视角的表达有三种形式，即平视、俯视和仰视。平视是最常见的一种，图形与画面的轴心相一致，即图形皆与画框或规格框呈横平竖直的角度，这被称为正面构图。这种视角的特点是静大于动，单薄浅平，表现纵深较难。俯视是视位高，居高临下，眼界比较开阔，使人有一种心旷神怡之感。我们常常讲的鸟瞰是俯视的一种特殊情况，是从高处垂直向下看，其特点是离地面越远，可视范围越宽，也越有静止和平稳之感。仰视是视位低而成仰角的视线，主要表达一种高大的形态，适用于表现崇高而庄严的形象，令人肃然起敬，有一种象征含义。这三种表达形式在影视作品中同样重要，如动画电影《埃及王子》中的平视、俯视和正俯视镜头的表现（图2-124～图2-130）。

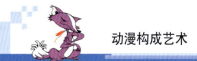

动漫构成艺术

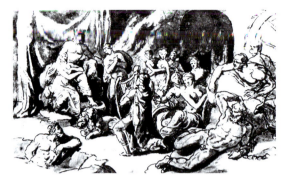

图2-124 插图作品（1）（平视）

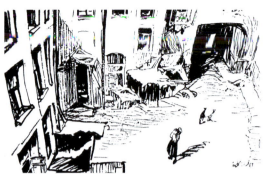

图2-125 插图作品（2）（俯视）

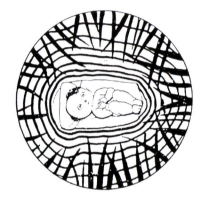

图2-126 插图作品（3）（正俯视）

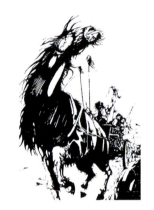

图2-127 插图作品（4）（仰视）

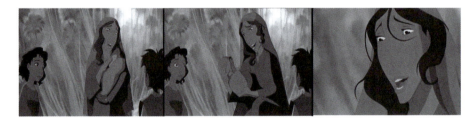

图2-128 动画电影《埃及王子》片段（平视）

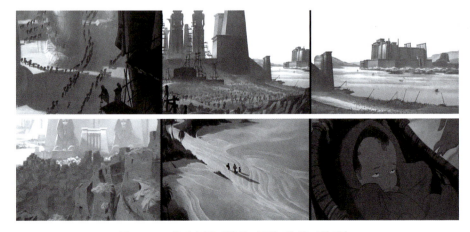

图2-129 动画电影《埃及王子》片段（俯视）

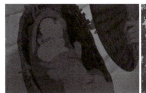 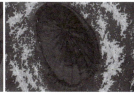 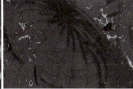 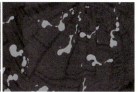

图2-130　动画电影《埃及王子》片段（正俯视）

2.4.5　构图

1．构图的含义

构图就是经营位置，也是绘画的重要环节，它是构思与安排视觉要素的总设计。构图工作是思考过程，同时也是组织过程，其要解决的问题是设计者和艺术家如何明确表达自己的想法，如何对视觉起作用。它包含多种对立因素及相互关系，即对立与统一、客观与主观、表现与再现、图与底、明与暗、平面与立体、动与静、对称与均衡、局部与整体以及分割与拼合等因素，对这些因素的合理安排是构图的主要任务，它直接影响着画面效果和观众对作品的感受。总之，在画面构图中要体现矛盾统一的原理（图2-131）。

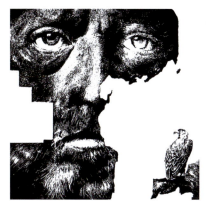

图2-131　插图作品（4）

2．构图的形式特征

构图的形式多种多样，下面就对一些具体的形式加以阐述。

（1）如果画面中有主体图形，即有兴奋点要表达时，往往要画大一些（图2-132）。

（2）有的画面不需要背景来分散主体，如果需要说明问题，就将主体与背景在明度上拉开距离，以突出主体（图2-133）。

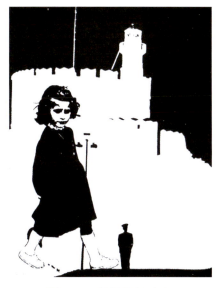 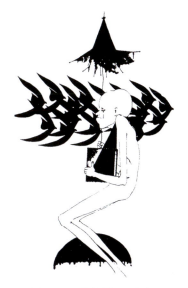

图2-132　插图作品（5）　　　　　　　图2-133　插图作品（6）

(3) 利用对称的构图。这种构图方法是古老的传统方法，用对称的方法来体现主体时，一般具有种庄严的性质。但现代设计师一般不会用到绝对对称（除非是特殊需要），而经常用到相对对称的法则。因为，相对对称既不失活泼变化之感，又有庄重的效果。对称的图形具有相对安定、稳固的属性，但又有呆板之感，因此，应用时应多加注意（图2-134和图2-135）。

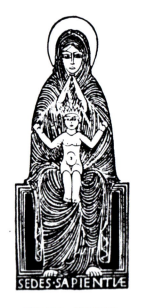
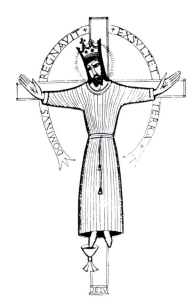

图2-134　绝对对称　　　　　　　图2-135　相对对称

(4) 画面构图中出现两个主体图形时，多表现为二者的交流、冲突或动作上的不同。为了增强画面的活泼性，两个图形又有主、次和正、副之分，正图一般接近画面的中轴线，而副图则适当地远离一些。正图运动时动作较大，副图运动时动作较小。当然，这些规律要在设计时灵活掌握。如果要使画面丰富，还应加入明暗、肌理等手段进行对比处理（图 2-136）。

(5) 画面构图中有一个主体和两个副体时，一般主体处于较高大的地位，属于中心强调的位置，这样显得高贵、庄重，如敦煌石窟壁画中的构图布局。但有些学者认为，两侧的图形有向内的挤压力，中间图形只有增大、增高才能与两侧的挤压力相抵消。还有的心理学家认为，靠中心的图形重度轻，要增大中间的主体图形才能在整体上达到平衡。这也符合传统的主体高大、副体矮小的心理作用（图 2-137）。

(6) 面积相同的形态，处于上部的要比处于下部的重，因此，在设计时就要做到上小下大，抵消视觉上的误差，像塔、楼房等如此设计建造才会稳定，才有安定感（图 2-138）。

(7) 设计较复杂，尤其是以表现群体为目的的画面，一般遵守的原则是选重点，求统一。要应用一切手段来达到既有变化又有统一的效果，在众多的形态中寻求共性、统一性，使其在一定的主体中凝聚起来，达到设计的目的。有些构图需要寻求重度的均衡，有均衡才有和谐，才有协调。这种重度更多的是心理上的承受程度，并不属于物理学范畴（图 2-139）。

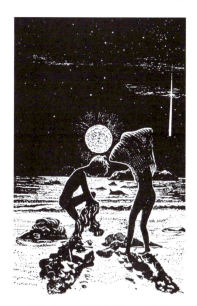

图2-136　构图出现两个主体

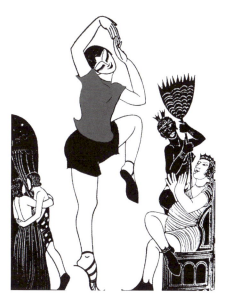

图2-137　构图有一个主体和两个副体

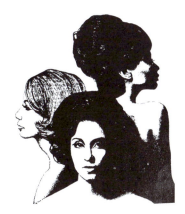

图2-138　面积相同的形态，上部
　　　　 比下部的重

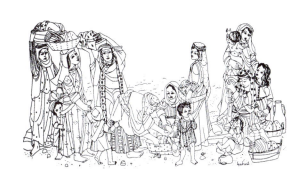

图2-139　以表现群体为目的的画面

（8）长卷式构图。主要考虑局部与局部、局部与整体之间的相互关系。要按构图的比例秩序组合，也就是时间上的变化。这种构图不一定非要找出中心，也可以每个局部都是中心（图2-140和图2-141）。

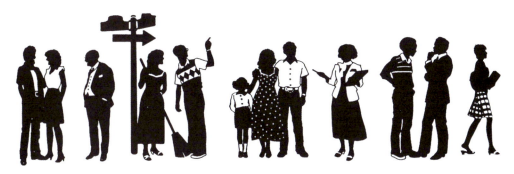

图2-140　长卷式构图（1）

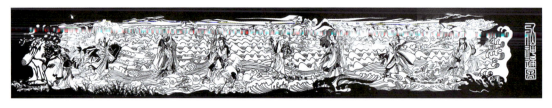

图2-141　长卷式构图（2）

（9）有时画面表现很远的深度空间，无论是单个形体还是一正一副形体，要使周围环境群化连成一片，留出一定空间突出主体形象，使观众如同在缝隙中远望一切。群化能形成力量，能在心理上增加重度（图2-142）。

（10）画面构图需要分割时，最好不要等距离分割成两半。如果需要这样处理，应进行多方面的调整，互相要有联系，才能避免单调乏味，才能达到心理上的连贯（图2-143）。

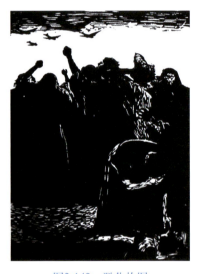

图2-142　群化构图

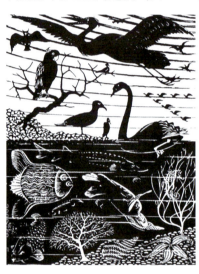

图2-143　画面等分构图

（11）画面构图中出现垂直形体和歪斜形体时，心理学家认为，站立的人要比斜跑的人有重度，马车也是一样的，因为站立的人重心较稳（图2-144）。

（12）有的画面构图需要左右分割才能增强意境气氛，突出主题、主体（图2-145）。

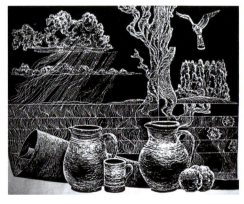

图2-144　垂直与倾斜构图

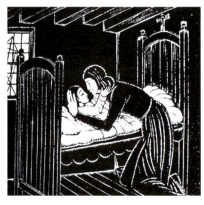

图2-145　左右分割构图

（13）画面构图中斜线与曲线的分割要比垂直分割画面有动势，而且能形成纵深感，使画面具有活力（图2-146）。

（14）画面构图主体形象由两个或两个以上的人物合并而成的，属于复合主体，也称扩大了的主体，在整体位置上是联合主体，但往往有重叠、交叉和连接之感，能使主体更加强大，更加有力量（图2-147）。

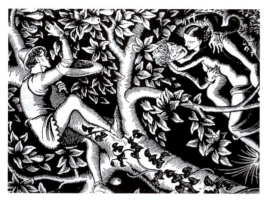

图2-146　斜线构图

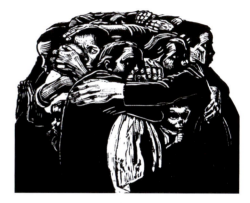

图2-147　复合主体构图

（15）画面人物众多时，需将次要的组成联合副体，形成背景来突出主体。一般要考虑其位置、高度、明度的变化。当然也有不分主次的群体构图，从画面中可看出每个形态的分量都是相当的，从而预示着有大的趋势即将来临（图2-148）。

（16）空白在构图中相当重要，设计者要注重对空白的考虑，因为空白处理得好有助于表现主体。如中国画论中有"密不透风，疏可跑马"的论述，这是很符合创作规律的。但空白一定要表现一定的含义，在不同的环境下有不同的意境（图2-149）。

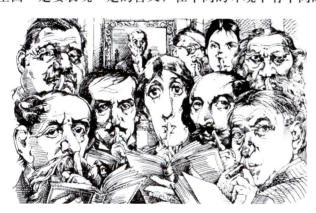

图2-148　联合副体构图

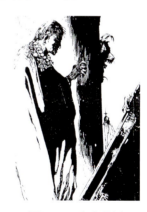

图2-149　空白构图

（17）传统的构图基础采用"中庸之道"，使画面不偏不倚。但我们在设计时要打破传统，寻求变化，突出主体，处理成符合自己设计意图的新的图形（图2-150）。

（18）画面构图如果分割成多块，就要使被分割的块面有机地组合，达到平衡统一。现代较流行的一种构图形式就是"分割组合"、要么大画面分块制作，然后拼合；要么将完整的画面破坏其原来的构图，重新组合成新的图形；要么同样的画面多次重复，联成一体；要么画面用线分割，大体不变，局部转变造型，有明显的结构性质（图2-151）。

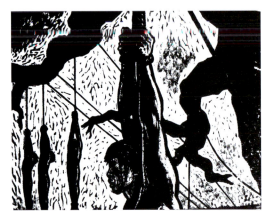

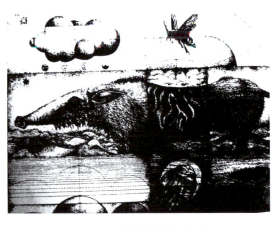

图2-150　采用"中庸之道"构图　　　　　　　　图2-151　构图分割成多块

2.4.6 运动

自古以来设计师和艺术家梦寐以求的是能在画面中表现出运动，他们做了大量的试验，在画面中表现强烈的动势。这种愿望也符合"一切物体无不在变动中"的辩证唯物主义思想。鲁道夫·阿恩海姆说："运动是视觉最容易强烈注意到的现象。眼睛对周围那些不动的形状或色彩一般不会做出反应，但当某一物体运动起来，眼睛便会马上盯住运动的地方，甚至会随着它的运动而运动。"这种视觉的生理现象已具备了人们追求运动的先决条件，从而也迎合了人生来好动的本性。如果不运动，不发展，不创造，那无疑就是摧残生机。人们从运动的过程中寻求无限快感。表现运动最适当的形式就是动画，它能把一张张不动的静止画面变得运动起来，给人以思想启示，人们在假定的运动中体会生命的力量。罗丹说："所谓运动，是从这一姿态到另一姿态的转变。"运动的表征是时间的变化过程和物体不断变换位置。绘画表现运动的常用手法就是通过形态与形态的距离来表现运动过程，即发生、发展、高潮、低落和结果。因此，在平面构成中，要特别注意对构图和形态的动势处理，以吸引观众的眼球，达到设计的目的（图2-152和图2-153）。

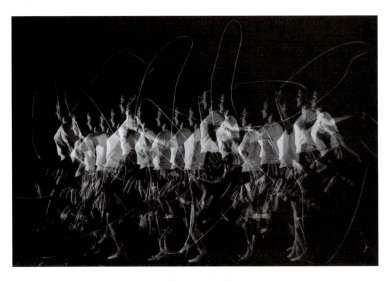

图2-152　表现运动的作品（1）

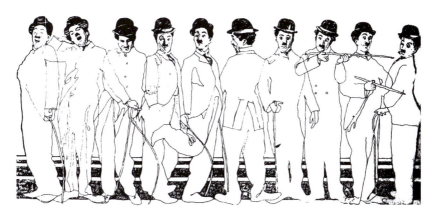

图2-153 表现运动的作品（2）

2.4.7 变形

人们站在哈哈镜前，通过自然形象的变形、扭曲，能吸引观众的目光，并产生愉快的情绪，因此，变形是满足人们的滑稽美感心理要求的一种形式，也是艺术家和设计师强化和美化思维的一种方式。发挥想象力，夸张装饰与实际有距离的变形，反而比写实的形象更生动、自然，因而，变形的构成形式被人们普遍采用。

1. 变形的含义

变形在平面构成中是指形象的变化虽然与原貌相比发生了一些差异，但并不完全改变形态的基本面貌，也可理解为将外部的自然形态以作者自身内在的一种感受来表现。

2. 变形的形式特征

变形的艺术手法在设计中非常重要，它能引起人们的注意和联想，具有很深刻的内涵，大多采用象征法、变形法、意象法、切割法和格变法等来表现。

（1）象征法。象征是艺术尤其是造型艺术的特征之一，是用比拟和隐喻的形象（经过艺术家特殊加工的变形了的形象）显示某一事物的本质或含义，是一种间接表现方法。它需要人们形成同感，否则很难进行表现。因此，间接表现首先需要对被比拟的事物本身有深刻的了解，才能通过比拟形象显示艺术家的寓意所在，表达艺术家发自内心的真挚感情，这就需要艺术家对其进行恰当的加工变形处理。表现最突出的民间世代流传下来的：蛙、鱼表示多子多孙，蝙蝠寓意福，虎头鞋、虎头帽表示小孩子虎头虎脑，"凤凰戏牡丹"表示男欢女爱，"麒麟送子"表示子孙德才兼备，笙表示生……世界通用的象征符号有：火炬表示前进、方向，橄榄树表示和平，玫瑰表示有浓郁色彩的爱情，骷髅表示死亡、战争、吸毒、危险的信号……这些内容的间接表现必须经过艺术家的特殊加工、变形，含义才能随心所欲地表现出来，观众才能接受（图2-154）。

绘画的形象象征语言往往要借助文学描绘的启示，通过大脑进行联想，但也离不开个人的知识积累，这在动漫作品创作中尤其重要。例如，乌云压顶表示不幸和灾难的降临，晴空万里表示心情愉快、有喜事和好事要来临，电闪雷鸣表示不幸的事件要发生，熊熊烈火表示激情万丈，平静的水面表示心情平和。再如中国动画电影《大鱼海棠》中的气氛渲染就是用大量的红色表现有不祥的事情发生（图2-155）。

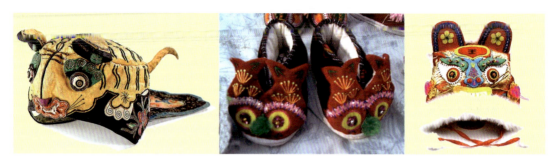

图2-154 象征寓意

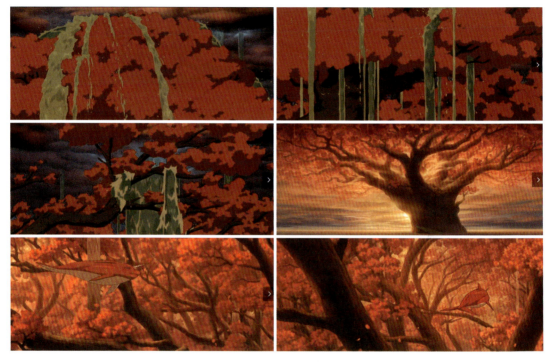

图2-155 中国动画电影《大鱼海棠》截图

一般情况下，象征的图形含义还需与欣赏者的联想相配合，大体上有三种类型：其一，接近联想。由时间、地点联想到事件，由图形形象联想到花朵，由人头布满冷眼斜视的眼睛想到世态炎凉等。其二，类比联想。由同类性质和形态的比拟引起联想，如由直线想到坚硬，由曲线想到柔和，蝴蝶想到美女等。其三，对比联想。用反衬的形象想到矛盾的两个方面，如《南瓜里的净土》表示日本平民居住条件的现状（图2-156），图2-157所示的动画艺术短片片段中也表现了这种象征含义。

（2）变形法。在一些艺术创作和设计中，不用变形手法很难表现出较满意的效果。如原始美术中的变形特征是一种天真自然的美，是人类长期形成的朴素的客观

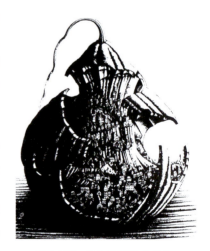

图2-156 《南瓜里的净土》

反映，他们选择并要表现的重点往往和现代人们所意料的不一致。从造型艺术角度观察这类变形，他们是保持本质特征而不拘泥于细节，注重理想形态而不拘泥于自然面目。这些创作表现都符合艺术创作规律，而且这类变形构成的独立系统的均衡比例关系用追求摹写客观自然的观点是无法解释和理解的。将这类变形手法应用于动漫创作更是如虎添翼，它与动漫创作的特征相吻合，把客观存在的事物，按照剧情和导演的个性，通过假定性特点使真实的更真实，虚假的更虚假（图2-158和图2-159）。

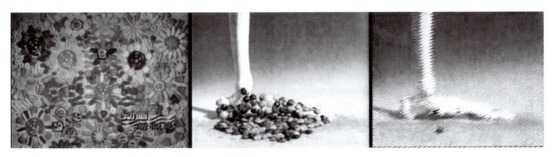

图2-157　动画艺术短片片段

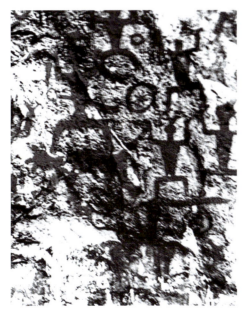

图2-158　原始洞窟壁画

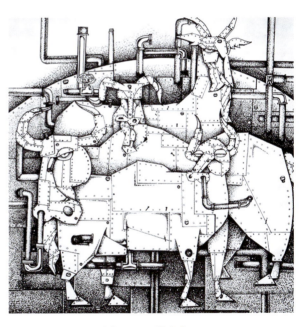

图2-159　学生作品

（3）意象法。从本质上讲，意象并不是要反映客观自然面貌，而是由主观意志所构想的，如中国的龙、凤、麒麟和"四神"文化。这些意象的表达离不开变形的处理，即非变形不能达其意。我们知道，艺术家的主观意象是来自现实生活，在大脑里经过特殊加工而形成的出乎意料的形象，这与抽象有着本质的区别。抽象是要反映或揭示事物的本质，如《聊斋志异》和《西游记》中妖魔鬼怪的形象设计；意象不一定要揭示事物的本质特征，而是经过艺术家用客观形态和主观意志特殊加工而形成的特定形态，给人们一种出乎意料的感觉。

意象是一定思维下产生的形象。自文艺复兴以后，各种艺术流派层出不穷，他们的思维观念相对于传统的思维观念发生了很大的变化。如"野兽派""表现主义"强调主观绘画，反映人的主观意志；"立体派"是对物体进行解体，然后重新组合；"超现实主义"是以弗洛伊德下意识本能为理论基础，他们把疯狂、梦境、错觉、偶然灵感和无意识本能所提供的意识用特殊的形态来表现，接受一种无理性、无逻辑的感觉。这些艺术家们所创作的形态不是抽象的就是意象的，与现实生活中的形象相差甚远（图2-160～图2-162）。

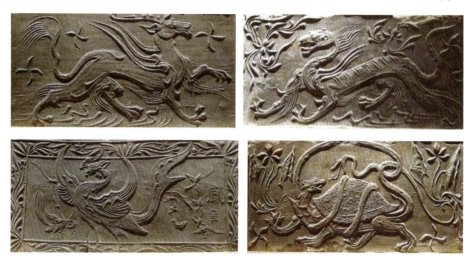

图2-160 "四神"画像石

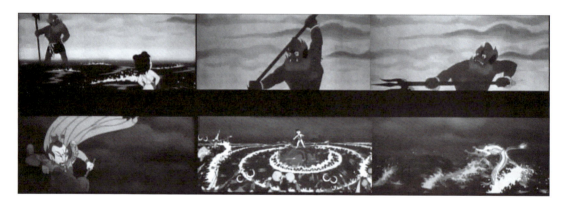

图2-161 动画电影《哪吒闹海》截图

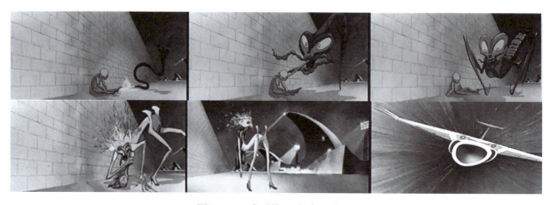

图2-162 动画片《迷墙》截图

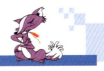

（4）切割法。为了适应创作和设计的需要，可将部分形象进行适当的切割，再重新拼贴，用一定的方法使形象发生变异。具体的切割方法有纵向式（将画面沿纵向等距离切割）、横向式（将画面沿横向等距离切割）、弧线式（将画面等距离弧线切割）和斜向式（将画面以斜向等距离切割）四种（图2-163）。

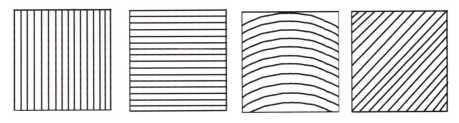

图2-163　纵向式、横向式、弧线式、斜向式

将切割的画面重新拼贴的方法有联合式（将切割的画面条不留间隙地紧贴在一起）、间隔式（以某种间隔的方式将画面条抽出，分别重新组合形成形变）、渐变式（将画面条用渐变的方式重新粘贴在一起）、底纹式（将画面条用一定的形式粘贴在另一张有画面内容的底纹上，使内容、画面相互配合，形成有机的整体，由于重新拼接的次序与原画面的切割次序不同，组合不同，从而形成各种不同的形态，达到设计的意图）（图2-164和图2-165）。

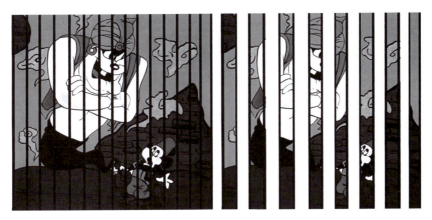

图2-164　联合式、间隔式

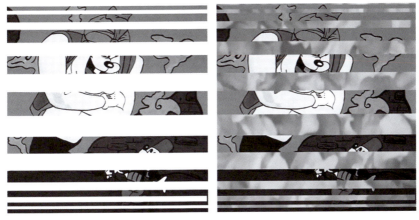

图2-165　渐变式、底纹式

（5）格变法。格变法又称歪像变形，是不改变本来结构而变换坐标间度量的变形。坐标间度量拉长或压缩相当于空间的伸缩。具体的做法是将自然形态的图形按其形象大小量取若干等大的正方形格位，而在变形的部位也量取同等数量的格位，其格位按变形的需要可做成长方形，也可做成菱形或其他形状，然后将原形按格位的布局移至变形部位，即可构成新的变形图形。这种布局可按照设计者的意图设计，具有很强的目的性，也可增强一定的分量，给人一种视觉冲击力（图2-166）。

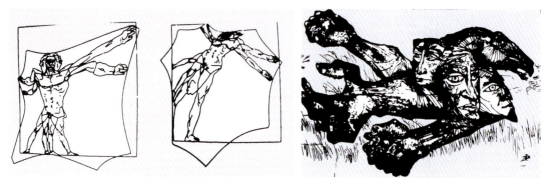

图2-166　格变法

总之，变形的处理是以其令人滑稽的形象，引发人们积极观看的兴趣。奇特的变相使人看到意料之外的可笑形象，进而满足人们追求新奇怪异的美感心理需求。

2.4.8　质感

大自然造物万千，物各有形，形各有态，态各有质，其质就是指质感。艺术家和设计师在表现自己艺术形象和设计形态时都离不开对物体质感的表现，因此，质感是指人们对物体表面纹理的感觉。不同的物质有不同的表面纹理，不同的纹理表现不同的性质。例如，我们在表现一组静物时，不同的物质应用不同的手段，使其质感明显，西红柿有西红柿的质感，玻璃杯有玻璃杯的质感，其表现手法是不一样的。但无论用什么样的手法，都要使所表现的物质有区别于其他物质的特征和质感（图2-167）。

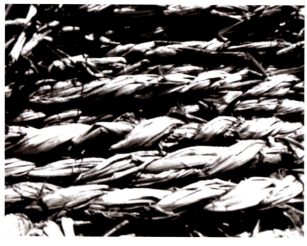
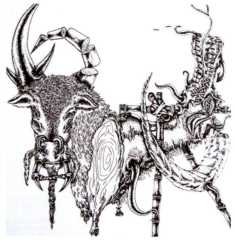

图2-167　自然形态肌理与画面肌理表现

在三维动画中，各种不同的质感都是通过不同的材质来体现的，其效果已达到乱真的程度。例如，三维动画片《恐龙》中各种动物的皮毛质感足以以假乱真，给人的视觉感受是可想而知的（图2-168）。

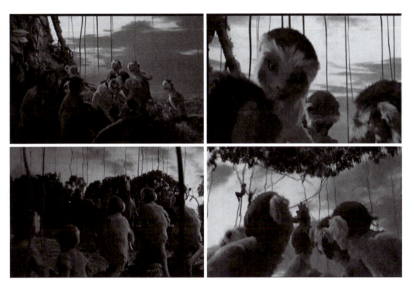

图2-168　3D动画电影《恐龙》中动物质感的表现

思考与练习

1. 在理解画面层次和空间的含义与特征的基础上，根据自己的经验和经历，完成一张侧重于空间和层次的自由分割图形。具体要求如下。

(1) 题材内容自定，最好有一定内涵。
(2) 形式不限，要能充分地表达主题。
(3) 层次感、空间感要明晰，不能含糊不清，注意应用各种效果的灰面。
(4) 尺寸为25cm×25cm。
(5) 材料为卡纸。
(6) 画面简洁。完成后贴在8开的卡纸上，并注明班级、姓名、作业名称、指导老师、时间等。

2. 根据所学知识，应用象征手法完成一张有一定寓意的自由分割构成。具体要求如下。

(1) 题材内容不限。
(2) 要用象征的手法，发挥想象力，表达一种深刻含义。
(3) 应用点、线、面的构成法则，做到布局合理，意图明确，寓意深刻。
(4) 尺寸为25cm×25cm。
(5) 材料为卡纸。
(6) 画面简洁，不得有污点。完成后贴在8开的卡纸上。

3. 应用切割法的有关知识，完成一张切割法的变形图形。具体要求如下。
(1) 选一张自己喜欢的图形，应用切割法进行恰当分割，然后再重新拼合。
(2) 采用拼合方法中的任何一种，完成一张切割练习。
(3) 使拼合后的图形符合设计意图。
(4) 尺寸为25cm×25cm。
(5) 材料为卡纸。
(6) 完成后贴在8开的卡纸上。
4. 应用格变法的有关知识，结合自己的经验，完成一张格变法的变形练习。具体要求如下。
(1) 设计一幅自己喜爱的图形，应用格变法使其全部或部分改变。
(2) 变形的处理要有精心设计，给人一种强烈的视觉冲击力。
(3) 尺寸为25cm×25cm。
(4) 材料为卡纸。
(5) 完成后贴在8开的卡纸上。

2.5 动漫平面构成中的形式美法则

　　自然界为我们提供了纷繁复杂的表现对象，我们也能感受到一种难以言传的内在规律。从宏观到微观，从远古时期到高科技时代，都存在一种秩序感。这种秩序感不仅存在于大自然中，还存在于人的大脑中，人们在认识和改造自然，以及遵循客观规律的过程中，都会自觉不自觉地应用形式美和美的形式。对形式美和美的形式的深入探讨和研究是艺术创作者和设计人员的重要课题之一。

　　形式美是指客观事物和艺术形象在形式上的美是"有意义的形式"，艺术形象也要求形式上的美，但必须要与相应的表现内容完美结合，才能达到和谐的效果。因对比与统一、对称与平衡、节奏与韵律以及虚与实等因素的相互变化而产生的美都是形式美（图2-169）。

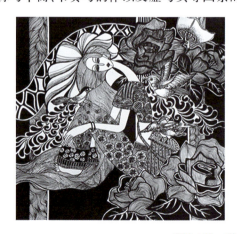
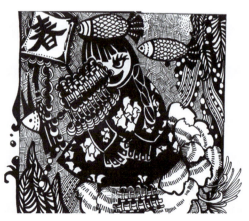

图2-169　学生平面构成作品

2.5.1 对比与统一的动漫构成

大家认为美的艺术作品都是对立与统一的高度结合。在对比中求统一,在统一中求对比,已成为一条形式美的总体法则,它适用于任何艺术创作,不论在静止的画面构成中,还是在运动的画面构成中,都离不开对比与统一的有机结合。从辩证唯物主义哲学角度讲,对立统一规律是世界万物之理,是同一事物的两个方面,处理好这两方面的关系,就能使作品具有强烈的形式美感,产生诱人的艺术魅力。

1. 对比与统一的概念

在我们的日常生活中,无不存在着变化与和谐的事物,如高山与平原、野草与鲜花,我们从中可以感觉到在一定范围内只要有两个因素存在就会有差异,差异大的就具有强烈对比感,差异小的就具有柔和统一感。因此,对比与统一两要素在画面中的比例关系极为重要。

对比是指性质相异的形态要素并置在一起,造成不同的视觉感受,如直线与曲线的对比、方形与圆形的对比、明与暗的对比等。这些对比能造成画面的丰富性和多样性,但这种丰富和多样是有规律性的,我们能从复杂而又有规律的图形中获得审美快感。

统一是指性质相同或类似的形态要素并置在一起,能形成一种和谐的或具有一致趋势的整体感觉。统一并不是只求形态的简单化,而是使各种各样变化的因素具有条理性和规律性(图2-170)。

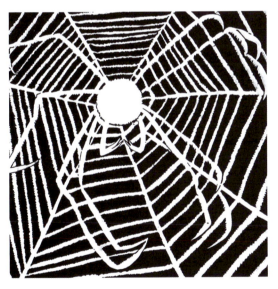
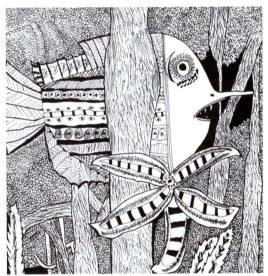

图2-170　学生作品

2. 对比与统一在画面中的作用

对比与统一无论在静止画面还是在运动画面中都是不容忽视的,它们共同作用,以便呈现美的视觉效果。

对比原理的审美功能体现出某些特定形态和设计效果在创作中更加醒目和突出。它不仅体现在形态上，还体现在光、态、体和式上，即色彩、明暗、动静、虚实、面积、质感、繁简等不同艺术形式的组合上。从美学角度讲，由对比产生的美感是绝对的和必然的。我们看不到失去对比而产生的艺术作品。相反，凡是优秀的艺术作品，其审美功能都与生动、活泼、强烈对比的精神活力分不开。可以说，对比的美感原理在现代艺术家和设计师观念中已焕发出新的生命力。他们从不同的思想观念和意识形态中汲取营养，给作品以鲜明、和谐的对比感觉，从而达到新颖而富于时代精神的艺术效果。如果离开对比的绝对性和必然性，就不能表现出作品的丰富性和多样性，更谈不上给观众留下深刻难忘的艺术印象，也就达不到设计的目的（图2-171）。

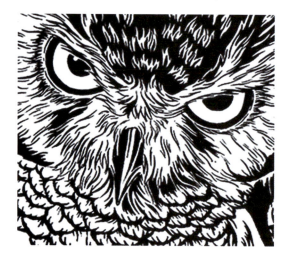
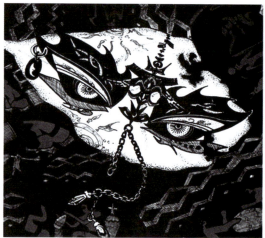

图2-171　对比构成

统一原理的审美功能体现出构成中心各种形态要素的相对一致性，犹如用各种彩线编织成带有美丽花纹的织物一样。从本质上讲，统一是一种富有秩序的有意的安排，是设计者对整体美感所把握的主要方法和意图。英国美学家威廉·荷加斯在《美的分析》一书中指出："所有看起来是合乎目的的和符合人的意图的东西，总会使我们的意识得到满足，因而是令人喜欢的。统一也属于此类。当我们需要表现静止与运动的稳定性时，统一在某种程度上就显得非常必要。"可见，统一应被看作一种和谐，这种和谐是从整体上来讲的。但初学者在思想上往往缺乏统一整体的观念，因此在设计中只是将各个局部拼凑起来，或仅仅局限于某个部分的观察和表现，因而忽视了整体全貌的气势和运动。即使把某个局部处理得有一定的结构美感，然而相对于整体的其他部分却是一个格格不入的异物，这样就谈不上形式的美感了。正如画了一个非常漂亮的眼睛，但没有安在正确的位置上一样，不免使人感到遗憾。

我们把美的作品看作一个整体，那么，对比与统一就是这个整体的两个方面。在设计中，既要依靠对比的原理以激发作品中的生命活力，又需要适宜的统一性使作品得到和谐的照应。过分对比会使作品显得零乱，过分统一又会显得单调和缺乏变化。因此，就如同亚里士多德所表述的："艺术作品是根据作者内心的原理而合乎目的地统一起来的。"作品应达到变化与和谐的高度统一（图2-172）。

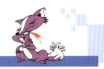

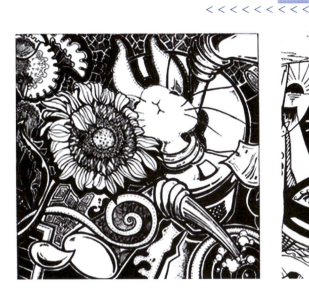
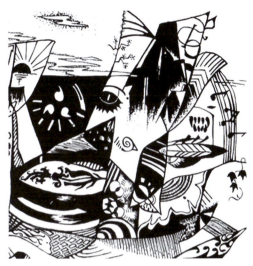

图2-172　调和构成

3．对比与统一的形式

对比与统一的形式大体上可分为四个类型，即光的对比与统一，主要包括黑白、明暗、色彩等；态的对比与统一，主要包括动静、方向、虚实关系等；体的对比与统一，主要包括面积、大小、形象位置、质感等；式的对比与统一，主要包括曲直、繁简以及不同艺术形式的组合等。

（1）光的对比与统一。人们的眼睛能看到万千世界，离不开光的作用，有了光的存在，研究视觉艺术才有可能。对画面黑白、明暗、色彩的处理就是研究光的作用，利用光的效果来表达设计者的意图。由于一幅画面是一个世界，会受到内容形象和细节等多方面因素的制约，并非都是简单的大面积黑白描写，对比强烈固然重要，却要避免陷于单调，因而需要调节和淡化，以增强统一感、调和感和层次感。如考尔德的作品《太阳和月亮》中一明一暗、一黑一白是自然物象的对比，中国八卦中的一阴一阳、一黑一白是对万事万物的概括和阐释，中国民间美术中稚态的黑、白、灰的对比与统一关系的处理则体现出画面构成的质朴感（图2-173）。

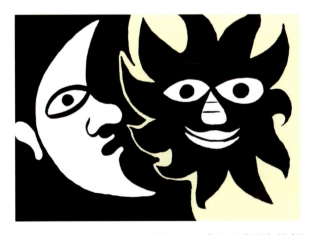
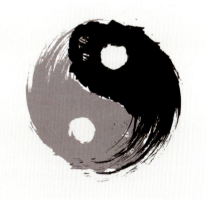

图2-173　作品《太阳和月亮》和中国的八卦

(2) 态的对比与统一。在画面中对动静、虚实、方向等的处理要体现出辩证关系。要突出静必须增加动，要突出动必须增加静。如学生作品中大面积的黑与后面的虚形成大的虚实态势，在黑色面积中又有许多形态，增强了画面的对比效果。利用方向因素作为对比时，容易形成韵律感和强烈的动势，充满张力。但是要避免凌乱，应适当地加以调整。如学生作品中大的趋势是从右下方向左上方，利用曲线的柔和产生动感，整个画面充满了活力，但又组织得井井有条（图2-174）。

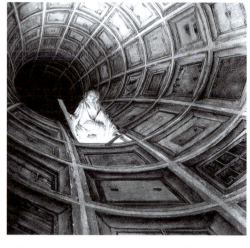

图2-174 态的对比与统一构成（学生作品）

(3) 体的对比与统一。体的对比与统一指画面中对面积、大小、形象、位置、质感的处理。利用面积大小因素作为对比时,容易使观者的视点上下、左右反复移动而构成错觉。如《防止受伤》中锋利的刀片和柔软的大拇指之间形成悬殊对比，使得观众的视觉不断上下移动进行比较，在心理上造成一种激动感。利用形象因素作为对比时，可增加形象的丰富性，突出形象的特征。形象的统一能强化主要形象，加深其视觉印象。利用位置的因素能形成平面空间的布局，形成多少与聚散的关系。形象位置的移动和移动数量的多少能形成方向和运动感，位置的统一会产生画面的稳定感和视觉平衡感，但处理不当也易产生单调、呆板的视觉效果。利用质感对比可使物象彼此印证对方的特征。如《夹在石墙里的人体》既以坚硬的石块衬托柔软的人体，又以脉搏跳动、体温尚热的人体衬托没有生命的、冰冷无情的石块（图2-175）。

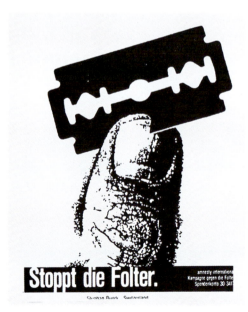
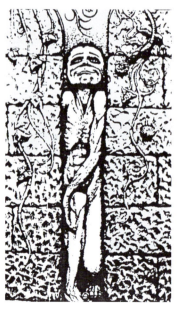

图2-175 插画《防止受伤》与《夹在石墙里的人体》

（4）式的对比与统一。式的对比与统一即画面中对曲直、繁简以及不同艺术形式的组合的处理。利用曲直的因素，能强化视觉的心理感受，有利于表达情感。曲与直能使画面产生矛盾、迷茫的情感，突出和强化某一种情绪，或柔和，或刚硬。曲与直的统一易于表达单一的情感，高度的统一能使人产生安静、柔和、平稳的心理，形成一种比较清晰明确的心理感受。利用繁简因素作为对比时，能使画面产生节奏感，调整视觉疲劳（图2-176）。

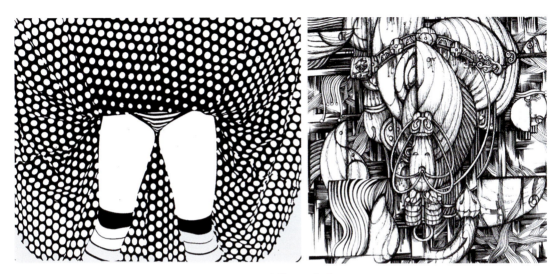

图2-176　式的对比与统一

总之，对比与统一的这些形式并不是单一应用的，应按照画面的需要和自己的设计意图进行综合分析应用。我们应把握"对比太多易乱而统一太多易死"的规律，并进行恰当地应用，使画面产生美丽的效果。

4．动漫对比与统一的时间构成

动漫对比与统一的时间构成是指对比与统一规则在运动画面中的应用。对比是绝对的、无处不在的；统一是相对的，不仅指单方面的局部的统一，而且指整个体系的统一。由于时间的原因，观众能在运动中欣赏对比统一带来的魅力。如动画电影《花木兰》中花木兰的父亲接到征兵的诏书，父亲、花木兰、母亲、奶奶的思想情绪变化，尤其是花木兰决定代父从军的思想转变，是影片中不可缺少的情节之一。这一段落在整个影片中起到承上启下的作用，在具体的细节中，无不体现出对比的规律，但又统一于整体故事情节之中。我们从这一段落的明暗、色彩中分析，主色调是一种忧伤、悲凉的气氛。白天的灰色调、晚上的灯光色调和雨天的冷色调，其对比关系是非常强烈、跳跃的，正好体现出木兰及其父亲复杂的心理活动。从动静、虚实的态势来分析，主要体现出木兰的疼爱和父亲的慈爱。在木兰决定替父从军，偷偷拿上诏书从门中走出时，有一种恋恋不舍之感，木兰的动和父母亲睡觉的静表现得非常明显。进一步讲，木兰内心矛盾的实与环境的虚构成和谐，共同营造着这种感人的悲凉的气氛，使观众内心不由得升起同情之感。从面积、大小、位置等体上分析，同样也能感受到这种对比与统一所起的作用。在父女争吵的镜头中，父亲在画面中所占的比例是很大的，而木兰较小一些，从感情上体现出父亲对女儿的慈爱，木兰心中也受了委屈。再根据人物位置的调度、镜头的变化、声音的介入，人们更加能感受到这种揪心之痛。因此，电影这门艺术可以调动起观众多种感官，共同作用下可达到一种完美的境界。如动画电影《红孩儿大闹火焰山》中红孩儿与观音菩萨的一场戏，红孩儿本身是一个俏皮活泼的孩子，而且又有好奇心，被观音菩萨制服。在这个镜头中应用了多种表现手法。从明暗、色彩上讲，浅蓝色的色调与红孩儿红色的头发对比非常强烈。虚实对比的态势很明显，造成了神奇的效果。红孩儿的实与观音菩萨的虚幻形成鲜明的对比，从而也表现出观音菩萨的空无和法力无边，这些特性就不能用实形来表现。从动静上来分析，红孩儿是孩子，有爱动的天性，菩萨相对来说爱静，静是另一种形式的动，里面蕴涵着无穷的力量。菩萨的手慢慢消失变虚是有大动作，而红孩儿在菩萨手掌心里有小动作，这样的动与静的对比体现出无穷的魅力（图2-177和图2-178）。

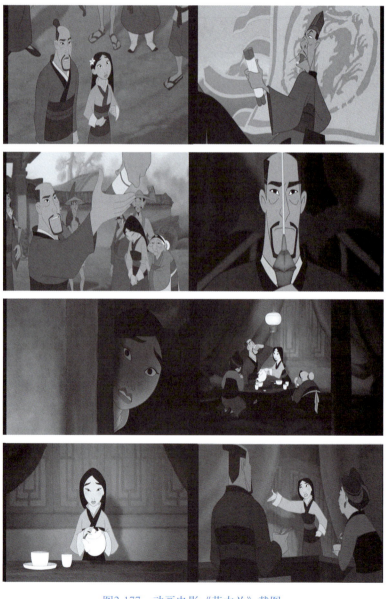

图2-177　动画电影《花木兰》截图

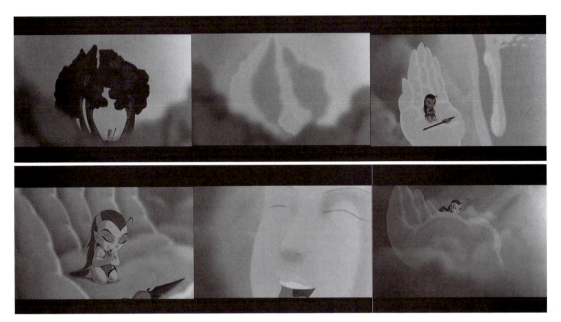

图2-178 动画电影《红孩儿大话火焰山》截图

2.5.2 对称与平衡的动漫构成

在造型视觉艺术中，对称与平衡被视为有特殊地位的视觉效果，是人类长期以来总结出的经验，深受人们的喜爱。同时也是平面构成中最基本的原理，一切相关的表现法则均可被纳入这一原理之中。因此，这也是平面构成中不可缺少的形式美法则，在运动画面构成中同样适用。

1. 对称与平衡的含义

对称的形式美在于，将中心两侧或多侧的构成形态在位置、方向上做出互为相对相同的构成，这种形式带来的视觉感受总是趋于安定和端庄、高贵和威严，与平衡、节奏、韵律等其他形式相比更加显示出规范、严谨的美学性格特征。根据设计的需要和给观众带来的心理感受，又可将其分为绝对对称和相对对称两种形式。所谓绝对对称，又称均齐形式，是将构成诸要素在对称形式的框架下以同样的形态、量度和色彩配置出现在中心线的两侧，呈现出庄重、威严、安定的视觉效果；所谓相对对称，是将构成诸要素在对称形式内在的框架支撑下，呈现出中轴线左右的对称双方在形态和数量上并非绝对相同，而是看上去基本相同，但仔细比较之下，它们无论在形态上还是在数量上都不太相同，有微小的变化，这样在视觉上造成含蓄、生动的效果，因为这在保持对称美感的同时引入了属于其他形式因素的美感成分。

平衡的形式美在视觉上是一种视觉心理活动，是一种视觉美感。在平面构成中，平衡是指诸多形态在二维空间组合时量的对比关系和位置的疏密对比关系，强调的是形态在组合关系中的"动"的因素和趋于打破平衡的形式特征，同时平衡又是形态不规则、无序和动态感在视觉上的统一。如图形的聚散、线条的相互穿插等都是平衡的构成形式（图2-179）。

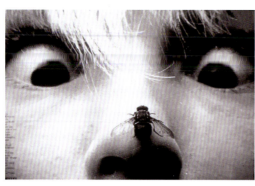 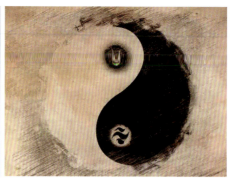

图2-179　对称的形式美

2．对称与平衡在画面中的作用

在平面构成中，对称与平衡的作用是不容忽视的。早在60多万年前，北京猿人所制造的粗糙石器的形状就是对称的。也就是说，人类初期就已经开始使用对称的美学原理来美化装饰自己了，这大概与自然界中很多形态的对称性是分不开的。如人和动物的身体、蝴蝶的双翅，各种树木、植物的果实以及一些花卉等。这些自然形态体现出的形式美感对人类视觉的启发意义是很大的，于是人们就把这些严谨、规范的美学特征纳入设计中，形成明显的标记。如中国商代青铜器上的图案构成、唐代铜器上的纹样构成、欧洲中世纪哥特式教堂门窗的布局和神秘壁画的构图，无不采取严格的对称法加以限定，因为它们体现着权威、高贵。可以说对称美的性格特征与中外古典美学思想的模式是互为一体的。正如马克思主义美学中所讲："艺术中的对称原则不是艺术家随心所欲的产物，而是客观世界的实际规律在艺术中的反映。"无论是绝对对称还是相对对称，都能使画面产生稳定、庄严、神秘、高贵的艺术效果（图2-180和图2-181）。

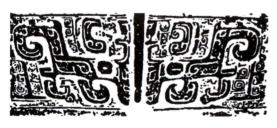 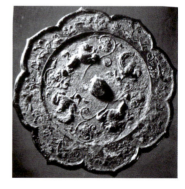

图2-180　青铜器（饕餮纹）　　　　　　　图2-181　铜镜

平衡的效果是现代艺术家和设计师们一味追求的，他们打破对称带来的单调、乏味之感，给作品带来了活泼、自由的气息，使观众在心理上产生一种愉悦感。阿恩海姆在他的《艺术与视知觉》中首先对平衡的式样作了深入的研究，他从形态结构、知觉力剖析、心理与物理、重力、方向等方面对平衡的审美意义给予清楚的解释，他指出："我们必须记住，不管是视觉平衡还是物理平衡，都是指其中包含的每一件事物都达到了一种停顿状态时所构成的分布状态。在一件平衡的构图中，形状、方向、位置诸因素之间的关系都达到了如

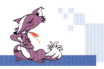

此确定的程度，并且不允许这些因素有任何细微的改变。在这种情况下，整体所具有的那种必然性特征也就可以在它的每一个组成成分中呈现出来了。"显然，平衡形式的美感特征在于画面多个重心相互对整体起作用，它不像对称形式只把作品的重心放在最稳定的中心线上而给人一种四平八稳的感觉。所以，平衡没有固定的模式，只能通过各种形态要素所形成的"力场"来共同起作用，使我们在心理上达到视觉平衡，产生愉悦感。如果所设计的画面不平衡，会给人们造成一种挫折感，好像所欣赏的画面有一种中断感，不是连贯为一体的，这只能给统一的整体造成局部的干扰。从另一个角度讲，平衡是人的生理需要，一个人如果失去了平衡，就会无法生存；而人除了要求自身的平衡外，还要考虑周围环境的平衡，因为它能使人产生稳定、安全、平静的心理感受。如电影《末代皇帝》中的

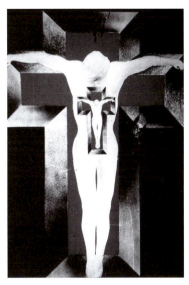

图2-182　对称

对称镜头就表现出了一种庄严感和威严感（图2-182和图2-183）。

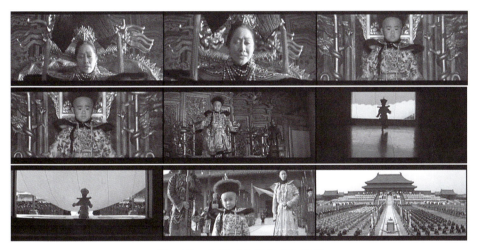

图2-183　电影《末代皇帝》片段

3．对称与平衡的时间构成

对称与平衡的时间构成是指运动画面的构成，即一种动态画面的对称与平衡关系。

对称的时间构成主要是画面在运动中对对称形式的把握，体现出一种庄严、权威的气势。观众能在运动中体会这种气势，这从侧面烘托了主要角色的性格和特征。例如，动画电影《埃及王子》中王子纵深向前走的镜头，为了表现王子高贵的身份，采用中心相对对称的构图形式，画面在运动中显得活泼、自然；再如动画电影《花木兰》中边防将领向皇帝汇报的镜头，也采用了一种对称的处理，以体现皇帝的威严和权力。

动画过程中的平衡形式是一种非平衡，主要指在原有平衡形式的基础上所做的一种超越和持续，它并非对对称形式的隔断，而是加宽了审美上的视阈感，其力点往往处在模糊而又运动的连贯状态中，从而获得一种恢宏的、有动感的平衡形式的美感。例如，电影

《英雄》中的打斗场面中，起幅与落幅都是处于画面的平衡之中，在连续的运动过程中，画面重心不断变化，产生很强烈的动感，给观众心理上也造成一种不安静之感，但在最后又使感觉平衡过来，造成一种快感和兴奋感。再如中国动画电影《金猴降妖》中猪八戒与老虎精对打的镜头，画面中猪八戒与老虎精在不断变换位置，使画面处于不平衡之中，增强了动感，从而体现出猪八戒与老虎精的力量不相上下，互有胜负，但在整体上是连贯的，视觉上是平衡的。这些模糊性力点的审美特色是非平衡中所体现出的平衡形式能在画面构成设计中获得更为自由和连贯的节奏。由于这些节奏没有限定范围，我们就既可以遵循画面构图的饱满需求，又可以任意地加以调整，从而达到形式和心理上的视觉平衡（图2-184～图2-187）。

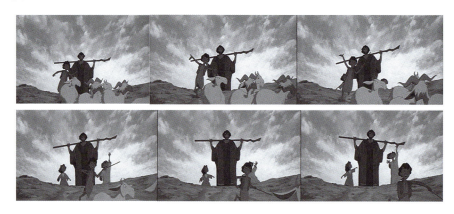

图2-184　动画电影《埃及王子》中王子纵深向前走的镜头

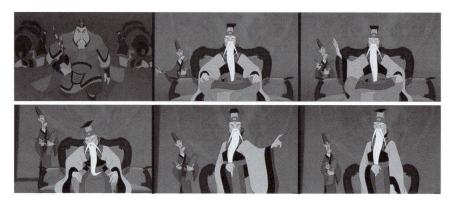

图2-185　动画电影《花木兰》中边防将领向皇帝汇报的镜头

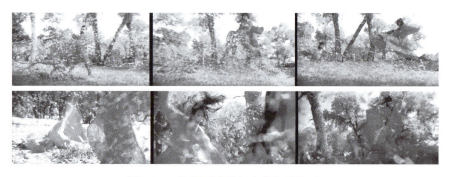

图2-186　电影《英雄》中的打斗场面

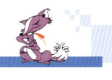

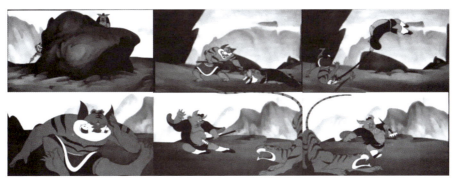

图2-187　动画电影《金猴降妖》中猪八戒与老虎精对打的镜头

2.5.3　节奏与韵律的动漫构成

节奏与韵律是音乐艺术的术语。它们经常结合使用，有时还交换使用，因为这两个词在含义上并无本质上的区别。现在在造型意识中借用，让人们用具体可见的形态的有机组合来感受到其内在的变化与节奏。一般讲韵律感不够，是指缺少变化，过于平板；讲节奏感不强，是指变化缺乏调理规则。二者侧重点不尽相同。尤其是在动画电影这门新的综合艺术中，节奏与韵律不仅指音乐和声音的规律，还指画面中形态的有机组合，形成与音乐相辅相成的变化与节律，来共同作用于观众的眼、耳、脑，使得形象生动活泼，令人印象深刻。

1. 节奏与韵律的含义

节奏主要是指变化起伏的规律，没有变化就无所谓节奏。对于平面构成而言，其更是揭示作品形式美感的重要法则，是应用构成诸要素如点、线、面、比例、纹理和色彩等在画面中的有机组合即有规律的变化，给人以强烈的视觉美感。

韵律原指诗歌、音乐中的声韵和节律。在诗歌中音的高低、轻重、长短的组合，均匀的间歇和停顿，一定地位上相同音色的反复出现，以及句末、行末利用同调同韵的音相切和，就构成了韵律。在平面构成中借用韵律指构成形态、色彩等视觉因素有明显规律的和谐组合。如形态的重复、渐变、面积对比以及秩序化构成关系都具有韵律形式的特征（图2-188）。

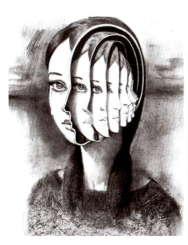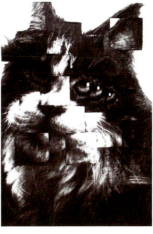

图2-188　节奏与韵律的构成

2. 节奏与韵律在画面中的作用

在平面构成中节奏是指变化中的规律性。其作用主要是使构成中的诸要素按照一定的规律和设计意图进行有机的组合。我们知道，诗歌、舞蹈、音乐、绘画、设计等各门类艺术形式都离不开节奏规律的应用。符合自然运动规律和人生命活动的艺术形式都是美的，因为它们与人的生命相关，而人的生命运动是有节奏的。呼吸、心跳是生理节奏最完整的体现，四季更替、高山低谷是自然节奏的写照，它们在整个生命和环境中都有很强的节奏感，其运动是不以人的意志为转移的。无论是在静止画面还是在运动画面中，节奏美的法则主要是通过画面形态的有机分布而表现出来的，但必须以群化构成的视觉效应出现。因为单一的视觉要素在设计中很难形成节奏，在画面中，形态的群化可以形成一定的势力在量上取得平衡与和谐感，最终形成最美的统一体（图2-189）。

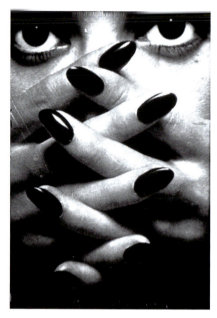

图2-189　学生作业

韵律在平面构成中主要是指画面中的变化，其作用是使构成中的诸要素形成一定的对比变化关系。如果分开来讲，韵律中的"韵"指声音的和谐，可以理解为"统一"或"调和"，但如果没有"异"也就没有"同"，因此，"韵"中包含着变化之意，即局部的变化要统一于整体之中，也可理解为"气韵""神韵""韵味"等。"律"是指"节奏""节律""规律"，也可理解为"重复"，即两个以上的"个体"的有间隙的组合，更侧重于"统一"。因此，"韵律"就是指"变化与统一"，但侧重于变化。节奏与韵律在画面中的作用是非常重要的。

3. 节奏与韵律的时间构成

节奏与韵律的时间构成是指节奏与韵律的形式美法则在运动画面中的应用。运动画面中的节奏感和韵律感不仅表现在整体上，还表现在每一画面中。例如，中国水墨动画片《小蝌蚪找妈妈》中，从整体剧情中分析，小蝌蚪三番五次地寻找妈妈，体现的是一种节奏感；而每一次寻找妈妈的情节都不一样，体现出一种韵律感。总体上，给观众留下小蝌蚪找妈妈过程十分艰辛和小蝌蚪意志坚强的印象，体现出一种节奏与韵律美的形式特征。从每一具体的画面中分析，其采用的是中国传统的水墨画形式，体现出的是水墨画的韵味与意境，计白当黑，空间的处理别有一番韵味。小蝌蚪作为点的形象在画面中聚散及产生疏密变化，不仅表现出小蝌蚪的活泼可爱，更表现出小蝌蚪的机智勇敢，观众从中可以体会到一种美的节奏与韵律感。再如，美国音乐动画片《幻想曲》是根据音乐名著来创作的，其画面的节奏和韵律感与音乐配合得天衣无缝，令人心旷神怡，从中不仅可以体会到音乐带来的想象空间，更能领略到画面带来的神奇的视觉艺术享受，给人耳目一新的感觉。再如中国动画电影《哪吒闹海》中四海龙王得胜举行的庆功宴上，乌龟跟着鼓点所跳的舞蹈，既活泼可爱又滑稽可笑，这就是音乐与画面完美结合所带来的艺术魅力（图2-190～图2-192）。

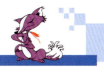

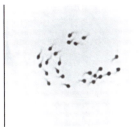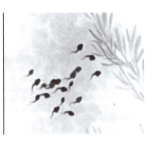

图2-190　中国水墨动画片《小蝌蚪找妈妈》片段

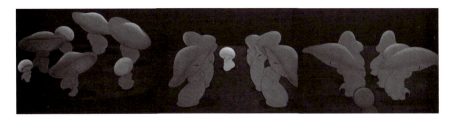

图2-191　美国音乐动画片《幻想曲》片段

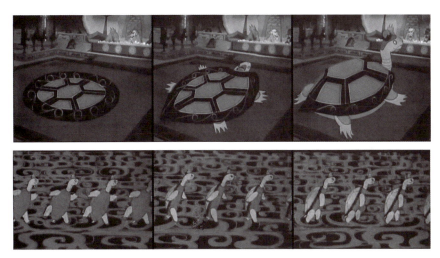

图2-192　中国动画电影《哪吒闹海》片段

2.5.4　虚与实的动漫构成

从辩证唯物主义哲学上讲，虚与实是事物相对的两个方面，二者相辅相成，互为条件，互为前提。没有实则无所谓虚；反之，没有虚也就无所谓实。虚实关系是客观存在的，它可存在于任何事物中。动漫平面构成也不例外，它体现出一种视觉感受，指的是平面的局部与局部、局部与整体之间的对比关系。对画面虚与实的处理也是对形式美的一种把握。在动漫设计中也要遵循这些规律进行创作。

1．虚与实的含义

虚与实是一个事物的两个方面，对其含义的理解应从不同的角度去分析。在构成艺术中就形态而言，"实"是指具体的、具象的物体，"虚"是指理性的、抽象的形态；就空间而言，"实"是指处于前端的物体，"虚"是指处于空间深处位置的物体（图2-193）。

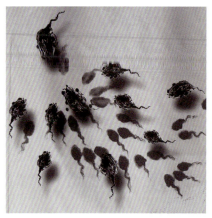
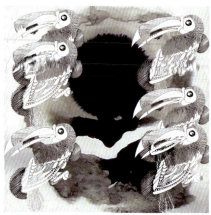

图2-193 虚与实的对比

2. 虚与实在画面中的作用

虚与实在画面中的作用具体表现在形态的虚实关系和平面的空间层次的虚实关系两个方面。形态的虚实关系到形态在画面中的状况和视觉形象的认知感，关系到形态的可识别度；空间的虚实决定着画面层次的视觉效果，决定着形态在空间层次中的前后关系和主次关系的认知度。根据这种视觉规律，从构成的角度出发，我们可以人为地处理形态与形态之间的主次关系、空间的前后关系，加强或减弱这种虚实关系以控制画面的视觉效果，使得设计的中心思想更加明确，主题更加突出。如为了强化主体形态，把次要的形态从形状、位置的前后关系上虚化，使得主体更加突出，以虚来衬托实。

虚实关系还可以表现出趣味、情调、气氛和意境，使画面中的形态相互作用，有机组合，从而达到完美的视觉效果。例如，中国写意画中的布局，形态与形态之间的相互关系、虚实关系、空白的灵性和妙处无不体现出作者的情调和意境，体现出作者对宇宙、人生的宽广胸怀，从而带给观众一种美的享受，也能展现出作者的人格魅力，如齐白石的《虾》、徐悲鸿的《马》等。再如后印象派大师凡·高的作品《星空》中天上虚幻的云和地上树木、房屋的实形成对比，作者用激情跳动的线条笔触去表现这些形态，表达作者内心深处的火热之情和对生命的热爱，给观众留下深刻的印象。可以说，虚实关系的处理是更高一级的设计和构成，我们应充分地注意虚实关系的处理，充分利用虚实关系的优势把握构成元素，把握视觉创造，给观众留下深远的意境（图2-194）。

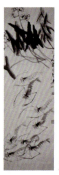
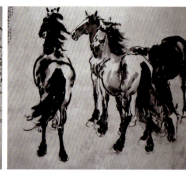
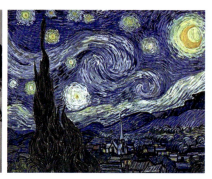

图2-194 齐白石的《虾》、徐悲鸿的《马》和凡·高的《星空》

3. 虚与实的时间构成

虚与实的时间构成是指虚与实在运动画面中的应用、形态元素在运动中的虚实对比以及空间在运动中的虚实转化。其构成原理与在静止画面中的运用是一致的，所不同的是观众能在时间的推移中体会一种情绪、气氛和意境。例如，动画电影《花木兰》中木兰为救男将领而受伤，在慢慢醒来睁眼看的镜头中，利用摄像机景深变化的处理，使前景与后景的虚实进行转换，从而也表现出木兰刚刚醒来，意识逐渐清晰，这种虚实对比的变化效果，观众是能够理解和接受的。又如中国动画片《雪孩子》中，雪孩子勇敢地扑到火里，救出了小白兔，但自己被火烤成了水。实的形态不见了，为了增强抒情的效果，采用虚的形态，这不仅使故事更完整，而且升华了主题，反映出中国"灵魂不灭"的传统思想，使观众看了情不自禁地落泪，产生强烈的视觉冲击力，激发出人们内心的情感。再如中国水墨动画片《山水情》中水墨效果的处理，使人从中不仅能体会到中国画的韵味，同时也能从时间的运动中体会出虚、实重心的不断变化，以及人的生气与大自然的气韵相互沟通的天人合一的境界。因此，我们在动漫设计中要有运动的观念，不能只局限于单幅静止的画面，要在运动中把握虚、实的形式美法则并去灵活创作（图2-195～图2-197）。

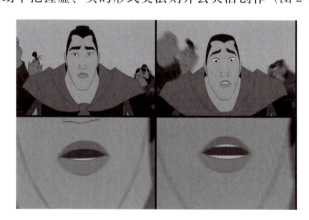

图2-195　动画电影《花木兰》片段

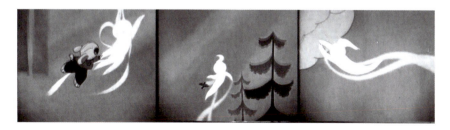

图2-196　中国动画片《雪孩子》截图

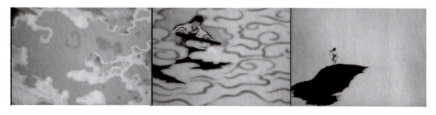

图2-197　中国水墨动画片《山水情》截图

动漫构成艺术

思考与练习

1. 在理解对比与统一、对称与平衡、节奏与韵律以及虚与实的形式美法则的基础上，对运动画面的动漫构成要有一个深入的理解，思考这些形式美如何在运动画面中加以体现。

2. 根据自己所学的对比与统一的知识，结合自己的经验，完成以对比为主或以统一为主的自由分割作品。具体要求如下。

   (1) 题材内容不限。
   (2) 形式感要强。
   (3) 在体现对比或统一的前提下，恰当地处理画面中对比与统一的相互关系。
   (4) 利用所学的构成手法进行画面的平衡处理。
   (5) 材料为卡纸。
   (6) 数量为2幅。
   (7) 尺寸为25cm×25cm。
   (8) 完成后贴在8开卡纸上，画面不得有污点。

3. 应用节奏与韵律的形式美法则，根据不同节奏的音乐创作一幅节奏、韵律感强的自由分割作品。具体要求如下。

   (1) 音乐自选，或强烈，或优美，或平和，或悲壮。
   (2) 组合画面并根据所选音乐节律创作，体现强烈的节奏感与韵律感。
   (3) 形式感强。
   (4) 适当应用其他构成法则来活跃画面。
   (5) 材料为卡纸。
   (6) 尺寸为25cm×25cm。
   (7) 完成后贴在8开卡纸上。

4. 根据对称与平衡、虚与实的形式美法则，创作一幅主题鲜明、形式新颖的自由分割作品。具体要求如下。

   (1) 画面内容自定，形式自定。
   (2) 侧重于对称或平衡的形式美，利用虚实对比形成强烈的层次和空间感。
   (3) 画面做工要精细。
   (4) 材料为卡纸。
   (5) 尺寸为25cm×25cm。
   (6) 完成后贴在8开的卡纸上。

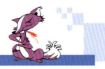

2.6 肌理在动漫平面构成中的应用

肌理在平面的视觉形式上体现为面形态的一种平滑感和粗糙感。在现实生活中,肌理无处不在,无时无刻不被使用并影响着我们的感受。它是一种客观存在的物质表面形态。任何一种材料的质都必须有其物质的属性,不同的质有不同的属性,即不同的肌理形态。

既然肌理是一种物质形态,我们不妨把其纳入设计当中。同时,肌理还能引发人们不同的心理感受,能使人产生多种多样的、可感知到的特殊的意味。如松树粗糙的树皮、人的肌肤、动物的皮毛等。它们或粗糙,或细腻,或柔软,或干燥,或可爱,或好玩,或令人喜爱,或受人厌恶,这些肌理所引起的感受并不是物质表面本身所具有的,而是人们的一种感受,是人为加上去的,久而久之,就会产生一种同感,甚至有一种象征含义。这也是我们要在绘画设计中应用的原因所在。

肌理的获得多种多样,既有自然形态的肌理,如沙漠、海水、树皮、木纹等,又有人造肌理,如布料、墙纸等。在平面构成中,对肌理的研究侧重于形式本身,侧重于视觉上的感受,侧重于视觉肌理的形式及构成方式(图2-198)。

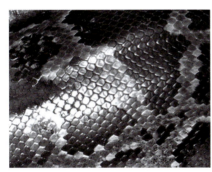 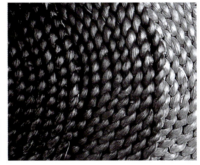

图2-198 自然形态肌理和人工形态肌理

肌理是一种特殊形式的美,又是提高艺术表达力的重要语言。对肌理的研究有助于视觉效果的表现和设计意图的表达。它不仅有形式上的美感和审美功能,而且能体现物质属性的应用价值。在我们的设计中已经越来越离不开对肌理的表达,也越来越多地用肌理去表达自己的思想感情。

2.6.1 肌理的含义、分类、形式及制作技法

肌理在设计中是很重要的,有时会产生意想不到的艺术效果。但我们必须要理解肌理的含义、分类、形式及制作技法。

1. 肌理的含义

肌理是指物质内在质地构造的外在表现,即物质的表面质感。它是各种不同质料和不同构造的物质所给予人们感官上不同特征反映的总称。

2. 肌理的分类

我们根据不同的感官将肌理分为两大类,即接触感受到的触觉肌理和视觉能够感受到

的视觉肌理。

触觉肌理，顾名思义是指触摸时所感受到的细腻感、粗糙感、质地感或纹理感，它是可见的，可触摸的。在平面构成中，触觉肌理的制作必须对平面进行超出或低于设计平面的纹理的处理，如树皮、铁皮、动物皮毛等（图2-199）。

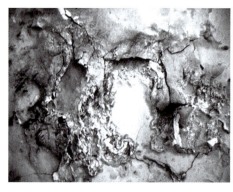
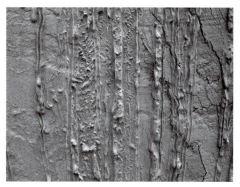

图2-199　触觉肌理

视觉肌理是肌理在视觉上造成的一种视觉感受。在平面构成中，视觉肌理指的是规则或不规则形态的较小的尺度经过群化或密集化处理形成的面形态所体现出的平滑感和粗糙感的视觉形式，它表现为视觉上的质感。它的粗糙感并不意味着触摸时的粗糙感，而是一种画出来的平面的肌理。我们可以总结为，把一些实物或立体化的肌理表现为平面化可视的形态。把较小尺度的单位形态进行群化或密集化处理，可构成平面上可视的形态。

在平面构成中，我们主要研究视觉肌理。可以把触觉肌理转化成视觉肌理，应用于我们的设计当中，影响观众和被观众接受（图2-200）。

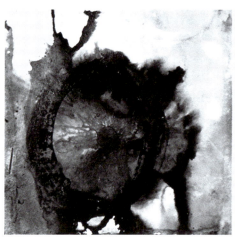
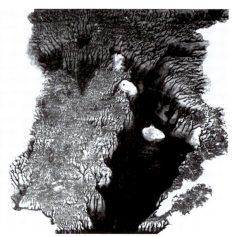

图2-200　视觉肌理

3．肌理的形式及制作技法

肌理是又一种特殊的视觉感受，其中很多肌理我们可以自己制作出来加以运用。下面介绍几种肌理的形式和制作技法，但并不是只有这些形式和技法，要根据自己的设计意图加以灵活表现和应用（图2-201）。

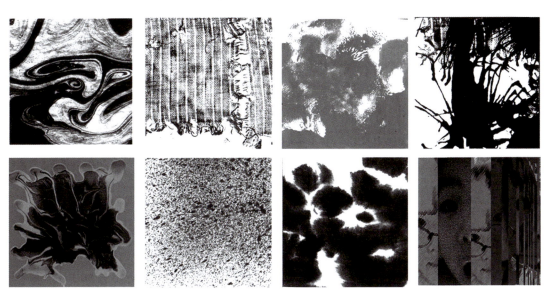

图2-201　肌理构成（学生作业）

（1）浮色拓印法。准备一盆清水，要有一定深度，搅动盆中的水，水运动的大小直接影响肌理的制作效果。将墨或重一些的颜色滴在水中，在颜色还没有完全混合的情况下，判断墨或颜料沉到什么位置，然后将吸水性很强的纸铺在水中，拿起来晾干即可得到非常自然的、漂亮的、各种各样的偶然形，形成肌理。

（2）混色法。用反差较大的两色，在画纸上堆积并搅动，但时间不能太长，太长就会形成一种颜色，使两种色彩自然地混合形成肌理。

（3）自流法。将饱和的墨色或不同色彩涂在卡纸上，人为吹动或使其自然流动，构成不同的偶然形。其形态可以设计，但不能定型。所制作的偶然形自然活泼，适合表现一些较为抽象和似是而非的形态。

（4）湿润法。在表面较为光滑的硬卡纸上涂上清水，在半干时，将墨或较重一些的色彩滴在湿润的卡纸上，使其自然形成肌理。

（5）对印法。将浓度较大的不同色彩涂在较为光滑的卡纸上，然后用另一张卡纸对合在一起,用手压紧,然后迅速打开,形成相互对称的两幅图形,其偶然形成的图形生动自然。

（6）压印法。利用某些自然物体，如干树叶、树皮、草编织物、米粒、扫帚等，在其上面涂上颜色，并将其在卡纸上压印形成偶然形。

（7）喷洒法。将墨或色彩颜料用牙刷或喷枪等器物喷洒在卡纸上，以颜料颗粒的自然排列组合形成肌理。

（8）拼贴法。选用旧杂志或报刊上的图形、文字，用手撕开形成不同的偶然形，按自己的设计意图拼贴在一起形成完整的作品。

2.6.2　肌理与心理

我们知道，肌理在人们心理上造成的影响是实实在在存在的，是不以人的意志为转移的。不同质地的肌理会给我们带来不同的感受，同时，我们也利用人们对肌理的同感来设计作品，以起到应有的作用。如我们需要高雅、珍贵、精细、柔和的肌理，也需要坚挺、平实、朴素、洁净的肌理；需要古老、华丽、复杂的肌理，也需要现代、神秘、简明的肌理。这些千变万化的肌理需要我们精心设计，并合理地应用。

在日常生活中，我们所看到的实物对心理产生的影响在设计中是很重要的。如木纹真实，无华，给人一种纯朴、自然、亲切之感；金属给人冷峻、无情、遥远之感；陶瓷给人一种有光泽、滑润之感；布料给人一种柔软、温暖之感；泥沙给人一种粗犷、朴素之感；手工制作的肌理给人一种不规范性、活泼、自然之感；机器制作的肌理给人一种统一、规范的感觉，有严谨、死板之意；细腻、平滑的肌理给人温暖、恬静、平和之感；粗糙的肌理给人苦涩、艰难、不安之感（图2-202）。

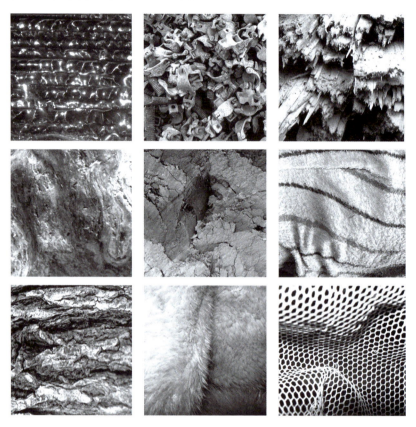

图2-202　各种肌理给人不同的感受

这些肌理的感觉应用于画面中，是用肌理调式来体现的，不同的肌理调式会产生不同的情感，发挥不同的功能。肌理调式是指在平面构成视觉形态的整体关系中，以某一种肌理倾向为主导所构成的肌理体系，又可分为肌理长调（在构成中肌理差异较大的调式关系）、肌理中调（在构成中肌理差异居中的调式关系）和肌理短调（在构成中肌理差异较小的调式关系）三种。这些肌理调式形成的视觉感受在画面中的功能主要有状物性、抒情性、悦目性和实用性四种。

1．状物性肌理

状物性肌理主要是侧重对客观素材中各种物质所特有的肌理特征直观再现的肌理，如写实风格的雕塑、油画、水彩等作品中对各种人物、景物、器物肌理的真实再现。由于是再现的肌理，其特征限定了肌理调式的特点是在整体造型关系中，再现形态的肌理感多样化为长调式，肌理感相类似为短调式（图2-203）。

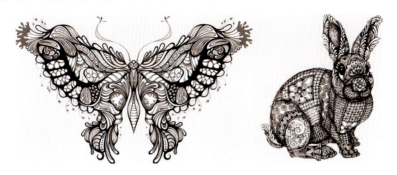

图2-203　状物性肌理

2．抒情性肌理

抒情性肌理是采用对客观素材写意的手段强烈地抒发特定情感、情绪的肌理。在视觉艺术中，以肌理抒发情怀，表达情绪是肌理表现的一个重要内容，不同的肌理具有不同的表情特征，可给人以不同的心理感受。艺术家通过对客观素材肌理感的情绪化再造，可更加充分地抒发出艺术家内心真挚而强烈的情感，增加视觉形象对观众情绪的影响力。如后印象派画家凡•高的油画作品中，画家常常应用扭曲转动、排列密集的短线条构成画面肌理的调式。画面中那些像火焰般闪动、跳跃的形态肌理特征，使画面形象极富艺术感染力。画家借助肌理的抒情特征，以情绪化的主观肌理笔触，充分展示出画家强烈的内心思想活动和熊熊烈焰般的激情。观众借助画面中的"心境"，可感受到画家对生活、对生命、对大自然无限炽热的爱。再如中国写意人物画中对人物的表现，通过肌理或表现苦涩，或表现甜蜜，或表现压抑，或表现欢喜，其气氛的处理加之以明度、色彩上的对比，能强烈地表达出作者的真情实感（图2-204）。

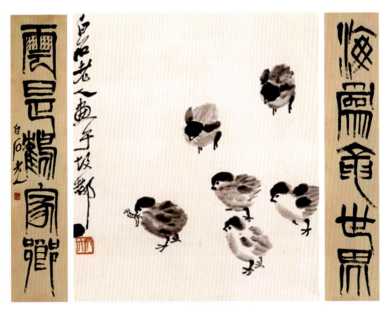

图2-204　抒情性肌理

3. 悦目性肌理

悦目性肌理是侧重于强调装饰趣味，以纯视觉美感表现为目的的肌理。依据悦目性肌理的造型方式又可分为自然性肌理和自律性肌理两种情况。自然性肌理是指在视觉艺术中，因势利导地利用造型材料自然存在的肌理特征，使其合理地与艺术形象所需的肌理特征相统一，如根雕、石雕、木雕等。利用天然形状和所固有的肌理，使其自然天成地转化为艺术形象所需的肌理调式。再如扎染、蜡染等艺术形式，艺术家利用工艺过程中产生的偶然形肌理特征去构成整体造型关系中的肌理调式。这种自然性肌理使艺术形象的具体特征具有不可重复性和天人合一的知觉印象。自律性肌理是一种不受客观素材肌理感的局限，以构成造型整体节奏、旋律完美性为目标而灵活调节的肌理。如在抽象或意象形的绘画、雕塑作品中，对肌理感的表现是依据造型整体的呼应、平衡需要而精心安排的。艺术家通过各种技法对点、线、面、色、结构进行恰当而富有新意的组织，构成有助于整体视觉形象旋律完美性的肌理调式。再如在商业美术作品的设计中，从局部到整体的材料选择和安排，多追求在醒目的视觉效果中能显现丰富、和谐的肌理层次关系，使肌理调式配合色彩、形状共同营造一种悦目、动人、和谐、温馨的视觉气氛（图2-205）。

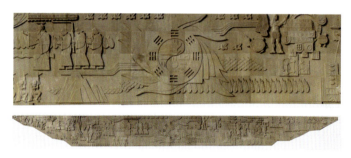

图2-205　悦目性肌理

4. 实用性肌理

实用性肌理是侧重于满足再造形态特点的物质使用功能的肌理。其再造特点是以人体工程学为基础，以满足人在特定环境中对形态物质功能合理性的基本需求为主要依据。如音乐厅内的墙壁肌理不能太平滑；录音棚的墙壁肌理要考虑其隔音和吸音的功能，不能只为美观。再如课桌桌面的肌理要注意其表面的光滑性，不能只考虑美观功能，应先考虑实用功能。因此，实用性肌理的审美首先要建立在与具体实用功能和谐的基础上，而这种和谐是通过肌理在实用功能中所发挥的积极效能而体现的（图2-206）。

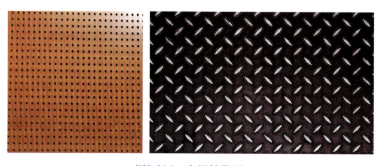

图2-206　实用性肌理

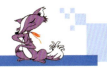

总之,这几种肌理在设计中常常是相互融合、相互补充的,都是为设计出好的作品或按设计者意图服务的。在同一件艺术作品中,对肌理的各种功能利用要统筹安排并有所侧重。

2.6.3 肌理在动漫构成中的应用

肌理的各种功能和效果在构成中是不容忽视的。它不仅适用于静止的画面中,而且适用于运动画面和漫画设计中。观众在时间的推移中能领略到各种不同肌理的有机组合,不仅能突出设计者的意图,而且能带给观众一种难以忘怀的视觉感受。如动画片《女娲补天》中背景的处理,使主题增添了一种活泼、自由的神秘感,国画的效果与混沌初开的神奇、神秘的气氛相吻合,肌理在其中起到了强烈的视觉效果,把人们的心情带入了天人合一的艺术境界中。再如水墨动画片《山水情》中山石、瀑布、人物的水墨处理,其将抒情性功能发挥得淋漓尽致,使人物性格与山水融为一体,体现出博爱的胸怀。单纯从水墨国画中就可以领略到那种"空灵"的意境,再加上时间因素的介入,能让观众连绵不断地体会其中的滋味(图2-207 和图2-208)。

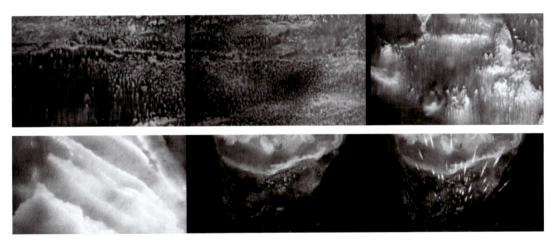

图2-207　动画片《女娲补天》中背景的处理

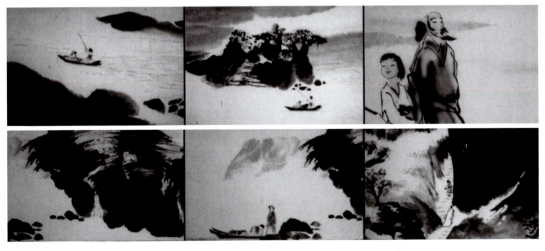

图2-208　水墨动画片《山水情》中山石、瀑布、人物的水墨处理

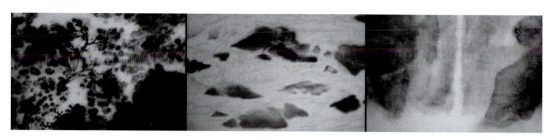

图 2-208（续）

思考与练习

1．根据自己所学肌理构成形式的知识，完成各种不同形式的肌理构成练习。具体要求如下。

（1）按照所学的八种肌理形式制作，不能重复。

（2）在制作时可适当地加入设计因素，使其构图完整。

（3）材料为卡纸或其他纸张。

（4）尺寸为10cm×10cm。

（5）完成后贴在4开的卡纸上。

2．根据自己所学抒情性肌理的知识，结合平时的经验，完成一张以抒情性肌理为主的自由分割作品。具体要求如下。

（1）题材内容不限。

（2）肌理制作以抒情性肌理为主，其他肌理形式为辅，所有肌理一定要与所表现内容相一致。

（3）画面形式感要强，注意对比与统一的关系处理。

（4）材料为卡纸。

（5）尺寸为25cm×25cm。

（6）完成后贴在8开的卡纸上。

第 3 章　动漫色彩构成

本章学习目标：

通过本章的学习，使学生了解色彩的产生原理、混合原理以及基本属性，了解色彩视知觉感受；了解对比的含义、色彩对比的原理、动漫色彩对比原理的内容及其在实际中的应用；了解调和的含义，特别是动漫色彩调和的含义，调和的原理、法则以及在实际中的具体应用。熟练掌握色立体中各色的基本关系，逐步认识色彩乃至动漫色彩的情感、象征、肌理与联想的含义及其应用，并能较熟练地在练习中加以应用，为以后实践打下基础。

本章学习重点：

重点掌握色彩的基本原理、基本属性以及相互关系；着重了解和认识动漫色彩的情感、联想、象征含义以及色彩在动漫中所造成的心理感受；了解色彩对比在运动中的视觉平衡以及如何应用这些色彩原理去分析动漫色彩的对比，如何在对比中加以分析应用；了解动漫色彩调和在运动中的视觉感受与平衡，以及如何应用色彩原理来分析运动中的色彩调和性，即调和原理在动漫设计中的应用；能够在色立体中清楚地区分颜色，掌握其中各色的相互关系，以便今后能准确而灵活地应用。

3.1　动漫色彩构成的基本理论

3.1.1　色彩的生理与物理理论

通过以上章节的学习，我们掌握了构成的含义与目的。本章我们继续学习动漫色彩构成的知识和技能，就必须要先了解色彩的生理与物理现象。

1. 色彩产生的生理因素

人们平时能看到五彩缤纷的色彩，一是离不开光，二是离不开人类特有的视觉器官——眼睛，色彩的发生是光对人的视觉和大脑发生作用的结果。当然，对于没有视觉的人来说是感受不到大自然的色彩的。当光进入人们的眼睛时，眼球内侧的视网膜受到光的刺激，视觉神经就会将这些刺激传至大脑的视觉中枢，从而产生了色的感觉。光—眼睛—视神经—大脑—色，就是光刺激眼睛所产生的视觉感受。但人们对感受到的色是否喜欢，大脑所做出的判断就比较复杂了，这与人的生活环境、习惯、地域和爱好有很大关系。本章重点介绍色彩产生的生理因素（图3-1和图3-2）。

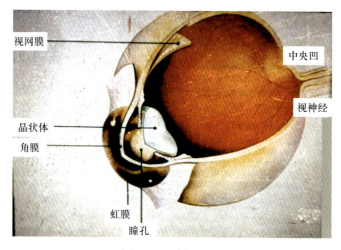

图3-1　眼睛的结构

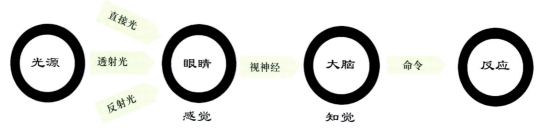

图3-2　色的感觉流程

2. 色彩产生的物理学原理

前面讲到感受五彩斑斓、丰富多彩的色彩，首先离不开光的作用，离开了光，万物就失去了它们特有的魅力，任何色彩都无法被辨认，也就不会产生视觉活动。我们已经了解了色彩产生的生理现象，要了解色彩产生的物理学原理，还需要掌握几个概念（图3-3）。

（1）光源与光源色。一般认为，宇宙间凡是能自行发光的物体都称为光源。我们把它分为两种：一种是自然光，主要指太阳光；另一种就是人造光，如电灯泡发出的光、蜡烛光、电石灯光等。其中，太阳光是我们最重要的研究对象。在宇宙间，有许许多多的恒星都能自行发光，但只有太阳离我们最近，它不断给地球提供光与热。我们把太阳光称为自然光；

其他人造光，由于其波长不同，会呈现不同的颜色，我们称之为色光。但它们都是光源，会影响物体色彩的体现，又称光源色，在以后塑造物体时会经常用到（图3-4）。

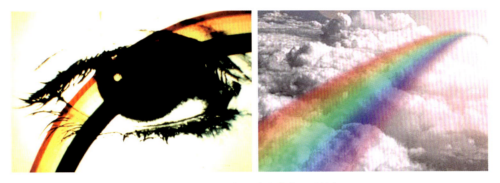

图3-3　色彩产生的物理学原理

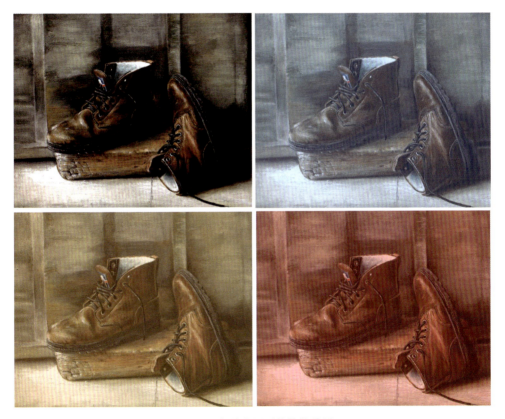

图3-4　各种光源下的静物效果

（2）可见光与不可见光。现代物理学证明，人们用眼睛看到的光的范围是很小的。光与无线电波、X射线、伽马射线、红外线、紫外线等是同样的一种电磁波辐射能，由于这种辐射能是以波的形式传递的，所以光又用波长来表示。波有长短之分，波的长度不同，电磁波的性质就完全不同。一般人类能看到的波长范围为380～780nm，我们称之为可见光部分。低于380nm的为紫外线、X射线、伽马射线、宇宙射线，高于780nm的为红外线、雷达电波、无线电波、交流电波，这些都是不可见光，用仪器才能看到（图3-5和表3-1）。

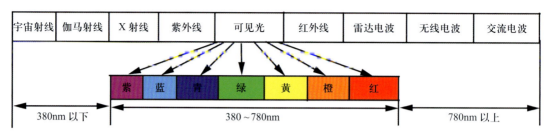

图3-5 可见光与不可见光

表 3-1 七色波长范围

颜色	波长 /nm	范围 /nm
红	700	640 ～ 780
橙	620	600 ～ 640
黄	580	550 ～ 600
绿	520	510 ～ 550
青	490	480 ～ 510
蓝	470	450 ～ 480
紫	420	380 ～ 450

（3）光谱、单色光与复色光。所谓光谱，就是把光进行分解。这是英国物理学家牛顿在1666年做了一次成功的色散实验后得出的。他将一束光引进暗室，利用三棱镜折射到白色屏幕上，结果在单色屏幕上显现出了一条美丽的色带，分别是红、橙、黄、绿、青、蓝、紫七种色，七种色混合在一起又产生了白光，这种光的散射就是光谱。由于光的物理性质是由光的波长和振幅两个因素决定的，波的长短决定了色相的差别，波长相同而振幅不同，则决定了色相的明暗差别（图3-6）。

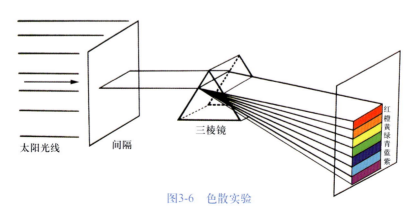

图3-6 色散实验

通过这次实验，人们发现自然光被分解成红、橙、黄、绿、青、蓝、紫七种颜色，这些色光是不能再分解的光，称为单色光。后来人们又通过凸透镜把分散的七种光集中到一点，成为白光，我们把白光称为复色光（图3-7）。

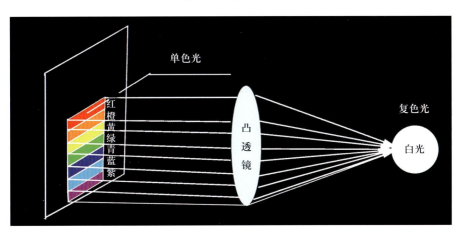

图3-7 单色光和复色光

（4）固有色（物体色）与环境色。以上所讲的是发光体引起的色觉形象。在日常生活中，我们见到的各种各样的物体呈现出的各种各样的颜色，如红色的苹果、绿色的树叶、黑色的头发……其实，那不是这些物体自身在发光。那么，不发光的物体为什么会有颜色呢？这是因为物体受到光的照射后会产生吸收、反射、透射等现象。当光线照到不透明的物体表面时，一部分光线被吸收，一部分光线被反射到眼睛中，这就是我们所看到的物体的颜色，俗称固有色，又称物体色。物体的表面在阳光照射下呈现什么颜色，取决于它表面的不光滑程度和它所反射的各种波长的光的比例。例如，我们所看到的大海呈现蔚蓝色，是海水对光的吸收与反射造成的。当太阳照在海面上，光线中的绿、黄、橙、红被海水吸收，而紫、青、蓝被海水反射回来，所以人们看到的海水是蓝色的。同样的道理，白色在阳光的照射下几乎反射了所有的色光，并且是等比例地反射了各种波长的色光，所以我们看到的是白色。也正因为白色不吸收光，在夏天穿白色的衣服会感到凉爽一些。灰色同样是等比例地反射各种色光，不同的是，灰色将不同波长的色光进行了等比例的少量吸收，余下的被反射出去，因此，灰色比白色暗些。如果灰色全部吸收了色光，就变成了黑色。这就是我们所说的物体固有的颜色，它以自然光的照射为基本条件，并不是物体自身的颜色，它的产生是因为物体本身具有反射能力，它不会因光源色的改变而改变。例如，在一个红苹果前面放一面滤光镜，滤去红色的光，让其他光通过，结果苹果由红色变成了黑色，这是由于此时红苹果反射不了红光。

但是在通常情况下，周围的物体会受到环境的影响而形成不同的色彩。例如，把一张白纸放在绿色光的照射下，因为只有一种绿色可以反射，白纸就会呈现绿色。在白炽灯和荧光灯下看同一个物体，颜色也会有所不同，因为白炽灯的光含有较多的黄橙味，而荧光灯的光包含有较多的蓝色味，那么物体的颜色也会有所偏向。再如我们用色彩塑造一个物体，由于光线的影响，我们不仅要考虑它的固有色，即在明暗交界线上的色彩，还要考虑它的环境色，即亮部、暗部、高光、反光、阴影等，这些部位都在不同程度上受到周围环境的影响，这样我们所塑造的形象才真实可信。这也是应用了物体吸收和反射光的原理（图3-8）。

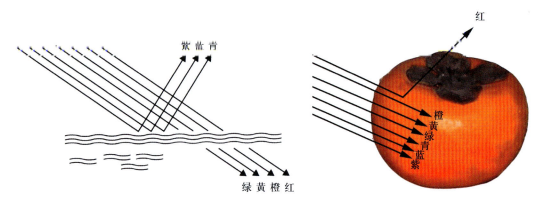

图3-8 物体对光的吸收和反射

3．色彩的三原色、三间色和复色

所谓原色，是指不能用其他色混合而成的色彩，而它则可以按照不同的比例混合出任何颜色。

所谓间色，是指由两种原色按同等比例相混合而成的色彩。

所谓复色，是指三种以上的色彩相混合而成的色彩。

目前，大家公认原色、间色、复色有两套系统：一套是从光学角度上讲的，即光的原色、间色和复色；一套是从颜料的角度上讲的，即色彩的原色、间色和复色。

科学证明，色光的原色有三种——偏橙的红色光为朱红光，偏紫的蓝光为蓝紫光和翠绿光；间色有三种，分别为黄色光、蓝绿光和紫红光；复色有很多种，如白色光等。颜色的原色也有三种，分别为品红、柠檬黄和湖蓝；间色也有三种，分别为橙色、紫色和绿色；复色也有很多种，如黑色等（图3-9）。

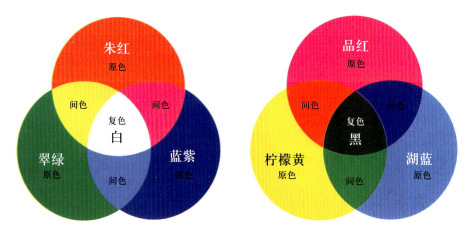

图3-9 色光的三原色和色彩的三原色

4．色彩的混合

色彩混合是指两种或两种以上的色彩相混合而成的新的色彩。色彩的混合有三种类型，分别为正混合、负混合和空间混合。我们通常了解和应用的是以颜色混合为主。

（1）正混合。正混合又称色光混合，是将两种或两种以上的色光投照在一起，产生新的色光。并且新色光的亮度为相混色光的亮度之和，即混合的色光越多，则亮度越高。

前面讲到色光的三原色为朱红光、翠绿光和蓝紫光，它们中的任何两种色光按同等比例相加，就可得到三间色；三原色光按同等比例相加就会得到近似于白光的白色光（图3-10）。

朱红光＋翠绿光＝黄色光
朱红光＋蓝紫光＝紫红光
翠绿光＋蓝紫光＝蓝色光
朱红光＋翠绿光＋蓝紫光＝白色光

各色光的相加，因比例、亮度、纯度不同，会得到各种丰富的色光效果。它们广泛应用于光构成设计、舞台灯光设计以及景观照明摄影等，同样适用于动漫设计（图3-11）。

（2）负混合。负混合又称减色混合或色料混合，是将两种或两种以上的颜色相混在一起，产生新的色彩。并且色彩的亮度较之混合前的色彩有所下降，混合的成分越多，则色彩越暗。

前面讲到色彩三原色分别为品红、柠檬黄和湖蓝，它们中的任何两种色按同等比例相加则会得到三间色；三种颜色按同等比例相加，则为黑色（图 3-12）。

品红＋柠檬黄＝橙色
柠檬黄＋湖蓝＝绿色
品红＋湖蓝＝紫色
品红＋柠檬黄＋湖蓝＝黑色

从这些情况中可以看出，色光的三原色正好是颜色三间色，颜色三原色又正好是色光三间色。而三种原色按同等比例相加，色光与颜色正好相反，即一白一黑。

值得注意的是，从理论上讲，颜色三原色可以按不同比例混合出一切色彩。但实际上，由于颜料的饱和度不够，三原色混合出的所需的一切色彩很难办到，还得借助于纯度较高的其他颜色。掌握颜色混合的原理和规律可为色彩混合运用提供依据和方便（图 3-13）。

（3）空间混合。空间混合又称视觉混合，是将分离的色彩并置在一起产生相互影响，在一定的空间里产生视觉上的混合。还可以从生理学角度去解释，即

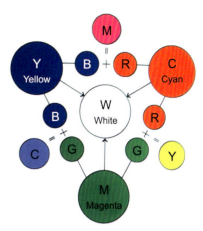

图3-10　色光混合

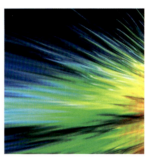

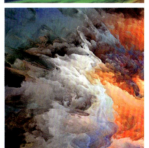

图3-11　色光构成

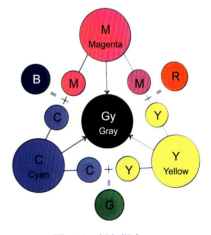

图3-12　颜色混合

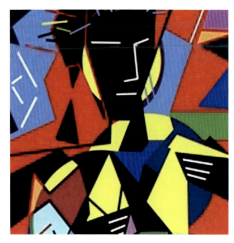 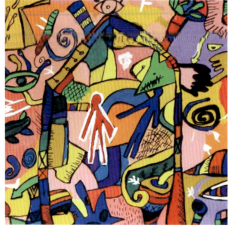

图3-13　原色与间色在实践中的运用

一个物体在视网膜上投影的大小不仅取决于物体自身的大小，还取决于物体与眼睛之间的距离。当把不同的颜色并置在一起，在视网膜上的投影小到一定程度时，眼睛就很难分辨出每一具体的色彩。而且把两种不同的色彩在视觉中相互混合，会产生出一种新的色彩。这种混合受空间距离的影响，所以又称空间混合。

空间混合与正、负混合的原理一样，只是空间混合的明度为被混合色明度的平均值，而呈现一种中灰色。但空间混合所达到的效果比用颜色直接相混的效果更加鲜艳、生动和富有层次感。例如，法国后印象派的代表人物之一修拉就是应用空间混合原理作画的，被称为"点彩派"。他们全部应用小的纯色点并置来表现，创造出一种新的视觉形式，给人一种新鲜的感觉。但我们必须站在一定的距离以外加以观赏才能感受到（图3-14）。

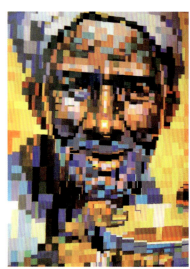 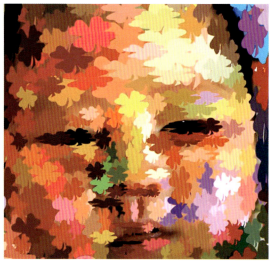

图3-14　空间混合作品

3.1.2　动漫色彩的创作源泉与实践

当我们在画展中看到色彩斑斓、充满活力的作品时，当我们在博览会各大展厅中观看展出的色彩迷人的动漫作品时，无不对那些创作者们赞叹不已。可我们回过头来想一想：创作这些色彩美丽的作品时作者的灵感来自哪里？他们又是如何把这些平时看似熟悉而又有些陌生的现实搬到作品中吸引每一位观众并打动他们的心灵的？

1. 色彩的源泉

大自然是色彩的源泉，是我们取之不尽的色彩宝库。只要我们留意观察，细心揣摩，灵感无处不在。中国古代绘画大师早已有"外师造化，中得心源"的论述。在我们许许多多优秀的绘画作品和动漫作品中，优美的色彩无不倾注作者的心血，无不体现导演的智慧，给观众留下深刻的印象。这些看似熟悉的色彩无不来自大自然而又高于大自然。色彩的源泉同样来自人们的日常生活，体现在衣、食、住、行当中。如果色彩设计脱离人们的日常生活，作品将失去其真实性，变得乏味、无力。反之，色彩设计能紧跟时代潮流，与人们的日常生活相一致，才能得到社会的承认，得到观众的好评（图 3-15）。

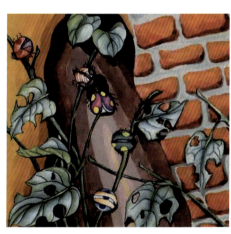
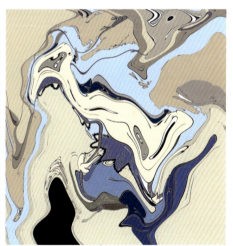

图3-15　色彩的采集与重构

2. 动漫色彩理论与实践的关系

按照辩证法的思想，色彩理论与实践的关系是相辅相成的。动漫色彩是色彩在动漫设计中的应用，是与色彩理论和实践的关系相一致的。我们在练习中，应注重理论与实践并重的原则。艺术的实践证明：掌握了色彩理论并不是掌握了色彩，要想掌握色彩，必须经过实践。如果只了解理论而不去实践，只能当空谈家，永远成不了画家和设计师，因为任何一种技能和技巧都是艺术的基础。正如瑞士画家、色彩理论家伊顿所说："原则和理论，在技巧不熟练的时候是最好的东西，而在技巧熟练后，自然凭直觉判断就能解决问题。"如果只实践不去总结，只能是一名匠人，成不了真正的画家和设计师。画家和设计师既是实干家又是理论家。因此，我们要认真体会两者的相互关系，为动漫设计打下扎实的基础（图 3-16）。

动漫构成艺术

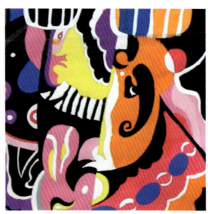

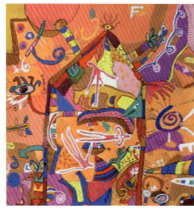
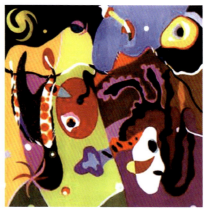

图3-16　色彩实践作品

3.1.3　动漫色彩的基本属性

我们通过视觉感受到的一切色彩，都离不开色相、明度、纯度三种属性，它们是色彩的三要素。

1. 有彩色和无彩色

色彩可以分成有彩色和无彩色，它们共同作用，在大自然和设计中扮演着很重要的角色（图 3-17 和图 3-18）。

无彩色是指黑、白、灰。从物理学角度讲，可见光谱不包含这三种色，但并不意味着这三种色就不是色彩。实际在心理上，这三种色完全具备色彩的性质，给人以很深的印象。

有彩色是黑、白、灰以外的所有色彩。其中的品红、柠檬黄和湖蓝三原色为基本色，它们之间按不同比例的量相加，会产生成千上万种色彩。而基本色与黑、白、灰相加，又可产生无穷的色彩的变化。因此，有彩色是无穷的，它们与无彩色按不同量的比例相混合，可得到任何一种色彩。因此，它们既有区别又是一个不可分割的整体。

2. 色彩的色相、明度、纯度三要素

（1）色相。顾名思义，色相是指色彩的相貌，即能够确切地表示某种色彩的名称，它主要与色彩的波长有关。

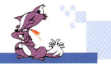

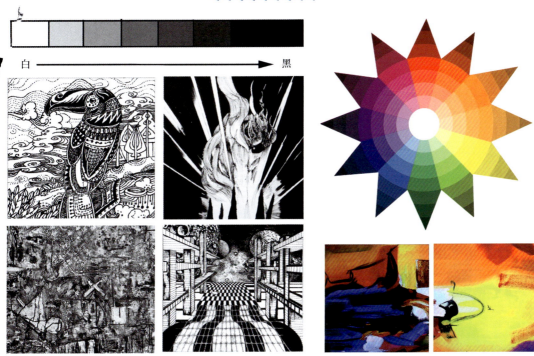

图3-17　无彩色实践作品　　　　　　图3-18　有彩色实践作品

从物理学角度讲，色相是由波长决定的。只要波长相同，色相就相同，不能因其纯度、明度不同而误认为色相不同。只有不同波长的光刺激人的视觉才能形成不同的色感。人们为了区别它们，才规定了许多名称，如黄色、红色、蓝色等。

而每种基本色相，按照不同的色彩倾向又进一步分成色系。例如，红色系中有玫瑰红、桃红、橘红、大红、深红、朱红、紫红等，黄色系中有中黄、柠檬黄、橘黄、土黄等，绿色系中有浅绿、中绿、草绿、翠绿、橄榄绿、墨绿等，蓝色系中有湖蓝、钴蓝、群青、钛青蓝、青莲、普蓝等。这就好像是事物的发展过程一样，有一个"量—质—度"的变化。量变到一定程度就会发生质变，只要是质变了，色相就变了。这里有一个度的变化，超过了这个度就会发生质变，就不是原来的那种色彩了。

在色彩体系中红、橙、黄、绿、蓝、紫为六种基本色，红与紫首尾相接，就形成六色相环。只表现色彩的三原色、三间色。如在六色之间各增加一种过渡色，即橘红、橘黄、黄绿、蓝绿、蓝紫、红紫六色，就形成了"十二色相环"。如继续分解就会出现"二十四色相环""四十八色相环"等。其色彩变得更加微妙、柔和而富于节奏。另外值得注意的是，色相环中的颜色一般都是由三原色调出来的，这种练习是很好的训练方法（图3-19和图3-20）。

（2）明度。顾名思义，明度是色彩的明暗程度，又称亮度。从光学角度讲，是由光波的振幅大小决定的，振幅大则明度高，振幅小则明度低。

色彩的明度有两种情况：一种是同一色相的不同明度，如同一色相在不同强度光线照射下会发生不同的变化，强光照射下亮度高，弱光照射下亮度低；同一色相加白、加黑也会产生明度上的差别，出现深浅不同的明暗层次。另一种是由于反射光线的不同，也会出现明度差异。如有彩色中的各种色彩，它们反射光线的程度不同，黄色在光谱中处于中心位置，因此，黄色最亮且视知觉度最高。紫色处于光谱的边缘，视知觉度和明度最低。绿色在光谱的中间，为中间明度。十二色相环中或二十四色相环都可体现出来以上特点。

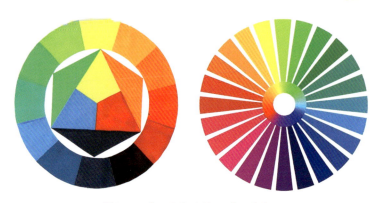

图3-19　十二色相环和二十四色相环

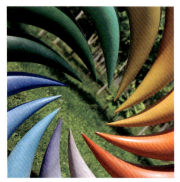 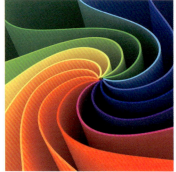 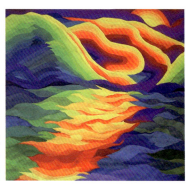

图3-20　色相练习

色彩的明度是任何色彩都具有的属性，它的变化最能体现物体的空间感和节奏感。色彩明度降低与提高的办法就是加黑、加白或者与其他深色、浅色相混合，只是前者色相不会改变，而后者会有色相上的变化。例如，在黄色中加入黑色，其明度降低，但色相不变；而黄色与蓝色相加，其明度会降低，色相也相应地变为绿色（图3-21）。

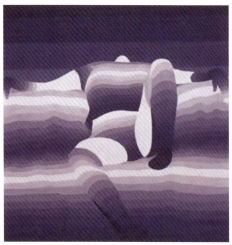 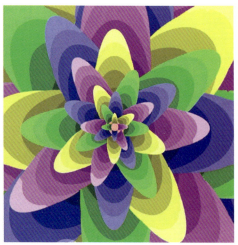

图3-21　明度实践作品

(3)纯度。纯度是指色彩的纯净程度,又称彩度或饱和度。从光学角度看,它取决于光波长的单纯程度,波长越纯,纯度越高;反之,纯度就越低。

一般情况下,光谱中的七种单色光是最纯的颜色,为极限纯度。饱和度表示色光中所包含该色的成分,成分越多,则纯度越高;成分越少,则纯度越低。在有彩色中,三原色的纯度最高,因为其他颜色都是由这三种颜色相配而成。但在通常情况下,从铅管里挤出的颜色,相对来说是最纯的色,只要在其中加入任何色彩,都会降低该色的纯度。例如,在蓝色中加入黑、白、灰,会提高或降低蓝色的明度,但是纯度也会降低。因此,在实际应用时要根据自己的设计目的灵活掌握(图3-22)。

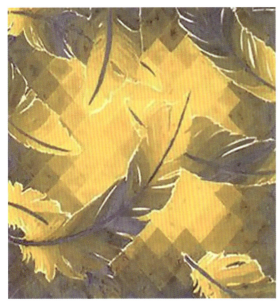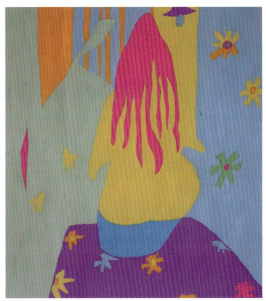

图3-22　纯度实践作品

3．色相、明度、纯度三者之间的关系

任何色彩组合都离不开色彩三属性之间的相互协调,它们之间的相互关系体现着创作者的情感,影响着观赏者的感受。一位精通色彩的大师能巧妙地处理三属性之间的关系,随心所欲地表达大师的思想情感。

在同一色相的情况下,如果加白或加黑,则会影响其明度和纯度,但主要是影响明度。如果加入同明度的灰色,则会影响该色的纯度,加入的灰色越多,则纯度越低;加入的灰色越少,则纯度越高。

在不同色相中,本身就存在着明度的变化。如果我们给某一纯色加入其他色相,不但会影响该色的明度,而且会影响该色的纯度和色相。例如,在十二色相环或者二十四色相环中,各色相的明度本身存在着差别,如果在黄色中加入红色,则黄色的明度会降低,纯度也会相应降低,色相会变成橙色;如果在黄色中加入蓝色,则黄色的明度和纯度都会降低,色相也变为绿色。因此,在设计中灵活应用这些关系,是一名设计者应该具备的素质(图3-23)。

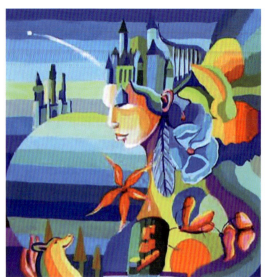

图3-23 色彩综合实践作品

3.1.4 色立体

大自然中的颜色丰富多彩，我们所用到的色彩种类成千上万，只是用语言和文字去表达是很困难的。为了方便和准确认识色彩，人们创立了色立体的概念。下面介绍色立体的含义与目的。

现代色彩科学引入色立体的表示方法，就是把色彩按照色相、明度、纯度三属性有秩序地、系统地加以编排与组合，就像构成了一个具有三维空间的色彩体系，被称为色立体。它为我们提供了一个可以直观感受的抽象色彩世界，显现了色彩自身的逻辑关系。其目的是能够使我们更清晰、更确切地理解色彩，把握色彩的分类和各种组合关系，对进行色彩的对比与调和起到了重要作用。

色立体以无彩色作为中心轴，顶端为白色，底部为黑色，中间是黑与白相加后所得出的从亮到暗的过渡色阶，每一个色阶表示一个明度等级。色相环呈水平状包围四周，环上各色与无彩色相连接，用纵深方向表示纯度，越靠近无彩色轴线，纯度越低；离无彩色轴线越远，纯度越高。如果沿无彩色轴纵剖色立体，可以得到一个互为补色的色相面；而用垂直于中心轴的水平面横断色立体，则可得到一个等明度面。

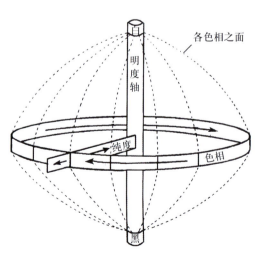

图3-24 色立体的表示方法

目前，在世界范围内应用较多的、较典型且实用的有两种色立体：一种是美国的孟塞尔色立体，另一种是德国的奥斯特瓦德色立体（图3-24和图3-25）。

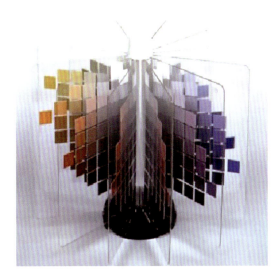
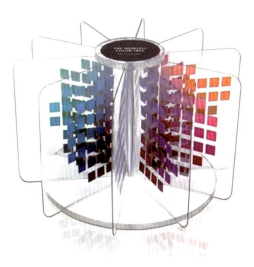

图3-25 孟塞尔色立体模型

1. 孟塞尔色立体

孟塞尔色立体是美国色彩学家和教育家孟塞尔于1905年创立的。1929年和1943年分别经美国国家标准局和美国光学协会修订后,出版了《孟塞尔色彩图册》,此后,孟塞尔色彩体系得到了广泛应用。

孟塞尔色相环以红(R)、黄(Y)、绿(G)、蓝(B)、紫(P)色为基础,再加上它们的中间过渡色,即黄红(YR)、黄绿(YG)、蓝绿(BG)、蓝紫(BP)、红紫(RP),组成十种主要色相。每种色相又细分为10个等级,这样共得到100种色相。10个等级中的第5级为该色相的代表色,如5R、5Y、5BG等。以黄色为例,把黄色按1~10等份划分,其中5Y代表中心,1Y表示接近黄红10YR,10Y表示接近黄绿1YG。越往数字小的方向越接近前一种色,越往数字大的方向越接近后一种色。如1B接近蓝绿10BG,10B接近蓝紫1BP。在圆周的100种色相中,各色相互为180°方向的为互补色关系(图3-26)。

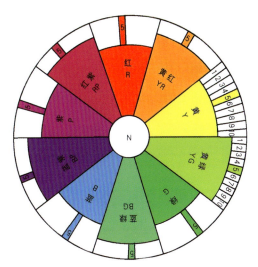

图3-26 孟塞尔色相环

(1)孟塞尔明度表示法。孟塞尔色立体中明度级以无彩色为中心轴,上面为白色(W),下面为黑色(BL),共划分为9个等级,分别为N1、N2、N3、N4、N5、N6、N7、N8、N9,这样从黑到白分别为N0~N10,共11个明度等级。在色立体中,处于同一明度水平线上的所有色的明度是相同的。但由于各色相的明度不同,因此,各色相的饱和色在色立体上的位置会高低不等(图3-27~图3-29)。

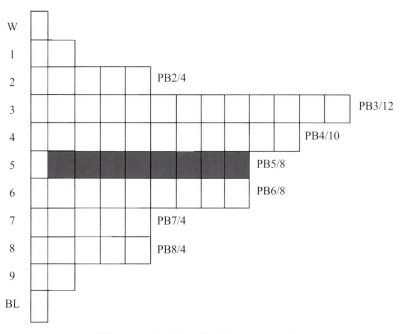

图3-27 孟塞尔色立体明度表示法（1）

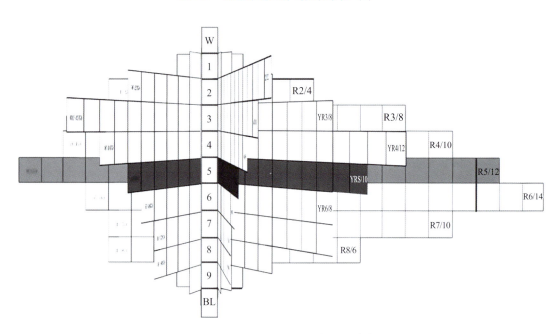

图3-28 孟塞尔色立体明度表示法（2）

（2）孟塞尔纯度表示法。孟塞尔色立体中，纯度级与明度级成直角关系。纯度级是用距离中心轴的远近表示的，以无彩色轴为0。距离中心轴越近，数字越小，则纯度越低；距离中心轴越远，数字越大，则纯度越高。在孟塞尔色立体中，红色的饱和色（5R）的纯度最高，即该色可以划分的纯度级最多，有14个等级；蓝绿色（5BG）最少，只有6个等级（图3-30和图3-31）。

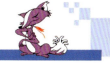

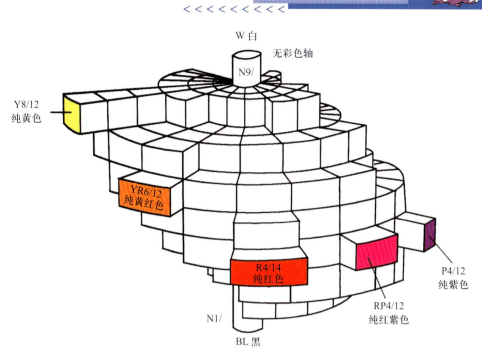

图3-29　孟塞尔色立体明度表示法（3）

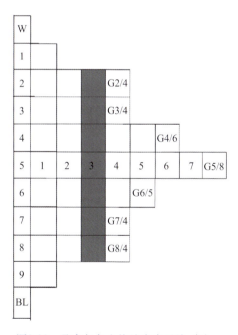

图3-30　孟塞尔色立体纯度表示法（1）

（3）孟塞尔色立体色彩的符号表示法。孟塞尔色彩体系表示色的符号为HV/C（色相、明度/纯度），如5B4/8中，5B表示蓝色的纯色相，4表示四级明度，8表示八级纯度。

如果用孟塞尔色彩体系的符号表示法表示10个色相的纯色，分别为R4/14（红）、YR6/12（黄红）、Y8/12（黄）、YG7/10（黄绿）、G5/8（绿）、BG5/6（蓝绿）、B4/8（蓝）、BP3/12（蓝紫）、P4/12（紫）、RP4/12（红紫）（图3-32）。

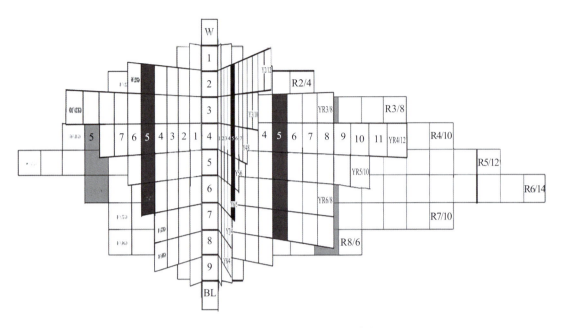

图3-31 孟塞尔色立体纯度表示法（2）

2．奥斯特瓦德色立体

奥斯特瓦德色彩体系是由诺贝尔奖获得者、德国化学家奥斯特瓦德于1920年创立的。他于1921年出版了《奥斯特瓦德色彩图册》。该体系以物理学为依据，重视色彩的混合规律。孟塞尔用黑色和白色作为色立体明度的等级的两个极点，而奥斯特瓦德则认为白色实际上并非真正的纯白，而是有11%的含黑量；所谓的黑色也不是纯黑，也有3.5%的含白量。这样所有的色彩都应该是由纯色（C）加一定数量的黑（BL）和白（W）混合而成的，即

白量＋黑量＋纯色量＝100(总色量)（图3-33）

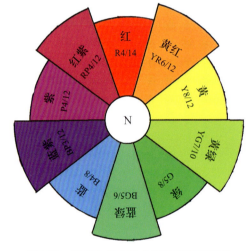

图3-32 孟塞尔色立体色彩的符号表示法

（1）奥氏色相环。奥氏色相环以赫林的四色学说为依据，首先在圆环上等间隔地放置黄、红、蓝、绿四色（在四色学说中，红与绿、黄与蓝为两对视觉对立色），然后增加四个间色，扩展为黄、橙、红、紫、蓝、蓝绿、绿、黄绿共八个基本色相，再把每一个色相分成三个等级，就组成了二十四色的色相环。这24色分别用数字1～24来表示（图3-34）。

（2）奥氏明度表示法。奥氏色立体的垂直中心轴也是由无彩色构成的。从底部的黑色到顶部的白色共分八个等级，分别用字母a、c、e、g、i、l、n、p表示，a为最亮的白，p为最暗的黑。每个字母都标有一定的含白量和含黑量（表3-2）。

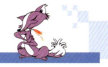

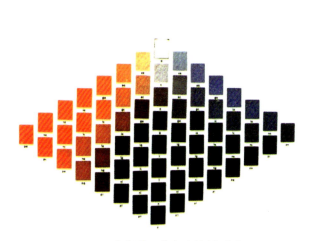

图3-33 奥斯特瓦德色立体剖面图

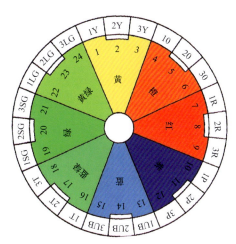

图3-34 奥氏色相环

表3-2 奥氏明度表示法

记号	a	c	e	g	i	l	n	p
白量/%	89	56	35	22	14	8.9	5.6	3.5
黑量/%	11	44	65	78	86	91.1	94.4	96.5

(3) 奥氏纯度表示法。以奥氏明度级的垂直轴为边长，做一个三角形，在其顶点配置各色相的纯色，这个三角形就是奥氏色立体的等色相面。把它分割成28个菱形，并各附记号以表示该色的含白量和含黑量。如纯色pa中，p为含白量3.5%，a为含黑量11%，所以，理论上纯色的量就是85.5（100-3.5-11=85.5）。

纯色不断地依明度级记号增加白量向白靠拢，增加黑量向黑靠拢，随着黑、白含量的增加，就形成了纯度级的变化（图3-35）。

由于奥氏色立体纯色都位于等色三角形的顶点，而各纯色的明度又不相等，因而等色相面和明度级垂直轴对应的水平线并不表示等明度的色彩关系。奥氏色立体以无彩色轴为中心，回转三角形便组成了一个复圆锥体的形状（图3-36）。

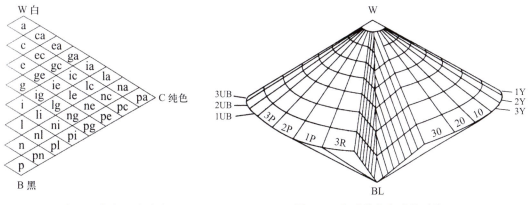

图3-35 奥氏纯度表示法（1）　　　　图3-36 奥氏纯度表示法（2）

(4) 奥氏色彩的符号表示法。奥氏色彩体系用数字表示色相，加上明度级的记号所示的含白量与含黑量，三者合在一起表示某一色彩，即数字 / 含白量 / 含黑量。例如，14/p/l 中，表示色相为 14 的蓝，含白量 p 为 3.5%，含黑量 l 为 91.1%，蓝色的纯色量为 5.4（100－3.5－91.1=5.4），因此，14/p/l 是接近黑色的深蓝色。再如 8/n/a 的含白量为 5.6%，含黑量为 11%，纯色量为 83.4（100－5.6－11=83.4），表示一种淡化的红色（图 3-37 和图 3-38）。

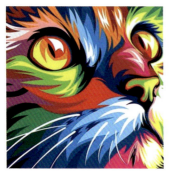
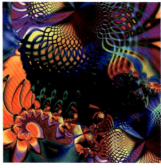
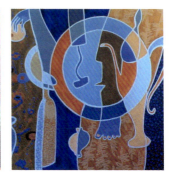

图3-37　色彩构成作品（1）

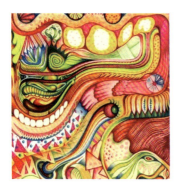
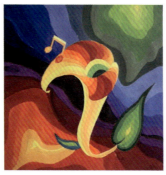
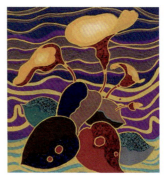

图3-38　色彩构成作品（2）

思考与练习

1. 为了加强对色彩的认识，创作一张十二色相环或二十四色相环作品。具体要求如下。

(1) 配色准确。

(2) 画面简洁。

(3) 形式不限，材料不限。

(4) 尺寸为25cm×25cm。

2. 为了加强对色彩的感受，创作一张色相的加白、加黑练习作品。具体要求如下。

(1) 配色准确。

第 3 章 动漫色彩构成

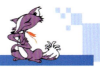

（2）色差要拉开，过渡要均匀。

（3）形式、材料不限。

（4）尺寸为30cm×30cm。

（5）画面简洁，不得有污点。

3．为了加强对空间色彩的认识，创作一张空间混合练习作品。具体要求如下。

（1）可以以油画、水彩画、照片为依据，将画面分成面积相等或不相等的小块，在此基础上加以提炼、概括，使之色彩感增强，纯度提高，达到近看色彩强烈，远看色彩既丰富而又统一的整体效果。

（2）尽量用纯色，体现空间混合的原理。

（3）尺寸为25cm×25cm。

（4）形式、材料不限。

（5）画面简洁，不得有污点。

4．创作一张以明度为主的构成练习作品。具体要求如下。

（1）任选一纯色，如所选纯色明度低，可只与白色相混；如所选纯色明度高，可以纯色明度为基础，向亮（加白）和向暗（加黑）发展，构成明度变化序列。

（2）题材自定，要有一定含义。

（3）画面要有一种立体感和单纯的秩序美。

（4）尺寸为25cm×25cm。

（5）材料自选。

5．创作一张以色相为主的色彩构成练习作品。具体要求如下。

（1）取色相环中任何纯色，按照色相环上的顺序可构成全色相秩序，填在简练而生动的图形上，使其色相变化丰富，百看不厌。

（2）题材自定。

（3）尺寸为25cm×25cm。

（4）画面简洁，材料自选。

6．创作一张以纯度为主的色彩构成练习作品。具体要求如下。

（1）在色相环上任选一纯色，与用黑、白相混得到的同明度的灰色相加，得到一个纯色序列，填在简练而生动的图形上，使其达到含蓄、丰富、朴素的效果。

（2）题材、材料自定。

（3）尺寸为25cm×25cm。

（4）画面整洁，不得有污点。

7．简述色立体的作用和具体内容，以及如何在实际中加以应用。

3.2 动漫色彩与心理感受

前面已经对色彩的属性、性质作了介绍。本节主要研究色彩与心理的关系，尤其是动漫方向色彩的应用对心理感受的影响。作为一名设计者或者动漫工作人员，必须熟练掌握色彩的心理学，灵活应用其中色彩带给人的感受，创作出合乎时代潮流并符合人们审美标准的优秀作品。

3.2.1 动漫色彩的视觉感受

物体之所以有色彩,是由于光的作用。而人们能感受到色彩,是由人的生理机能——眼睛的作用。人们首先通过眼睛的视网膜刺激来感受色彩,然后通过大脑做出判断。在感受和做出判断的同时,伴随有复杂的心理活动。因此,色彩与人们的心理就建立了必然的微妙联系。人的眼睛被某些色彩刺激后产生生理上的疲劳,进而引起心理上的厌倦,使人产生联想。

1. 色彩的适应性

人的眼睛有适应自然环境变化的能力。无论阳光灿烂的白天还是星光点点的夜晚,只要我们静一会儿就会适应,这是因为人的眼睛会自动调节瞳孔大小,控制光量进入。这种视觉适应现象能够帮助我们正确辨别事物的形状、大小和色彩等信息。我们平常所讲的适应有三种情况,即明适应、暗适应和色彩适应。

(1) 明适应。我们平常有这样的经验:当突然从黑暗处走到明亮处,会感到光很刺眼,甚至看不清物体,但稍微停顿片刻就慢慢能够适应,视觉恢复正常,这种现象被称为明适应。这个现象的产生是因为眼睛的进光量由多变少,瞳孔由大变小,视网膜对光的刺激由强变弱,并且敏感度降低(图3-39)。

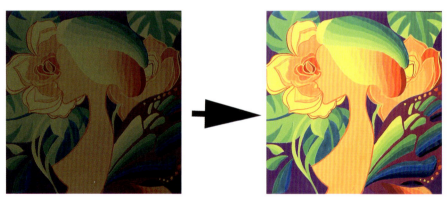

图3-39 明适应

(2) 暗适应。这种现象与明适应正好相反。人们从明亮处突然走到黑暗处,眼前一片漆黑,暂时看不到任何物体,要过一会儿才能逐渐看清,这种现象被称为暗适应。这是因为人的眼睛在明亮处时瞳孔是小的,突然到了黑暗处,瞳孔没有迅速变大,进光量少,看不清物体,过一会儿,瞳孔慢慢由小到大地调整,进光量增大,眼睛就会慢慢看清物体(图3-40)。

(3) 色彩适应。当我们突然看到一片鲜艳的色彩时,第一感觉是很新鲜,但看久了,这种新鲜程度就减少了几分,就会觉得没有刚才鲜艳了,这种现象被称为色彩适应。这是因为人眼睛的感光蛋白消耗过度而产生的视觉疲劳使色相与纯度相应改变,人们就觉得不新鲜了。在日常生活中这种现象会经常发生。当我们在自然光下进行写生时,由于光线较暗,突然打开灯,就会发现物体偏黄色,但是过一会儿,这种感觉便会消失(图3-41)。

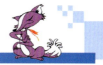

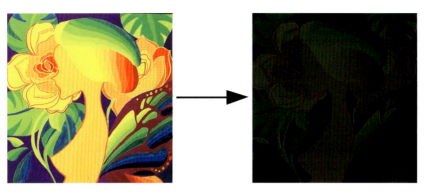

图3-40　暗适应

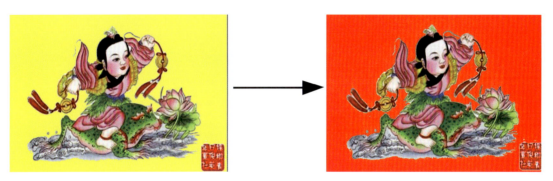

图3-41　色彩适应

2. 色彩的稳定性

通常情况下，人们有一种思维惯性，对以往旧的事物和经验有一种稳定的印象。因此，我们无论在何种灯光下都能辨认出物体的真实特征，这是因为我们能对物体进行心理调节。例如，把白纸放在暗处，黑煤放在亮处，我们都认为白纸是白的，煤是黑色的。还有，无论把一辆红色汽车放在什么灯光下，我们都认为它是红色的。这是由于我们对红色太熟悉了，形成了一种记忆惯性。这种现象就是色彩的稳定性（图3-42）。

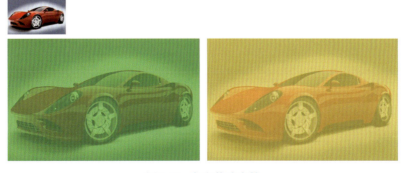

图3-42　色彩的稳定性

在动漫设计中就是要让人们形成对动漫形象、色彩和作品色调的这种稳定性，从而给人以深刻的印象，这需要精心的设计和长期的宣传，并且要不断刺激人们的视觉（图 3-43）。

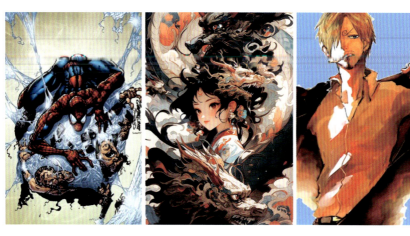

图3-43 漫画色彩适应

3. 动漫色彩的易见度

动漫色彩研究是色彩研究的一部分,对色彩易见度的研究同样对动漫色彩易见度适用。

色彩的易见度受色彩本身的明度和形状的大小两方面的影响。但在这些条件相同的情况下,不同的背景会对色彩易见度起着决定性的作用。背景色与色彩的明度、色相、纯度的差别越大,易见度就越高;反之,易见度就越低。尤其是当色彩的明度差别大时,易见度就高。通常情况下,我们认为黑底上的白色要比白底上的黑色易见度要高。

如果易见度高的与易见度低的配色用纯度间的组合来表示,其顺序就如表3-3和表3-4所示。

表3-3 色彩的易见度配色表(易见度高的配色)

顺序	1	2	3	4	5	6	7	8	9	10
底色	黑	黄	黑	紫	紫	蓝	绿	白	黄	黄
图色	黄	黑	白	黄	白	白	白	黑	绿	蓝

表3-4 色彩的易见度配色表(易见度低的配色)

顺序	1	2	3	4	5	6	7	8	9	10
底色	黄	白	红	红	黑	紫	灰	红	绿	黑
图色	白	黄	绿	蓝	紫	绿	绿	绿	红	蓝

在动漫色彩设计中也要遵循这些规律，做到使这些易见度高与低的色彩与设计者的意图和导演的要求相一致，目的是更好地展现人物的个性以及推动剧情的发展（图3-44和图3-45）。

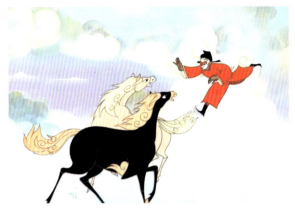

图3-44　易见度高的色彩组合

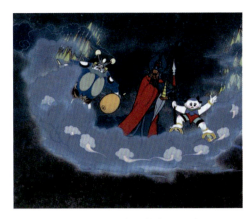

图3-45　易见度低的色彩组合

4. 动漫色彩的醒目色

动漫色彩的醒目色与色彩的醒目色一样，都与色彩的色相、明度、纯度和形状的大小有关，但影响最大的是色彩的纯度，它与色彩的易见度有着相似的性质，但不完全相同。易见度高的色彩不一定就醒目，而醒目的色彩也不一定易见度就高。例如，红色与绿色的易见度都不是很高，但"万绿丛中一点红"，这一点红就非常醒目（图3-46）；再如，黄色的易见度很高，但是与红色相配，在图案的配色中就显得不醒目了（图3-47）。

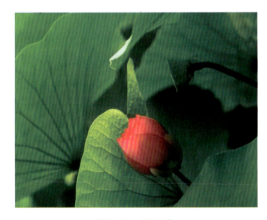

图3-46　醒目色

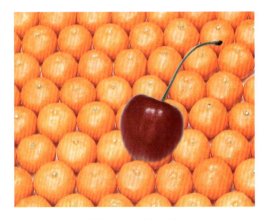

图3-47　不醒目色

因此，醒目色并不是指容易看得见的色彩，它通常与该色周围的环境和人们的心理作用相联系。一般认为，色彩纯度高的比纯度低的醒目，暖色比冷色醒目，但实际应用时还要看人的情绪和欣赏的环境。如果生活中不常见到的色彩或者很长时间没有看到的自己喜欢的色彩突然间被看到了，人们就会觉得很醒目，很兴奋。在动漫设计中也是一样，我们不能常用大家都熟悉的色彩来设计，否则就会给人以厌倦的感觉，达不到醒目的效果（图3-48）。

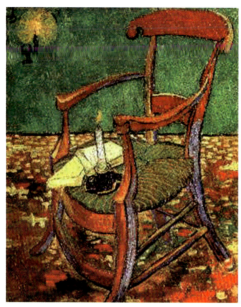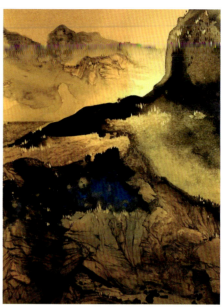

图3-48　醒目色和不醒目色

5. 动漫色彩的前进感与后退感

前进与后退是一种感觉。色彩本身并不能前进或后退,前进感和后退感是人们在长期的认识过程中逐步体会到的。人们认为,对比度强的、明快的、鲜艳的色彩有前进感;反之,对比度弱的、灰暗的、纯度低的色彩有后退感。从物理学角度讲,前进色与后退色都与波长有关,波长较长的色彩,如红、橙、黄等具有前进感;波长较短的色彩,如蓝、绿、紫等具有后退感。

因此,我们在动漫色彩设计方面要与其他设计大师一样,懂得这些色彩规律,在需要突出人物或强调物体时,处理好与背景的色彩关系。背景暗时,人物或物体就突出,因为背景暗就有后退感,人物或物体亮就有前进感。这样设计就能实现设计者或导演的意图,体现设计者或导演的想法。在需要降低人物存在感或减弱物体的表现时,就要使其融入背景中。在体现人物低落的情绪和失望的表情时,也要采用这样的色彩处理,如此便能达到动作与色彩的高度统一,给人以舒服的感觉(图3-49～图3-51)。

6. 动漫色彩的膨胀感与收缩感

色彩的膨胀和收缩同样是一种感觉,与色彩的前进感和后退感相似,是人们在长期认识事物过程中产生的一种共性、通感。从物理光学角度去讲,色彩的膨胀感和收缩感与波长有关,波长较长的暖色光与亮度较强的色光对眼睛成像的作用力较强,从而在刺激视网膜时会产生扩散性,使成像边缘线出现模糊带,产生膨胀感;反之,波长较短的冷色光与较暗的色光成像比较清晰,相比之下,有收缩感。这种膨胀和收缩也与明度有关,明度高的色彩有膨胀感,明度低的色彩有收缩感。

因此,我们在动漫设计中要灵活掌握色彩的特性,如红、橙、黄等色有膨胀的特性,蓝、绿、紫等色有收缩的特点,以进行合理的设计。同时还要注意动漫的夸张特性,使色彩与设计者或导演的意图相一致,这样才能创作出较为典型的作品来(图3-52～图3-54)。

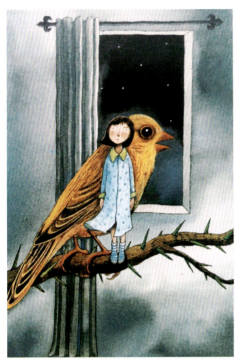
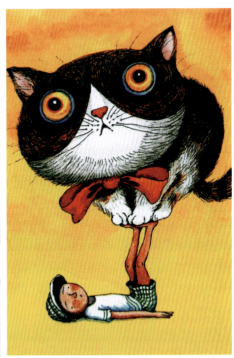

图3-49　色彩的后退感和前进感（几米的漫画插图）

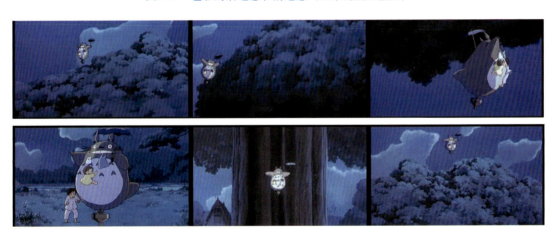

图3-50　动画电影《龙猫》中色彩的后退感

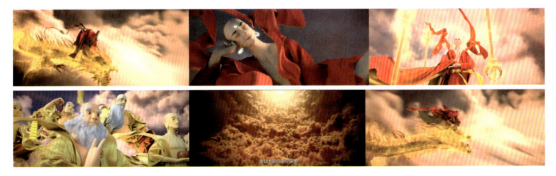

图3-51　动画电影《济公之降龙降世》中色彩的前进感

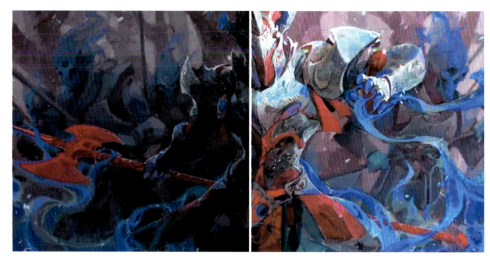

图3-52 收缩色和膨胀色

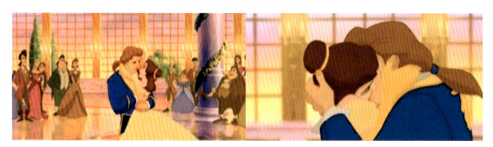

图3-53 色彩的膨胀感

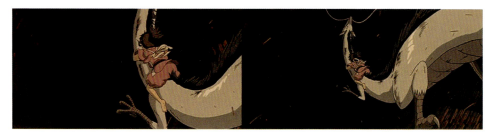

图3-54 色彩的收缩感

7. 动漫色彩的错视性

当我们看到广阔的草原时,会被眼前的"风景"吸引。广袤的草原伸向远方,在草地上出现许多自由自在吃草和嬉戏的马群,它们的神态与草原融为一体,使我们感觉仿佛自己也置身其中,禁不住为之赞叹。回过头来,我们才知道这是动画片《小马王》中的一个情景。这就是错觉,一个在二维布景上展示三维立体空间的假象(图3-55)。

大多数人长时间停留在错视作品前的原因,就是这种作品能给人带来困惑和好奇心,使人感到身心的愉悦。这种审美感受迫使我们不得不开拓另一个视觉领域——"错视"领域。在E.H.贡布里希所著写的《艺术与错觉》一书中提到:"错视很可能就是图形发生歧义的一个根源。"尤其在色彩研究领域,这种错视同样存在,并对我们的视觉会产生相当大的影响(图3-56)。

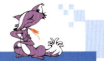

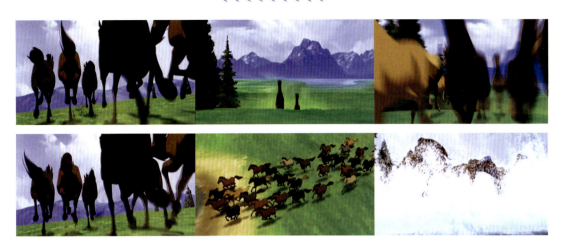

图3-55 动画片《小马王》中的一个情景

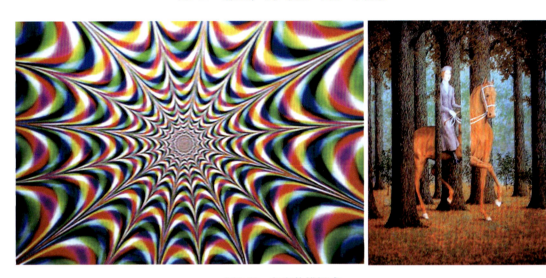

图3-56 色彩的错视感

错视并不是我们在观看色彩时眼睛出了问题，而是人的眼睛在一定条件影响下不能正确地认识和判断外界客观事物的本质，包括形状、大小、色彩等。在动漫色彩设计中也应注意色彩给我们带来的这种"错视"影响。一般情况下，色彩的错视是由色彩对比造成的，我们把两个或多个色彩进行对比时，由于光的影响，它的形状、大小、空间、色相、明度、纯度都会使人产生错觉，而且对比越强，错视越强。比如把蓝色、橙色、黄色放在一起，蓝色与橙色的交界线上的橙色更饱和一些，而橙色与黄色的交界线要显得平和一些，重一些。同样的道理，红地上的橙色没有黄地上的橙色饱和度高，色相也有些变化等。同样的感觉，明度高、纯度高的色彩要比同等大小的明度低、纯度低的色彩感觉略大些。了解了色彩的这种错视现象，在动漫设计中就要注意色彩与形状、大小的关系。要想在设计中通过色彩使形状给人大小一样的视觉感觉，就要适当地调整形状的大小比例。如红色、白色、蓝色要取得感觉上的大小一致，就要调整红、白、蓝的面积比例。把蓝、白、红三色比例调整为30：33：37，就会在视觉上产生三种颜色面积相等的效果（图3-57和图3-58）。

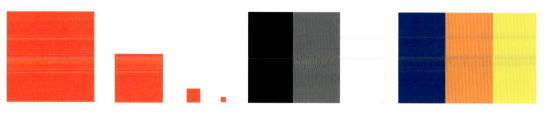

图3-57 同一色面积越大则纯度越高　　　　图3-58 色彩并置的边缘错视

3.2.2 动漫色彩的情感

在视觉艺术尤其是影视动漫作品中，色彩在不知不觉地影响着我们的情绪和行为。在这个过程中，色彩的生理反应与心理感受几乎同时发生，它与人们生理上的满足和心理上的快感息息相关。

色彩本身是一种物理现象，并没有情感。但是由于人的大脑的作用，加上人们长期生活所积累的经验，人们就会对色彩产生微妙的感觉，形成心理效应。这种效应可发生在不同的层面上，如果是色光对人的生理刺激产生直接的影响，那就是单纯性心理效应。例如，当人们看到红色时，就不由得心跳加快，血压升高，产生情绪上的兴奋、激动，甚至冲动；而看到蓝色时，就会冷静，产生情绪上的沉默。如果是人们通过经验产生联想，从而得到更深层次的效应，导致更为深刻的心理活动，那就是间接性心理效应。它的情感产生涉及人的信仰、观念、民族、地域等诸多方面的影响，这就形成了一个极为复杂的心理活动过程。例如，同样看到一种红色，由于人与人的感知力不相同，人们的生活经历、信仰、习惯、地域、文化背景也各不相同，所以人们会对红色产生不同的感受。因此，色彩对人情感的影响是必然的，也是微妙的，我们应在设计中合理、巧妙地加以应用（图3-59）。

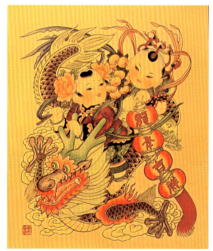 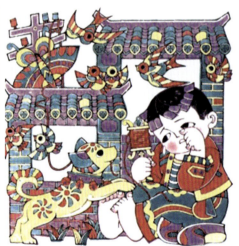

图3-59 色彩的情感

1. 动漫色彩的冷暖感

冷和暖是人们的一种知觉。色彩本身并没有温度，为什么会有这种感觉呢？这是由于人的自身经历所产生的联想。红色、橙色给人一种温暖的感觉，我们称之为暖色。蓝色、绿色、紫色给人一种寒冷的感觉，我们称之为冷色。美国心理学家阿恩海姆在他的《艺术与视知觉》

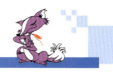

中提到:"白纸上的红色与蓝色只是红色相与蓝色相,如果与冷、暖相联系,红色看上去暖些,蓝色看上去冷些,纯黄色看上去也冷,然而,当基本色相稍微偏离的时候,色性就会变化。"如绿色是中性色,当偏蓝时就成了冷绿,偏黄时就成了暖色。这里讲一下某一色系中的冷暖。无彩色系中,白色为冷色,灰色为中性色,黑色为暖色;红色系中,朱红、大红、橘红为暖色,玫瑰红、桃红、品红、紫红为冷色;黄色系中,中黄、橘黄、土黄为暖色,柠檬黄、浅黄、淡黄为冷色;绿色系中,翠绿、浅绿、蓝绿为冷色,中绿、墨绿、橄榄绿、黄绿为暖色;蓝色系中,蓝紫、钴蓝、群青偏暖,湖蓝、普蓝、钛青蓝偏冷。由此可见,冷与暖是相对而言的,孤立地给每一个色彩下一个冷或者暖的定义是不确切的,这要看周围的环境变化是处于什么样的关系中。

在漫画设计和动画片中,这种冷、暖色调经常被用到,并有一定的特殊含义,可以表现剧情的变化和导演的意图(图3-60和图3-61)。

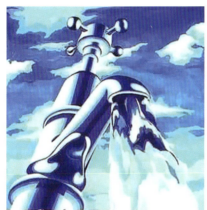 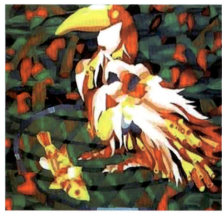

图3-60　色彩的冷暖感

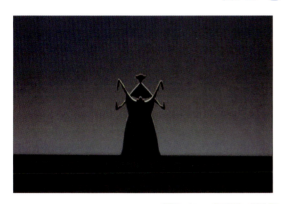 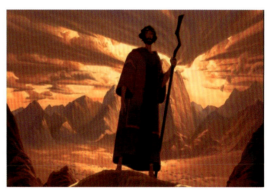

图3-61　动画片《埃及王子》中的冷色、暖色

2. 动漫色彩的兴奋感与沉静感

兴奋与沉静可以表达人的情感。我们用色彩去体现,也是人们长期生活中经验积累的结果。一般认为,波长较长的红色、橙色、黄色给人以兴奋的感觉,故称为兴奋色;波长较短的蓝色、蓝绿等颜色给人以沉静感,故称为沉静色。但这些色彩与纯度有很大关系,纯度降低则沉静,纯度提高则兴奋。此外,明度高的色彩有兴奋感,明度低的色彩有沉静感(图 3-62)。

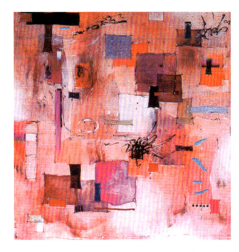
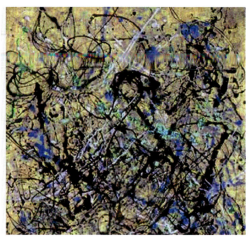

图3-62　兴奋感与沉静感

在漫画设计和动画设计中,角色的情绪也是决定色彩选择的重要因素。当角色高兴时,背景色就会选用暖色,以烘托气氛;当角色遇到不高兴的事时,冷色调往往能表示失望、沉静。我们应当熟练灵活地掌握这种对色彩选择的能力(图3-63和图3-64)。

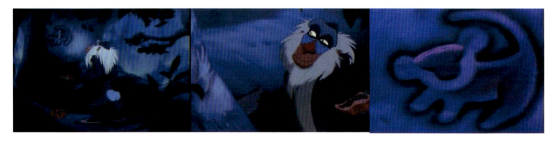

图3-63　沉静色(动画电影《狮子王》截图)

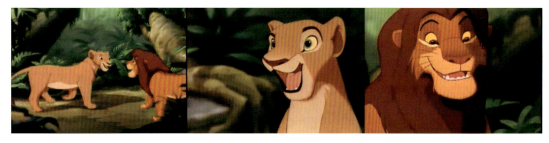

图3-64　兴奋色(动画电影《狮子王》截图)

我们在设计时,还应该注意合理地利用灰色调,因为灰色调及纯度低的颜色能给人以舒适感,可以使人获得文雅、沉着、深沉和安静的感觉(图3-65)。

3. 动漫色彩的轻重感

色彩对人情感的作用是微妙的,一旦形成"通感"就很难轻易改变。色彩的轻重感也是人们的一种感受。从心理学的角度讲,白色和色相浅的色彩有轻的感觉,使人想到棉花、雾气等,有一种柔美感;黑色和深的色相,则给人沉重的感觉,会让人想到煤炭、黑夜、金属和沉重的物体。从明度上讲，凡是明度高的色彩都具有轻快感，明度低的色彩都有沉稳感；凡是加白改变其纯度则色感变轻，加黑改变其纯度则色感变重（图3-66）。

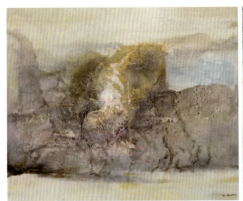
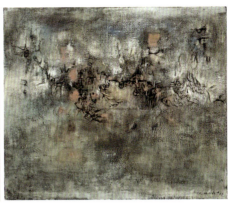

图3-65　灰色调感觉（赵无极的作品）

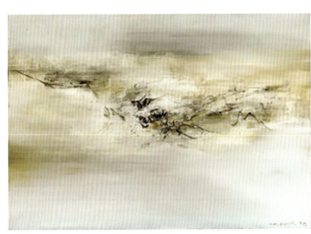
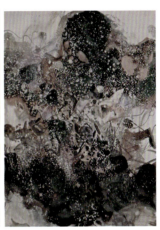

图3-66　色彩的轻重感（赵无极油画作品）

在动漫设计中，要表现一个人拿起一个重物时，这个物体不论形状如何，其色彩一定是深色的。再加上角色的表演和合适的动作时间把握，即可表现出其重量感。反之，要表现一个较轻的物体时，如气球，其色彩一般是浅色的。这样就能使色彩与动作表现有机地结合起来，共同表现剧情和体现导演的意图（图3-67）。

4. 动漫色彩的华丽感与朴素感

色彩中也有让人们感到辉煌的华丽色和让人感到雅致的朴素色。这种华丽和朴素的色彩感知也来自人们长期积累的视觉经验。尤其是在我国的封建社会，黄色被认为是皇亲、贵族的专用色，不让老百姓使用；而蓝色这种明度较低的冷色却成了平民百姓的专用色彩。在这种思想的传承中，逐步形成了大家的通感。从色彩角度上讲，在色彩三属性中，对华丽与朴素影响最大的是色相。红、橙、黄等鲜艳而明亮的色彩具有明快、辉煌、华丽的感觉，对人的感官刺激很大；而蓝色、蓝紫等冷色具有沉着、朴实、稳重的感觉，相对具有朴素的感觉。但从纯度上讲，饱和的钴蓝、宝石蓝、孔雀蓝也会显得很华丽，而低纯度的浊色却显得很朴素。从明度上讲，亮丽的色彩显得活泼、强烈、刺激，富有华丽感，而暗、深的色彩显得含蓄、厚重、深沉，具有朴素感。从色彩对比上来讲，互补色、对比色等强对比显得华丽，而弱的色彩对比则具有朴素、高雅之感。无论是我国还是外国，金碧辉煌、富丽堂皇都是富贵的象征，但由于各国的地域、文化背景不同，人们也会有不同的感受。我们在应用色彩设计时要考虑到这些变化因素（图3-68）。

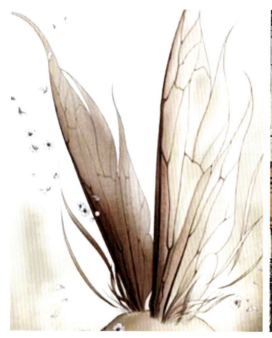
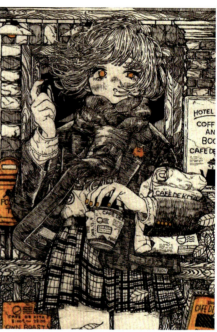

图3-67　色彩的轻重感

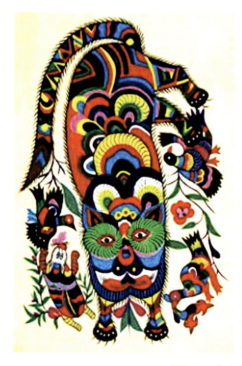
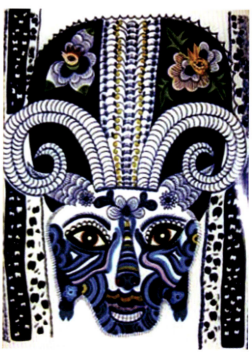

图3-68　色彩的华丽感和朴素感

在漫画设计和动画创作中，这种色彩感觉会被经常用到。在表现激烈场面、喜庆场面、皇家题材时，同样要遵循华丽色彩的规律；而表现苦闷、高雅、恐怖的情景时也会用到朴素的色彩搭配。这些色调的感受直接影响人们的思想感情，使人产生共鸣。因此，我们应熟练掌握这些基本知识，在创作时能随心所欲地应用（图3-69和图3-70）。

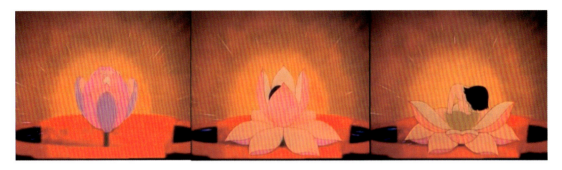

图3-69　色彩中的华丽色（动画电影《哪吒闹海》截图）

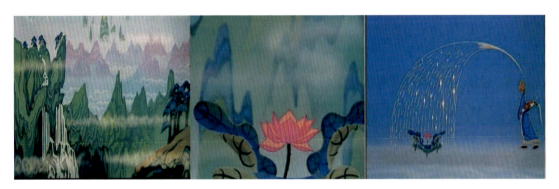

图3-70　色彩中的朴素色（动画电影《哪吒闹海》截图）

5. 动漫色彩的积极感与消极感

色彩的积极与消极的心理感受，与色彩三要素中纯度的关系较大。一般认为，色彩的饱和度高，就会给人一种兴奋、积极的感受；而饱和度低的浊色、灰色会给人一种消极的感受。对这种感觉还有较大影响的是色相与明度。在色相中，波长较长的红、橙、黄等暖色给人以积极的感受，而波长较短的蓝色、蓝绿、蓝紫等冷色给人以消极的感受。在明度中，明度高的色彩有一种积极感，而明度低的色彩有一种消极感。当然，根据人们不同的爱好和习惯，这些感觉也会有所变化，这属于正常现象。但有一点值得注意，无论是有什么样习惯的人，在其作品中使画面或影视中的各种构成因素相互作用，表现出某种感受是非常重要的，否则就不能被观众接受（图3-71）。

6. 动漫色彩的软硬感

色彩的软硬感也是一种心理感受。从物理学角度讲，它与色彩的明度和纯度有很大关系，明度高而纯度低的色，具有柔软感，如粉红色调、淡紫色调等；明度低纯度高的色彩，一般具有坚硬感，如蓝色调、蓝紫色调、紫红色调等。但是，这种坚硬或柔软的色彩感觉往往要与相应的直线、曲线的形象保持一致，才能体现出更强烈的这种感受。

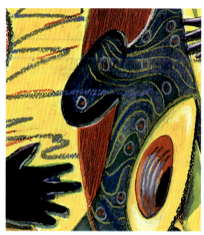 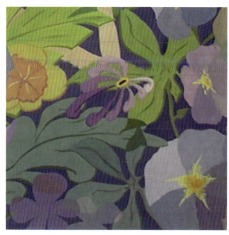

图3-71　色彩的积极感和消极感

在无彩色系中，白色与黑色的组合具有坚硬感，灰色具有柔软感，而不同层次又具有不同层次的软硬感。一般软色的感觉轻，具有甜蜜的感觉；硬色的感觉重，具有粗犷的感觉。我们在设计中应灵活地加以利用。

在动画与漫画的设计中，要考虑到背景与角色的色彩搭配。表现角色温柔善良的性格，要用浅色调的背景来烘托；表现的角色性格粗暴，背景也要相应地用较硬一些的色彩搭配或者使用其他方法来渲染气氛，同时还要考虑让观众得到愉悦的视觉享受（图 3-72 和图 3-73）。

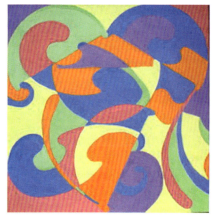 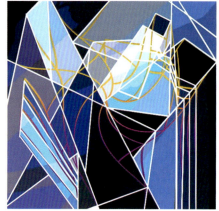

图3-72　色彩的软硬感

7. 动漫色彩的强弱感

色彩的强弱与色彩的易见度有很大关系，往往与对比度结合起来使用，对比度强的、易见度高的色彩就会有强烈的感觉，色彩就强；对比度弱的、易见度低的色彩有后退感，色彩就弱。在动漫设计中，对比强烈的色彩具有强调效果，表现爱动的角色性格；对比弱的色彩一般是比较含蓄的、不张扬的。但是，也不能一概而论，复杂的剧情和导演的个性也是一种决定性因素，导演往往对色彩的处理会有一定偏向和偏爱。我们在设计中应灵活应用（图 3-74 和图 3-75）。

第 3 章 动漫色彩构成

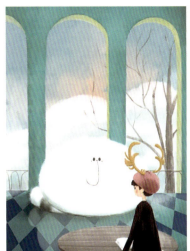
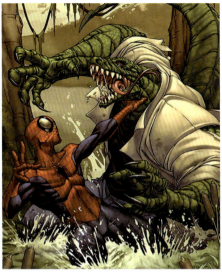

图3-73 动漫色彩的软硬感

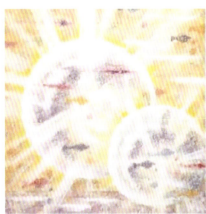
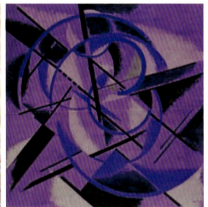

图3-74 色彩的强弱感

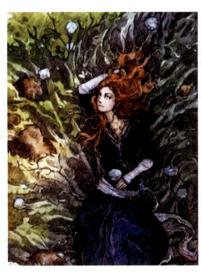
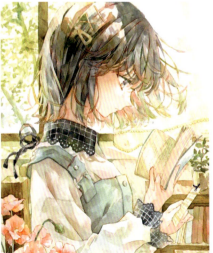

图3-75 动漫色彩的强弱感

8. 动漫色彩的活泼感与忧郁感

活泼与忧郁也是两种情感，我们在日常生活中也会经常遇到。比如，在充满阳光的房间里会有一种轻松活泼的气氛，而在光线较暗的房间里会有一种忧郁的气氛。在动漫设计中也应精心安排并强化这样的情感。从色彩学角度去分析，它与色彩的三属性有关。通常情况下，波长较长的红、橙、黄等暖色具有活泼的感觉，波长较短的蓝、蓝绿、蓝紫等冷色具有忧郁的感觉。在无彩色系中，白色与其他纯色组合具有活泼感，黑色与其他纯色组合具有忧郁感，灰色是中性的。这些特性在设计中能起到一定的指导作用，但是，这些色彩特征要与适当的环境、气氛结合起来。我们知道，在好的动漫作品中，色彩只是一种重要的因素，其他因素同样不能忽视。比如表现活泼的气氛，除了热闹的色彩组合外，优美的动作、完美的叙事都是不可缺少的，最终还要得到观众的认可。因此，我们的设计是综合的，不能忽视每一个细节（图3-76和图3-77）。

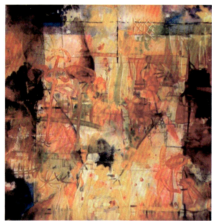
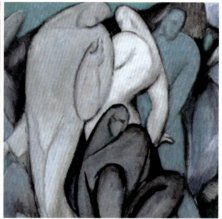

图3-76　色彩的活泼感和忧郁感

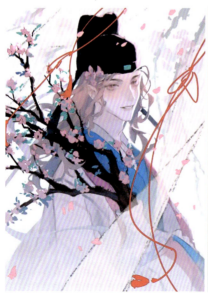
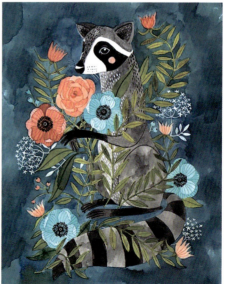

图3-77　动漫色彩的活泼感和忧郁感

3.2.3 动漫色彩的联想

人类有比动物复杂得多的思维器官——大脑。联想功能是与生俱来的,在日常生活中,当我们看到某些色彩时,往往会想起与该色彩联系的某些事物。这种由色彩刺激而使人联想到与该色有关的某些具体事物或抽象概念的心理活动过程就被称为色彩联想。

色彩联想是一种创造性思维能力,它受到创作者和观赏者的经验、记忆、认识等的影响。所谓"因花思美人,因雪想高山,因酒忆侠客,因乐想好友",都是人因过去的印象和经验的感知所产生的联想。再如,一年四季中的春、夏、秋、冬的色彩,人们能由具体的颜色想到抽象的含义。春天是最富有朝气的欣欣向荣的季节,是最有生命力的季节,也是人们向往的季节。大自然刚刚从寒冬中苏醒,黄色、黄绿色、粉红色、淡紫色等中间色调可恰当地体现春天自然的气息,形成春天的主旋律。夏天是热情、浓郁、亮丽的季节,是最活泼的季节,也是人们充满活力的季节。炎热的阳光和生长旺盛的植物交织成一幅纯度鲜艳、充满魅力的画面。红色、绿色、蓝色等纯度高的色彩交替出现,很容易使我们想到炎热的夏天。秋天是一个收获的季节,树木除了少许的蓝绿外,大部分被染上了黄色和红色,还有落叶形成的棕褐色、咖啡色及枯黄的土黄色。这些色彩的有机组合,很容易使我们联想起秋天,同时秋天也有一种凄凉的感觉,因为临近冬天,让人有一种想家的感受。冬天似乎一切活动都停止了,空气的寒冷与色彩的单调很容易形成冷色,以灰色、蓝色、灰紫为主色调。

在动漫创作中,这种联想是其本质特征之一,充分发挥想象是动漫创作的灵魂。因为在动漫创作中,有说服力的色彩、动作来自现实生活,但又高于现实生活,形成一种真实的假定性。很难想象如没有联想,动画将是一种什么状况,它还会有魅力吗?在很多中外优秀的动漫作品中,创作者非凡的想象力使人赞叹不已,幽默的想象力使人笑口常开,智慧的想象力使人受益匪浅。从这些想象力中,人们能得到很多人生的乐趣,产生很多心灵的愉悦感,这正是我们动漫创作的本质所在(图3-78和图3-79)。

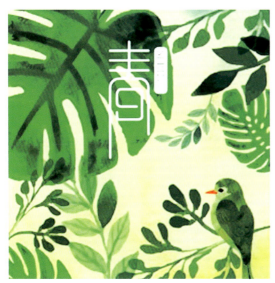
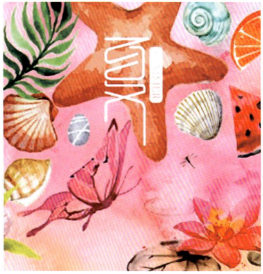

图3-78 色彩联想(春、夏、秋、冬)

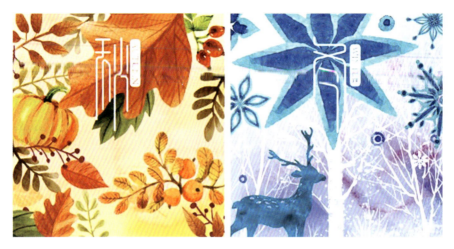

图 3-78（续）

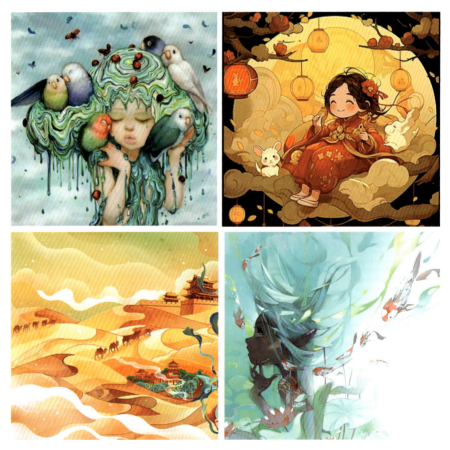

图3-79 动漫色彩联想

1. 色彩的具象和抽象联想

一般情况下，某一种令人印象深刻的色彩常常会深深地潜伏在人们的意识中，一有机会就会浮现出来。这种联想往往以现实存在的色彩为诱导，通过对色彩的回忆唤起过去的一些记忆。这种记忆由于性别、年龄、民族、职业、文化背景、生活经历等因素的不同而存在一定的差异，但总体上仍具有相当程度的共性。例如，幼年时期，人们对色彩的联想多会从身边的动物、植物、食物、风景以及服饰等有关的具象的事物中产生，而成年人则会想到与看到的色彩相联系的抽象含义，通过移情作用去欣赏色彩，从而产生情感上的共鸣。

表 3-5～表 3-7 是人对色彩的基本感受，以及不同人的具象与抽象联想。

表 3-5　人对色彩的基本感受

属性		人对色彩三属性的基本感受
色相	暖色系	温暖、活力、喜悦、甜蜜、热情、积极、活泼、华丽
	中性色系	温和、安静、平凡、可爱
	冷色系	寒冷、消极、沉着、深远、理智、肃静
明度	高明度	轻快、明朗、清爽、单薄、软弱、华美、女性化
	中明度	无个性、随和、附属性、保守
	低明度	厚重、压抑、硬、迟钝、安定、有个性、男性化
纯度	高纯度	鲜艳、刺激、新鲜、活泼、积极、热闹、有力量
	中纯度	中庸、稳健、文雅
	低纯度	无刺激、陈旧、寂寞、老成、消极、朴素、无力量

表 3-6　不同人的具象联想

色彩	年龄 / 性别			
	小学生（男）	小学生（女）	青年（男）	青年（女）
黑	炭、煤	头发、炭	夜、黑伞	黑夜、黑西服
白	雪、白纸	雪、白纸	雪、白云	雪、白裙子
灰	老鼠、灰尘	阴暗的天空	混凝土	灰暗的天空
红	太阳、苹果	洋服、郁金香	血、红旗	血、口红
橙	橘子、柿子	橘子、胡萝卜	橘子、果汁	橘子、红砖
茶	土、树干	土、巧克力	土、皮箱	靴
黄	香蕉、向日葵	菜花、蒲公英	月亮、雏鸡	柠檬、月
黄绿	青草、竹子	青草、树叶	嫩草、春	嫩叶、内衣
绿	树叶、青山	草、草坪	树叶	青草、毛衣
青	天空、大海	天空、水	大海、秋天的天空	海、湖
紫	葡萄	桔梗	茄子	茄子、紫藤

表 3-7　不同人的抽象联想

色彩	年龄 / 性别			
	小学生（男）	小学生（女）	青年（男）	青年（女）
黑	死亡、刚健	悲哀、坚强	生命、严肃	忧郁、冷淡
白	清洁、神圣	清楚、纯洁	洁白、纯真	洁白、神秘
灰	忧郁、绝望	忧郁、郁闷	荒虚、平凡	沉默、死亡
红	热情、革命	热情、危险	热烈、鄙俗	热烈、幼稚
橙	焦躁、可爱	下流、温情	甜美、明朗	欢喜、华美
茶	幽雅、古朴	幽雅、沉静	幽雅、坚实	古朴、朴直
黄	明快、活泼	明快、希望	光明、明快	光明、明朗
黄绿	青春、和平	青春、新鲜	新鲜、跳动	新鲜、希望
绿	永恒、新鲜	和平、理想	深远、和平	希望、公平
青	无限、理想	永恒、理智	冷淡、薄情	平静、悠久
紫	高贵、古朴	优雅、高贵	古朴、优美	高贵、消极

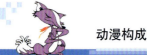

2. 色彩的味觉和嗅觉联想

味觉和嗅觉转化成色彩是要通过"联想"这座桥梁才能实现的。味觉和嗅觉是人的感官功能，与色彩似乎没有太大的联系，但在日常生活中，色彩往往能起到刺激这些感官的作用，或增进食欲，或让人酸涩，这些都是由人们长期的生活经验而形成的条件反射的结果。下面就从味觉和嗅觉两方面加以阐述。

（1）色彩的味觉。味觉是人们通过各种味道刺激味觉神经而传到大脑，大脑做出反应的结果，这主要反映在饮食文化中。在饮食文化中，色彩起着非常重要的作用，它可使人增进食欲，或使人大倒胃口。例如，瑞士色彩学家约翰内斯·伊顿在《色彩艺术》中有这样一段生动的描述："一位实业家准备举行午宴，招待一些男女贵宾。厨房里飘出的阵阵香味在迎接着陆续到来的客人们，大家热切地期待着这顿午餐。当快乐的宾客围着摆满美味佳肴的餐桌就座之后，主人便以红色灯照亮了整个餐厅，肉看上去颜色很嫩，客人食欲大增，而菠菜却变成了黑色，马铃薯变成了红色。当客人们惊讶不已时，整个餐厅又被蓝光照亮，烤肉显得腐烂，马铃薯像发了霉，宾客们个个倒了胃口。接着开了黄色灯，又把红葡萄酒变成了蓖麻油，把来宾都变成了行尸，几个比较娇弱的贵妇人急忙站起来离开了房间，没有人再想吃东西了。主人笑着又打开了白光灯，餐厅的兴致很快就恢复了。"这个试验表明，色彩对食品的作用直接影响人们的食欲（图3-80）。

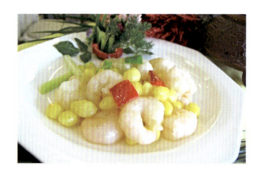 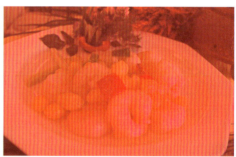

图3-80　色彩的味觉联想

"望梅止渴"这个成语说明味觉与人们的生活经验、记忆有很大关系。如果以前品尝过杨梅的人，一见到杨梅就有一种酸的感觉，不由得要流口水；而品尝过未成熟的柿子的人，一看到柿子就会有一种涩的感觉。这种感觉反映在色彩上，绿色能产生酸的感觉，黄绿色有一种涩的感觉，而粉红色有一种甜的感觉，茶褐色有一种苦的感觉，这样我们就可以根据自己的经验来进行味觉酸、甜、苦、辣的色彩联想，那就是"酸"是一种绿色的色彩组合，形成绿色调；"甜"是一种粉红色的色彩组合，形成粉红色调；"苦"是一种茶褐色的色彩组合，形成茶色色调；"辣"是一种对比强烈的红色色调组合，形成红色调。这里除了色相的变化外，还有明度、纯度上的变化，但最终目的是要让这些色彩组合给人一种强烈的酸、甜、苦、辣的感觉（图3-81）。

在动漫创作中也有这样的表现。例如，在动画短片《糖果体操》里就表现了一种多吃糖果的后果，告诫人们不要多吃甜食。其中各种色彩艳丽的糖果在不断地诱惑爱吃糖果的人，人们经不起诱惑而最终伤了身体。在这些色彩组合中，人们强烈地感受到了诱人的甜味，体现出动漫大师对色彩应用的老练（图3-82）。

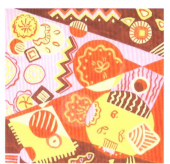
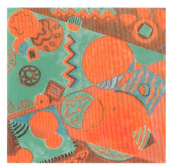

图3-81　色彩联想（酸、甜、苦、辣）

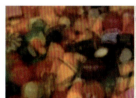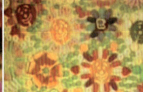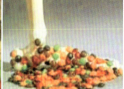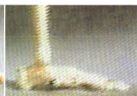

图3-82　动画短片《糖果体操》

（2）色彩的嗅觉。嗅觉和味觉一样，也是通过气味进行色彩联想的。这种联想也来自人们长期经验的积累和生活的感受。如果是喝过咖啡的人，一闻到咖啡味，就会有一种苦涩感和不同的味感。人们闻到茉莉花香时会联想到白色，闻到香蕉味、柠檬味时会想到黄色，闻到牛奶的味道时会想到乳白色……这些因为嗅觉而想到色彩的现象也是一种条件反射。实验心理学告诉我们，波长较长的红、橙、黄等暖色使人想到香味，波长较短的蓝色、蓝紫色等冷色使人想到腐败的臭味。了解了这些规律，我们就能随心所欲地运用色彩了（图3-83）。

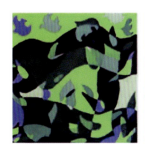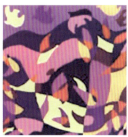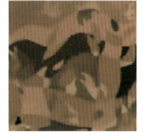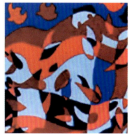

图3-83　色彩的嗅觉联想

3. 色彩与形状联想

我们有时用形形色色来形容各种类型的人。这说明形与色在色彩构成中是同时出现的，它们相辅相成，构成了完整的形象。不同的形能使色彩产生或坚硬或柔和的感觉，使人们在心理上产生不同的感受。据约翰内斯·伊顿提出的色与形的关联的理论，当某一形状具有和某一色彩相同的心理作用时，它便是这一色的最佳的基本形。他认为，红色有重量感、稳定感和不透明感，与正方形的稳定、庄重感相对应；黄色有明亮、刺激和轻量感，与正三角形的尖锐、冲动、积极、敏感相统一；而蓝色有宇宙、空气、水、轻快、流动、专注的感觉，与圆形的流动性相吻合。在三间色中，橙色有安稳、敦厚、不透明感，与正方形和三角形折中的梯形相对应；绿色有冷静、自然、清凉、希望之感，与三角形和圆形折中的弧形三角形相一致；紫色有柔和、女性、无尖锐感、虚无、变幻之感，由圆形和正方形折中的椭圆形来表现。因此，在设计中了解形状与色彩的关系是非常有意义的（图 3-84）。

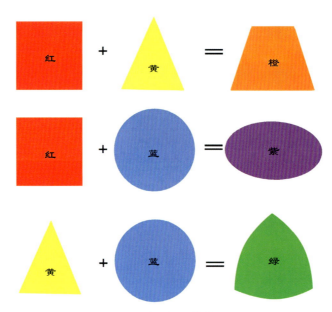

图3-84　色彩与形状的关系

4. 动漫色彩与音乐联想

美国迪士尼创作的动画作品《幻想曲 2000》中美丽的画面、鲜艳的色彩和美妙的音乐完美结合，给我们一种全新的视听感受，当我们欣赏该作品时会想到什么呢？音乐是通过听觉来感受的，画面是用视觉来感受的。而动画这种形式又能把这两种感受完美地结合起来，给人一种新的视听感受。在画面构成中，色彩是表达作者情感的非常重要的因素之一，这就把色彩与音乐紧密地联系在一起。在美术创作中，我们也经常要用到音乐的术语，比如用节奏与韵律来描写作品的流畅和抑扬顿挫。这种视觉和听觉反映到大脑中所引起的联想是异曲同工的，都是一种感受，都能引起人的心理反应。英国心理学家贡布里希在他的《秩序感》中写道："形状与色彩的结合也许可以互相替换，接连不断，以取得像音乐那样让人动情并促人思考的轻松愉快的效果。如果真的存在和谐的色彩，那它们的结合形式比别的色彩更能取悦于人；如果在我们眼前缓慢经过的单调沉闷的图块会让我们产生悲哀、忧伤情感，而色彩轻松、形式纤巧的窗花格则以其快活、愉悦的格调使我们欢欣鼓舞，那么只要把这些正在消失的印象巧妙地汇总起来，我们的身心便能获得比物体作用于视觉器官所产生的直接印象更大的快感……"这说明音乐对色彩的作用是非常大的。当色彩的情绪加上声音的配合，就能主宰情感，使我们陶醉。

一般认为音乐中的音节与色彩的关系如表 3-8 所示。

表 3-8　音乐中的音节与色彩的关系

色彩	音节	含义
红	1 (Do)	热情高亢的声音、强烈、热情、浑厚、不坚定感
橙	2 (Re)	个性温和、带有浑厚与安定的特点
黄	3 (Me)	明快、活跃、积极、尖锐、高亢
灰	4 (Fa)	低沉、浑厚、苦涩、温和、厚而不重、硬而不坚
绿	5 (So)	消闲、空旷、生机勃勃、声音适中、不刺激、不低沉
蓝	6 (La)	忧郁、清冷、寂寞
紫	7 (Xi)	虚幻、梦想、迷离、猜疑、轻飘、虚无

表现派绘画大师康定斯基指出："一个特定的音响能引起人对一个与之相应的色彩的联想。如明亮的黄色像刺耳的喇叭；淡蓝色类似长笛般的声音；深蓝色像低音的大提琴的声音，也与宽厚低沉的双重贝斯声相似；绿色接近小提琴纤弱的中间音；红色给人以强有力的击鼓印象；紫色相当于一组木管乐器发出的低沉音调……"从这些比喻中我们可以看出色彩与音乐的关系，像有人比喻的"绘画是无声的诗，音乐是有声的画"一样，色彩和音乐非常巧妙地联系在一起，相互作用，不断感染人们的心灵世界（图3-85）。

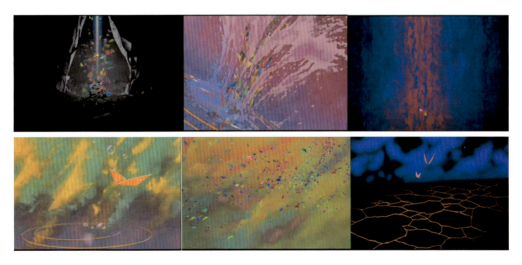

图3-85　音乐动画片《幻想曲2000》中的色彩联想

3.2.4　动漫色彩的性格与象征

色彩所表现的含义是人们所给予的，它本身并没有什么意义，只是一种物理现象，其情感、性格都来自人们对生活经验的积累。动漫色彩也一样，因受到动漫语言的一些影响而形成了符合动漫表现特点的一些特定色彩含义。无论是有彩色还是无彩色，都有自己的性格特征，它们与明度、纯度共同作用并有机地组合在一起，就会表达一定的思想内容。至于色彩的象征含义，也是在人们长期感受、认识和利用色彩的过程中总结形成的一种观念及共识。我们了解这些特征，就是为了表现自己的主观愿望，通过色彩语言传达情感，这也是我们学习的目的。

下面就对几种主要色相的性格特征和象征意义进行介绍，如表 3-9 所示。

表 3-9　几种主要色相的性格特征和象征意义

色彩		性格特征	象征意义
红色	纯色	温暖、刚烈、兴奋、激动、紧张、冲动	是血与火的色彩，代表热情、喜庆、活力、奔放、革命、爱国精神、恐怖、动乱、嫉妒、暴虐、恶魔，粉红色象征健康
	加黄	不安、躁动	
	加蓝	文雅、柔和	
	加白	温柔、含蓄、羞涩、娇嫩	
	加黑	沉稳、厚重、朴实	
橙色	纯色	光明、温和、热情、豁达，充满生命力和扩张力	丰满、收获、健康、甜美、明朗、快乐、华丽、辉煌、力量、成熟、芳香、自信
	加红	健康、丰满	
	加黄	甜美、亮丽、芳香	
	加白	焦躁、无力、细心、暖和、轻巧、慈祥	
	加黑	暗淡、古色古香、老朽、悲观	
黄色	纯色	敏锐、高傲、冷漠、扩张，有不安定感	智慧、财富、权力、高贵、希望、光明、权威、思念、期待、低贱、色情、淫秽、卑劣、可耻
	加蓝	鲜嫩、平和、湿润	
	加红	有分寸感、热情、温暖	
	加白	柔和、含蓄、易于接近	
	加黑	有橄榄绿的印象、随和、成熟	
绿色	纯色	平和、安稳、柔顺、恬静、满足、生命、优美	和平、生命、宁静、庄重、安全、健康、新鲜、大气、成长、春天、青春、环保
	加黄	活泼、友善、有幼稚感	
	加蓝	严肃、深沉、有思虑感	
	加白	洁净、清爽、鲜嫩	
	加黑	庄重、老练、成熟	
蓝色	纯色	朴实、内向、冷静	博大、宽广、理智、朴素、清高、永恒、稳重、冷静、科技、绝望、智慧
	加红	高贵、神秘	
	加黄	深沉、凉爽	
	加白	高雅、轻柔、清淡	
	加黑	沉重、孤僻、悲观	
紫色	纯色	沉闷、神秘、高贵、庄严、孤独、消极	优雅、高贵、华丽、哀愁、梦幻、疲惫、忧郁、愚昧、神秘
	加红	压抑、威胁	
	加蓝	孤独、消极	
	加白	幽雅、娇气，有女性化的魅力	
	加黑	沉闷、伤感、恐怖	
黑色		厚重、沉闷、严肃、沉默	死亡、永久、庄重、坚实
白色		朴素、纯洁、快乐、神秘	纯洁、神圣、高尚、光明
灰色		中庸、暧昧、柔和、被动、消极、消沉	朴素、稳重、谦逊、平和

3.2.5 动漫色彩的肌理与心理感受

在我们的现实生活中，肌理无处不在，无时无刻不在影响着我们的心理感受，它是一种客观存在的物质表面形态，在设计当中，能使人产生多种多样的、可感知到的、特殊的"意味"，有的粗糙，有的细腻，有的柔软，有的坚硬，有的可爱，有的好玩，有的令人喜欢，有的令人厌恶。这种感受并不是物体表面本身具有的，而是人们的一种感受，久而久之，就会形成一种通感，甚至有一种象征含义，这也是在绘画或影视艺术中经常用肌理表达情感的原因。

肌理多种多样，既有自然形态的肌理，如沙漠、海水、树皮、石纹、木纹等，又有人造肌理，如布料、墙纸等（图3-86）。

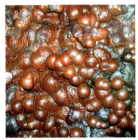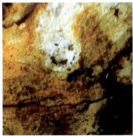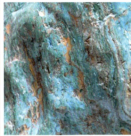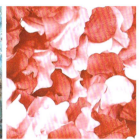

图3-86　色彩肌理

对肌理的定义我们可以这样理解，肌理是指物质内在质地的外在表现，即物质表面的质感。它是各种不同质料、不同构造和不同色彩的物质在人们感官上所呈现的不同特征的总称。

肌理从可感知的视觉效果上分为视觉肌理和触觉肌理两部分。视觉肌理是指在视觉上造成的一种视觉感受，触觉肌理是指触摸时所感受到的细腻感、粗糙感、质地感和纹理感。

肌理作为一种特殊的设计语言，是其他表达因素无法替代的。尤其加入色彩的变化后，其效果更加引人注目。在动漫设计中，设计者经常利用不同的肌理表达不同的含义，以获得特殊的视觉效果。例如，动画艺术短片《沙之舞》中，作者利用沙子流动性很强的特点在不停地变换着造型，使用沙子肌理给人留下难以忘怀的印象。在中国动画艺术短片《女娲补天》和《山水情》中，作者利用水墨肌理的背景来表达变幻而神奇的虚幻效果，给了主人公宽广而神秘的施展空间，也给人留下很深的印象（图3-87～图3-89）。

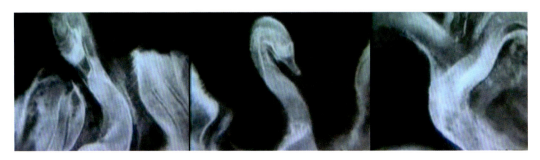

图3-87　动画艺术短片《沙之舞》片段

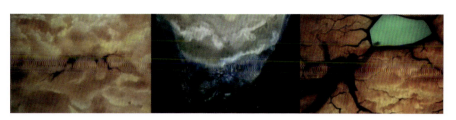

图3-88 动画艺术短片《女娲补天》片段

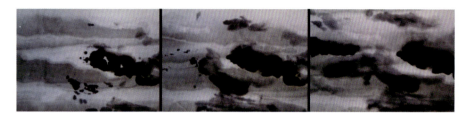

图3-89 动画艺术短片《山水情》片段

肌理练习是一种探索性很强的开发训练，要求尽可能打破惯例，大胆实践，创造出既符合设计者意图又非常有创新性的样式，其中敏锐的感觉、积极的探索和灵活的组织是非常重要的。

3.2.6 动漫色彩的时间构成

动漫色彩的时间构成是相对于静止画面中色彩构成而言的，主要是强调色彩在运动画面中如何变化，如何来体现作者的设计意图和在运动画面中各主要色彩的位置、大小、形状的构成设计，以及色彩形成的色调所表达的含义和作用。

1. 动漫色彩在动画构成中的视觉平衡与心理感受

动漫色彩在动画构成中的视觉平衡，主要是指在动漫设计中各主要色彩在镜头运动中的位置、大小、形状的变化所达到的视觉平衡，以及视觉给人的心理感受。为了能更好地说明这个问题，我们列举一部张艺谋导演的电影《英雄》中镜头的色彩设计与动画电影中的色彩设计进行比较，就能很清楚地理解动漫色彩的时间构成在动漫作品中的应用。电影《英雄》中，在飞雪与如月打斗追逐的过程中，导演精心安排黄底红图的易见度比较高的色彩搭配。两人红色的衣服纯度非常高，在色彩对比中非常鲜艳，给人一种饱满的视觉感受。而红色又可表现热情、奔放，但在这些情节和场面中人们感觉不到热情，而是感觉到一团杀气。此镜头的大面积黄色树林中的红色小点，由一个变为两个，在画面中不断向左上角移动，使人顿感视野开阔。接着就是飞雪的大面积红色衣服从右到左飞旋过来，最后平稳地落在地上，红色处于画面正中心，既表现了飞雪的潇洒飘逸，又表现了飞雪的武功高强，在运动中达到视觉平衡，给人一种愉悦的感官享受（图3-90）。

再如，飞雪与如月打斗过程中的位置交换。从交换中，两片红色在鲜黄色的背景中由开到合再到开。飞雪的位置由左到右，动作飘逸，最后落在了右上角的位置，变成了一个大点。从点的构成角度讲，右上角的这个位置是人们习惯的视觉中心，是最显眼、最醒目的位置。导演故意将其安排在这个位置，是为了适应观众的视觉欣赏习惯，达到了运动视觉中的平衡（图3-91）。

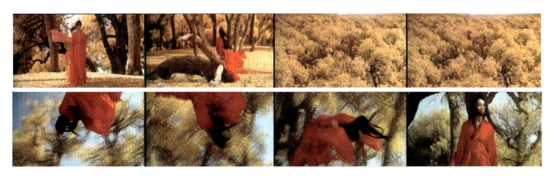

图3-90 《英雄》中镜头的色彩设计（1）

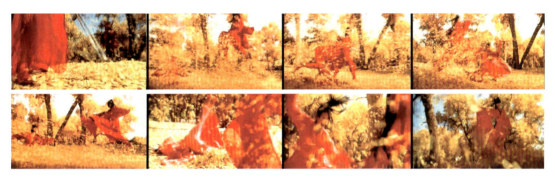

图3-91 《英雄》中镜头的色彩设计（2）

从以上对《英雄》中镜头的分析可知，色彩在电影中的作用是非常重要的，这是其造型因素之一。用色彩来表达导演的某种意图和寓意也是常用的手段之一，在动画电影创作中也是一样的。但动画比起实拍的电影更容易一些，因为它可以控制画面的每一帧。例如，动画电影《狮子王》中辛巴与丁满、彭彭生活在一起并逐渐长大的过程中，镜头通过几个不同色调的背景来表现时间的推移，但环境没有变。橙色的辛巴、红色的彭彭、黄色的丁满分别在绿色调、紫色调和蓝色调的背景下显得非常突出，易见度非常高。同时它们在长大的过程中始终处于画面的中心并逐渐变大，最后占满整个画面，形成了面的感觉。从视觉上分析，处于中心位置有一种稳定、醒目的感觉，不偏不倚，寓意着在这一段时间里的生活是快乐的、安逸的，使人几乎忘掉了以前的烦恼，为以后的冲突埋下伏笔。从心理学上讲，让人有向往这种美好生活的欲望，但同时也有"难道就这样算了"的疑问，辛巴的心理是矛盾的，观众的心理也是矛盾的（图3-92）。

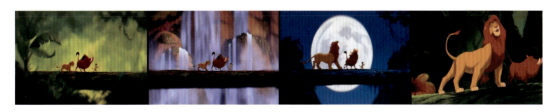

图3-92 《狮子王》中辛巴与丁满、彭彭生活在一起并逐渐长大的过程

在《狮子王》中还有一组镜头是辛巴被娜娜说服回到原来的地方，它面对阴森荒芜的景象感到非常惊讶、气愤。画面应用了纯度较低的冷色背景，与周围环境相呼应，显得更加凄凉。辛巴的色彩虽然是橙色的，但也是降低了纯度的橙色，不过它在画面中仍然是偏

暖的，形成灰度下的冷暖对比。辛巴在移动画面中始终处于右边且偏上的位置，在视觉上是很突出、很醒目的，人们在心理上也有一种只有辛巴才能改变这种环境、这种局面的希望（图3-93）。

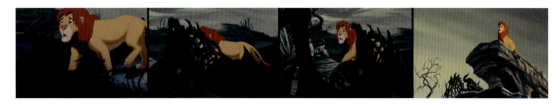

图3-93　《狮子王》中的色彩设计

动画电影《大闹天宫》中马监军来要马并与孙悟空打斗的一场戏，马监军与孙悟空都是红色的衣服，在偏蓝色的背景下也是非常醒目的。只是在整场戏中，马监军处于左上向左下运动的路线，只有一处是在右边，但也是处于右下角的位置。从位置上看，是一种不被重视的点。而孙悟空一直处于右上角醒目的位置，只有一处在左边，但也是占据画面的一半。马监军刚来时盛气凌人，但最后失败了，色彩面积发生了从大到小的变化。而孙悟空的色彩面积发生了从小到大的变化。这一变化不仅能反映出孙悟空的英勇和爱憎分明的性格特征，也符合广大观众的审美习惯（图3-94）。

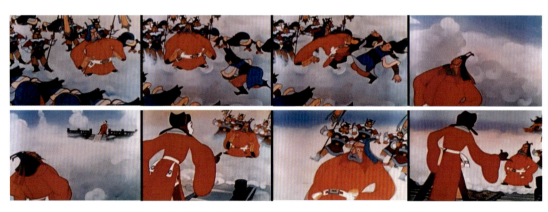

图3-94　《大闹天宫》中马监军来要马与孙悟空打斗的一场戏

再如，动画电影《宝莲灯》中二郎神发怒而制造的火山喷发的镜头中，色彩就是红与黑的搭配，气氛非常压抑，给人以残暴的感觉。火山从正中间位置（占据画面一半）喷发，形成一条火龙，从远到近逼将过来，最后充满画面，色调变为一片火红。这里的红色给人一种死亡的气息，象征着人类的大灾难已经到来，从视觉上给人一种冲击力，在心理上造成一种恐怖、同情之感（图3-95）。

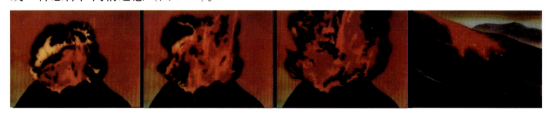

图3-95　动画电影《宝莲灯》截图

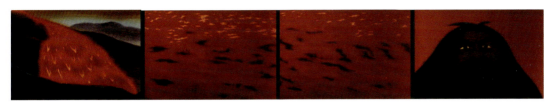

图 3-95（续）

2. 动漫色彩色调情感在动画构成中的应用

色彩的情感一般都体现在色调上，不同的色调能使人产生不同的心理感受。充分利用色调来表达设计意图也是我们必须要掌握的技巧之一。下面就分析几部经典电影和动画片中的色调情感的应用。

电影《英雄》中表现如月在打斗中为飞雪所杀时，从黄色调变成了令人感到刺激的血红色调。在色彩的应用上，红色起到了恐怖、压抑的作用，从而象征着死亡，预示着悲剧的发生（图3-96）。

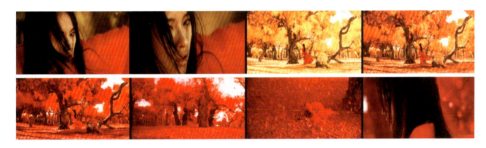

图3-96 《英雄》中表现如月在打斗中为飞雪所杀时色调上的变化

同样，在动画电影《大闹天宫》中，玉皇大帝派李靖带领十万天兵天将杀向花果山，将花果山团团围住，色调从明快变为灰褐色，而且阴影从山头慢慢移向山脚，阴云中出现里三层外三层的天兵天将，李靖与哪吒三太子气势汹汹地出现在中央。此时从情感上反映了天庭派的势力和气势，会在观众心理上造成一种压抑感，让人担心孙悟空能不能顶住这种压力和打击，不由得为孙悟空捏一把汗（图3-97）。

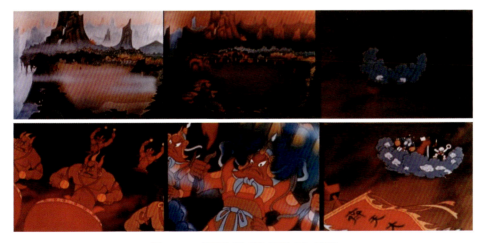

图3-97 动画电影《大闹天宫》截图

动漫构成艺术

动画片《狮子王》的开篇场景是太阳升起并照亮大地。色调应用渐变形式,不仅表现新的一天开始了,而且预示着木法沙统治的国度的欣欣向荣。到结束时,辛巴把刀疤打败,使破败不堪的国家重新恢复了往日的辉煌,色调从蓝灰色调叠化到暖黄绿色调,体现着一种时间推移,从而说明辛巴像他父亲一样,能够把整个国家治理好,使人们从心理上松了一口气(图3-98 和图3-99)。

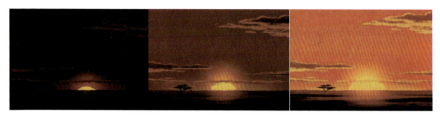

图3-98　动画电影《狮子王》截图(1)

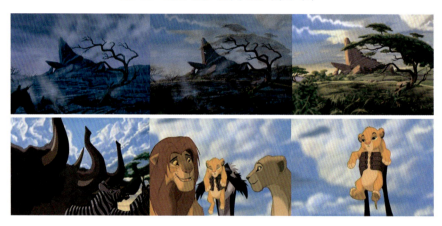

图3-99　动画电影《狮子王》截图(2)

思考与练习

1. 根据所学知识,完成冷色与暖色、喜庆与悲伤的构成练习。具体要求如下。
(1) 题材、内容不限。
(2) 要有明确的色彩偏向,可适当应用多种手段丰富画面。
(3) 色彩搭配要有明显的喜庆和悲伤的气氛。
(4) 尺寸为25cm×25cm。
(5) 画面整洁。

2. 根据所学色彩联想知识,从喜、怒、哀、乐,酸、甜、苦、辣,以及雪碧、芒果汁、矿泉水、咖啡三组中任选一组,完成色彩联想构成练习。要求:
(1) 所选图形简洁大方,不要太复杂。
(2) 色彩倾向明确。
(3) 尺寸为15cm×15cm。
(4) 画面整洁。

3.3 动漫色彩对比原理

对比无处不在,无论平面要素还是色彩要素,只要存在着差别就存在着对比。色彩对比就是各色彩之间的矛盾、对立关系,我们应在不断处理矛盾的过程中达到视觉上和心理上的平衡。下面就对色彩对比的含义、原理及其应用进行介绍。

3.3.1 动漫色彩对比的含义

1. 色彩对比的含义

色彩的对比构成在色彩现象和色彩艺术中具有普遍性:大与小、多与少、明与暗、远与近、轻与重、粗糙与细腻、美与丑……只要我们用对比的眼光看待世界,就会发现世界上的色彩是千差万别、丰富多彩的。因此,色彩对比是指两种或两种以上的色彩,以空间和时间关系相比较,能有明确的差别,这种相互关系称为对比关系,但总是处于某些色彩的环境之中。一般认为,色彩之间的差异越大,对比效果就越强;相反,差异越小,对比效果就越弱,最后趋于缓和(图3-100)。

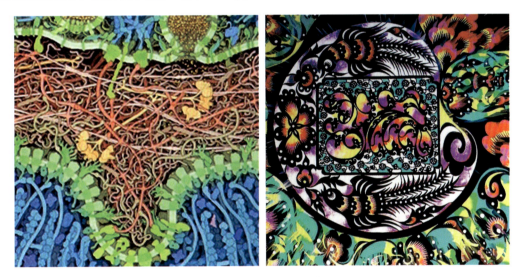

图3-100　色彩对比构成

2. 动漫色彩对比的含义

动漫色彩对比是指色彩对比规律在动漫中的应用,即主要是指色彩对比原理在运动画面中的色彩平衡以及给人们心理上产生的相对感受。

动漫色彩对比所研究的范围也是在一定的环境中或在一定的空间里的运动画面的色彩构图,这种对比关系同样是客观存在且不可避免的。如果没有对比,就不存在色彩的视觉效果,也就不能利用色彩来达到导演所要的刻画人物性格特征和进行气氛烘托,也就缺少了一种表达的语言,这样的动漫作品是苍白的、无力的,是不能吸引观众注意力的(图3-101)。

动漫构成艺术

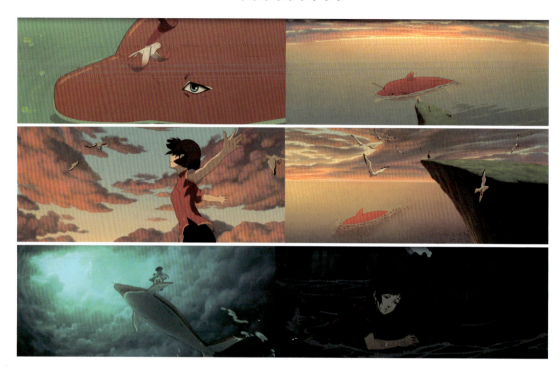

图3-101 动画电影《大鱼海棠》截图

3.3.2 动漫色彩对比的构成原理

由人们的视觉生理条件所致,在同一时间和不同时间看到的色彩在生理上和心理上都是不同的。为了更好、更清楚地区分和理解这些现象,人们把色彩对比分为三种类型,即同时对比、连续对比和综合对比。

1. 同时对比

在同一时间、同一视阈、同一条件、同一范围内眼睛所看到的色彩对比现象被称为同时对比。

在同时对比中,最显著的特征是对比的双方都会把对方推向自己的补色,使其更加醒目、突出。例如,无彩色中黑色与白色对比时,黑色把它的补色白色加到对方白色上,使得白色更白;同样,白色把它的补色黑色加到对方黑色上,使得黑色更黑。同样,灰色与红色对比时,红色把它的补色绿色加到灰色上,使得灰色有了绿味。再如,红色与绿色对比时,红色把它的补色绿色加到对方绿色身上,使得绿色更绿;反之,红色显得更红。这种现象是由人的视觉生理平衡所引起的。当视网膜上某一部分发生光刺激反应时,会引起邻近部位的对立反应,在周围会出现该色的补色加以调节,因此,在看到对方色彩时,就会把这种补色加到对方身上,出现相应感觉的色彩(图3-102)。

在动漫色彩设计中,我们应利用这种同时对比原理加强某种色彩感觉,使观众看得更加舒服。例如,

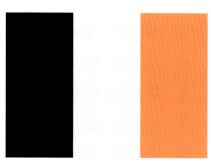

图3-102 同时对比

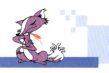

我们要使人物性格特征为开朗、活泼,大多选择红色系列对比强烈的色彩。那么,在我们选择背景和配角时,就应考虑到这种色彩对比关系,让背景在绿色或蓝色环境下活动,这样就会使得红色的主角更加突出、醒目。如果要让某些角色不明显,该角色色彩的色相可选择蓝色系,降低明度和纯度,背景也选择绿色系或紫色系,使其相应的补色红色或蓝色加到对方蓝色身上,使对比关系减弱,起到削弱角色的目的(图3-103)。

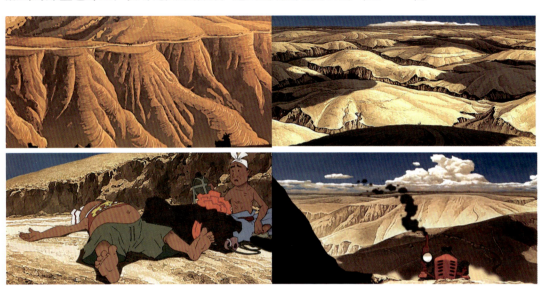

图3-103　动画艺术短片《卖猪》截图

2. 连续对比

连续对比与同时对比的原理是相同的,不同的是在不同时间或者在时间运动的过程中,不同色彩对视觉的刺激形成的对比效果,因此又称视觉残像。

视觉残像又分为正残像和负残像。正残像是指当强烈的色彩刺激眼睛后,这种色彩在极短的时间内还会停留在眼中。例如,我们看到光照强烈的红色灯泡,过后视线移开,眼睛中会保留短暂的红色感觉,这就是正残像原理。那么,在极短的时间内,由于眼睛的自我调节作用(这种调节是一种视觉疲劳现象),就会出现该色的补色,在看到后面的色彩时,这种残像就会加到该色彩上,形成连续对比(图3-104)。

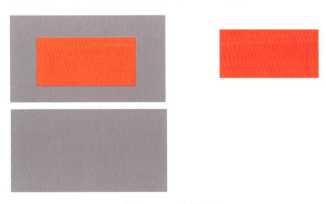

图3-104　连续对比

在动漫设计中，这种连续对比的色彩关系经常出现。例如，当黄色背景下的一大片红色冲出画面，这个红色强烈刺激视网膜，在很短的时间内这个红色还会停留在眼睛中，我们刹那间看到的背景应该是橙色的，这种现象就是正残像。而过后，红色的补色即绿色开始出现，我们看到的黄色背景就会有绿味，变为蓝绿色了。因此，在动漫设计中，我们应懂得这种视觉的微妙变化对人们心理的影响，从而使我们的设计更加合理（图3-105）。

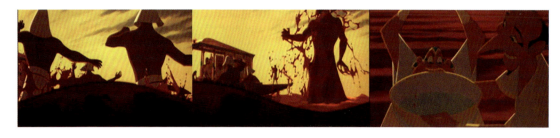

图3-105　动画片《埃及王子》截图

3. 综合对比

通常情况下，色彩的对比关系并不是孤立的，它们之间会存在着联系，会在特定的条件下相互制约，相互促进。我们不能片面地认为一对色彩只有一种对比关系。例如，同样是一对红与绿的对比，它们不仅有色相对比，还会有明度、纯度上的变化，也会有补色变化、冷暖变化等。这样复杂的变化如果处理不当，就会让人感到很混乱，没有主次的感觉。因此，无论怎样变化，表达的主题不能变，一切变化都是为表达主题服务的。这就存在着一个色调和主次的问题。如果我们能很好地把握这种主次关系，那么，综合对比的画面效果会更加丰富、更加生动、更加活泼、更有表现力，应用综合对比时就更加自由和洒脱。在动漫表现中对比是综合的、复杂的，同样会出现同时对比和连续对比。例如，在橙黄色的背景下，一片红色飞来飞去，我们的视觉会处于同时对比的关系中，但继而这片红色可能飞出画面或者是又有另一种色彩飞入画面，就会产生一种连续对比的关系。那么，由于我们视觉的生理现象，会使背景出现一些微妙的色彩变化。如果导演能考虑到这一点，就会使色彩搭配更趋合理，更能符合人们的审美习惯，使观众不断处于兴奋状态，画面也就非常耐看，非常具有表现力（图3-106）。

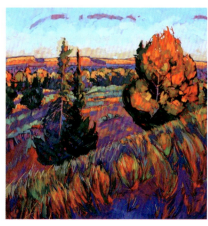
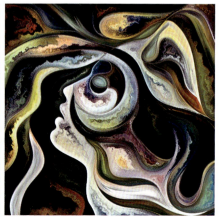

图3-106　综合对比构成

3.3.3 动漫色彩对比的形式

前面介绍了动漫色彩的含义及原理。下面分别对色相、明度、纯度、冷暖以及面积对比五种形式加以介绍。

1. 以色相对比为主的色彩构成

色彩对比以色相对比为最强烈。一般认为，因色相差异而形成的对比被称为色相对比。我们在二十四色相环上可通过不同远近距离的色相对比形成不同的色调，可以体现不同的视觉感受，表达不同的情感。色相对比的强弱取决于色彩在色相环上的位置。在色相环上，相差15°的色相对比为同类色相对比，相差45°的色相对比为类似色相对比，相差60°的色相对比为邻近色相对比，相差120°的色相对比为对比色相对比，相差180°的色相对比为互补色相对比。色彩在色相环上相隔的角度越大，色相对比越强；反之，色相对比越弱（图3-107）。

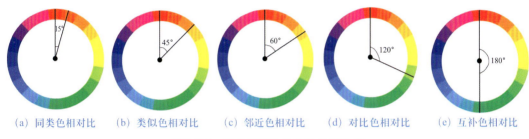

(a) 同类色相对比　　(b) 类似色相对比　　(c) 邻近色相对比　　(d) 对比色相对比　　(e) 互补色相对比

图3-107　以色相对比为主的色彩构成

（1）同类色相对比构成。同类色相对比几乎不存在色相差别，只有不同明度、不同纯度之间的比较。同类色相对比在色立体中是一个单色面内任意色彩的组合对比。这是一种最弱对比，其效果单纯、雅致，但也易显得单调、呆板、柔弱（图3-108）。

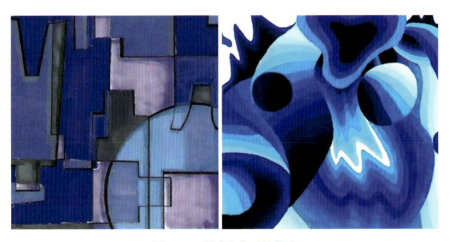

图3-108　同类色相对比构成

（2）类似色相对比构成。类似色相对比仍属于弱对比，但色彩有不同的倾向。在对比中的色彩属于一个大的色相范畴，具有随和、朦胧和不清楚的感觉，如黄绿、绿、蓝绿等。但可借助于明度、纯度的变化丰富画面效果（图3-109）。

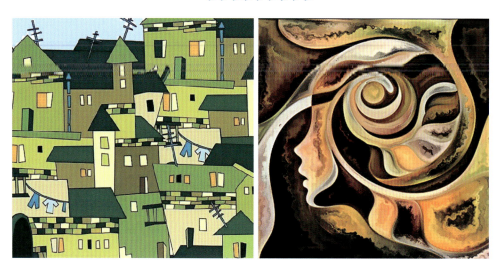

图3-109　类似色相对比构成

（3）邻近色相对比构成。邻近色相对比属于色相对比中的中对比，如红色与橙色、橙色与黄色、黄色与绿色、绿色与蓝色、紫色与红色的对比。其特点是相对比的色相中含有共同色素，比较单纯，效果和谐、高雅、柔和，色相明确。但是如果不注意明度和纯度上的变化，容易出现乏味、呆板、模糊之感。如果适当应用小面积的对比色，则会使画面丰满、活泼且富有生气。在动漫设计中，我们也应借鉴"万绿丛中一点红"的配色经验（图3-110）。

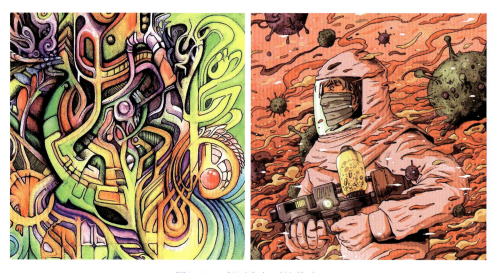

图3-110　邻近色相对比构成

（4）对比色相对比构成。对比色相对比属于色相对比中的强对比，如红色与黄色、黄色与蓝色、蓝色与红色等，是一种极富运动感的配色，这种配色能给人明快、饱满、兴奋、华丽、活跃和激动的视觉效果。但由于色相缺乏共同因素，容易出现散乱的现象。因此，应在设计中采用一些调和手段形成主色调，才能消除烦躁、不安的心理感受。这在动漫运动画面设计中也应引起重视，不能一味追求华丽而忽视人们的视觉承受能力，从而使人产生视觉疲劳（图3-111）。

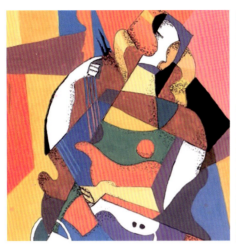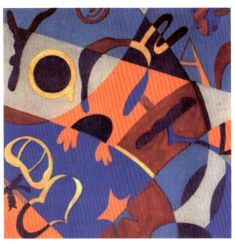

图3-111 对比色相对比构成

（5）互补色相对比构成。互补色相对比是色相对比中的最强对比。在色相环上是相差180°的对比，如红色与绿色、黄色与紫色、蓝色与橙色等。它的对比效果更完整、充实、刺激，能给人一种饱满、活跃、生动的强烈感受。但用得不当，会引起视觉疲劳，产生不含蓄及过分刺激的后果。因此，在充分利用其优点的同时，也应设法克服它的弱点，使画面得到最佳的色彩视觉效果（图3-112）。

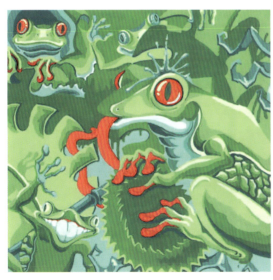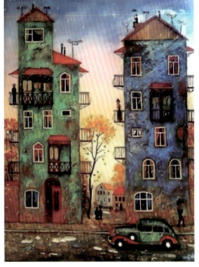

图3-112 互补色相对比构成

2. 以明度对比为主的色彩构成

明度对比就是因为明度差别而形成的对比，是将不同明度的色彩放在一起所呈现的结果。明度对比有同一色相不同明度的变化和不同色相不同明度的变化两种情况。

明度对比在色彩中占有重要地位，对视觉的影响力也很大，它能使画面产生层次、体感和空间上的变化，给人一种空旷的感觉。如果加入不同色相的明度变化，画面将变得既华丽又有层次，使人得到一种心理满足，从而产生愉悦感。

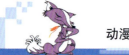

我们以孟塞尔色立体为准,把白(0)与黑(10)从上到下划分为9个色阶,分别用1~9来表示,其他有色彩系的明度以9个色阶为准。通过不同的对比关系形成不同感受的各种色调,其中,1~3为高明度色调,4~6为中明度色调,7~9为低明度色调。我们把明度差在3个色阶以内的对比称为短调,为明度弱对比;把明度差在5个色阶以内3个色阶以外的对比称为中调,为明度中对比;把明度差在5个色阶以外的对比称为长调,为明度强对比。这样就可以构成不同明度变化的9个色调(图3-113和图3-114)。

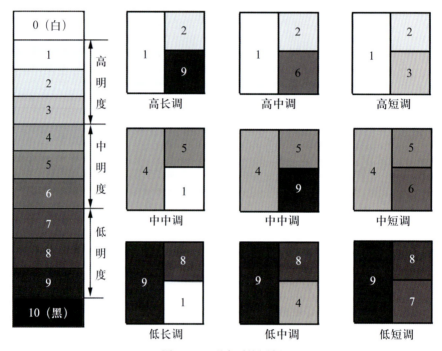

图3-113　明度对比图例

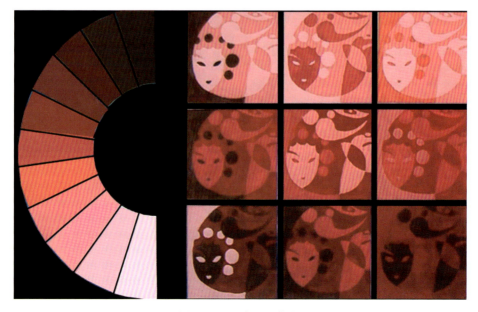

图3-114　明度对比构成

从图 3-113 中分析可知以下情形。

高长调：1、2 色阶形成高明度色调，与 9 色阶的对比为强对比，能给人明亮、清晰、活泼、积极、坚定之感。

高中调：1、2 色阶形成高明度色调，与 6 色阶的对比为中对比，给人柔和、明朗、安稳、开朗、优雅之感。

高短调：1、2 色阶形成高明度色调，与 3 色阶的对比为弱对比，给人明亮、轻柔、软弱、女性化之感。

中中调：4、5 色阶形成中明度色调，与 1 和 9 色阶的对比为中对比，给人丰实、饱满、庄重、含蓄之感。

中短调：4、5 色阶形成中明度色调，与 6 色阶的对比为弱对比，给人朦胧、模糊、混沌、沉稳之感。

低长调：8、9 色阶形成低明度色调，与 1 色阶的对比为强对比，给人清晰、不安、苦闷、压抑之感。

低中调：8、9 色阶形成低明度色调，与 4 色阶的对比为中对比，给人沉着、稳重、雄厚、深沉、朴素之感。

低短调：8、9 色阶形成低明度色调，与 7 色阶的对比为弱对比，给人模糊、沉闷、消极、神秘、阴暗、厚重之感。

3. 以纯度对比为主的色彩构成

纯度对比是指因色彩纯度差别而形成的对比，能产生鲜、浊程度的差别。与明度对比方法相似，把一个纯色（0）和一个同明度的灰色（10）相混，可得到一个有 9 个等级的纯度色阶，分别用 1～9 来表示，其中，1～3 为高纯度色调，被称为鲜调；4～6 为中纯度色调，被称为中调；7～9 为低纯度色调，被称为灰调。我们把相差三个色阶以内的色彩对比称为弱对比，把相差三个色阶以外且五个色阶以内的色彩对比称为中对比，把相差五个色阶以外的色彩对比称为强对比，这样就可得到 9 个不同的色调（图 3-115 和图 3-116）。

从图 3-115 中分析可以看出以下情形。

鲜强调：1、2 色阶形成鲜调，与 9 色阶的对比为强对比，给人鲜艳、积极、冲动、快乐、热闹之感。

鲜中调：1、2 色阶形成鲜调，与 6 色阶的对比为中对比，给人沉静、文雅、温和之感。

鲜弱调：1、2 色阶形成鲜调，与 3 色阶的对比为弱对比，给人朴素、统一、缺乏变化之感。

中中调：4、5 色阶形成中调，与 1 和 9 色阶的对比为中对比，给人中庸、文雅、可靠之感。

中弱调：4、5 色阶形成中调，与 6 色阶的对比为弱对比，给人模糊、缺乏变化、统一、柔和、朦胧之感。

灰强调：8、9 色阶形成灰调，与 1 色阶的对比为强对比，给人以平庸、耐用、生硬之感。

灰中调：8、9 色阶形成灰调，与 4 色阶的对比为中对比，给人随和、土气、悲观之感。

灰弱调：8、9 色阶形成灰调，与 7 色阶的对比为弱对比，给人平淡、消极、脏、伤神之感。

总体上看,纯度对比较之明度对比和色相对比更复杂,更含蓄。再用适量的色相、明度作比较,会使画面产生耐人寻味、柔和之美感。因此,在影视创作中,也要适当应用这些色调来烘托气氛和刻画人物性格特点。

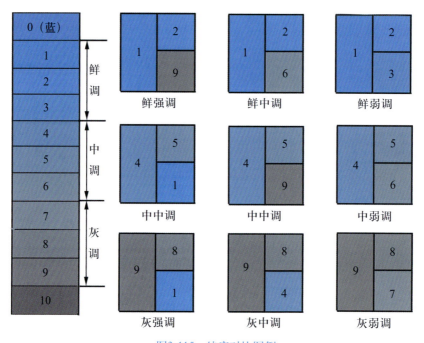

图3-115　纯度对比图例

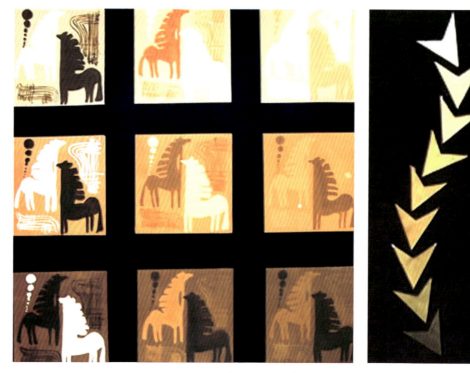

图3-116　纯度对比构成

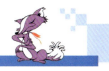

4. 以冷暖对比为主的色彩构成

冷暖只是人们的一种感觉，而色彩本身是没有感觉的，只有介入人们的感情才会变得有感觉。一般认为，因色彩感觉的冷、暖差别而形成的对比被称为冷暖对比。

色彩的冷暖与物理学有关。我们前面讲到，物体的色彩与反射和吸收的光线有关。白色在反射光线的同时也在反射热量，黑色在吸收光线的同时也在吸收热量，因此，白色的衣服在夏天感觉凉快，黑色的衣服在冬天感觉暖和。一种颜色越接近白色，越让人觉得凉快；越接近黑色，越让人觉得暖和。

色彩的冷暖也与人的生理和心理有关。当人们看到红、橙、黄等颜色时，会很容易想到火而产生温暖感觉；看到蓝、蓝紫、紫色时，也会想到冰川、积雪而产生寒冷感。这种感觉是实实在在存在的，是不以人们意志为转移的。因此，色彩的冷暖是人们长久以来对冷暖的体验而形成的色彩概念和积累。

根据人们的通感，给人感觉最暖的色是橙色，称为暖极；给人最冷的色是蓝色，称为冷极。这样我们就可以将颜色划分为几个区域：红色和黄色为暖区，红紫与黄绿为中性微暖区，紫色与绿色为中性微冷区，蓝紫与蓝绿为冷区。我们根据不同区域的对比，作出如下划分：最强对比为冷极与暖极的对比，强对比为冷极与暖色或者暖极与冷色的对比，中对比为冷色与中性微暖区或者暖色与中性微冷区的对比，弱对比为相邻两区的色彩对比（图 3-117）。

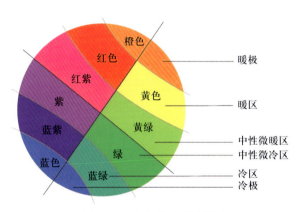

图3-117　色彩的冷暖示意图

色彩的冷暖并没有明显的界限，我们不能绝对化。在设计中还有明度、纯度和色相上的变化，我们只能称为以冷色或暖色为主的色调对比。冷色调给人的总体感受是寒冷、清爽、凉快、舒心，而暖色调给人的总体感受是热情、热烈、喜欢、奔放（图 3-118）。

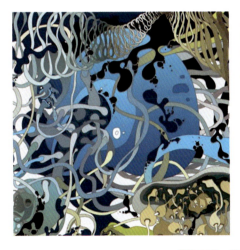
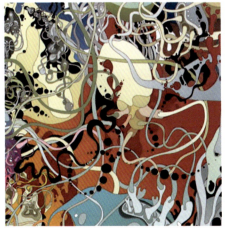

图3-118　冷暖对比构成

在动漫设计中应用冷暖对比原理同样重要。我们可以很熟练地利用人们对冷暖色调的真实感受来烘托气氛，刻画人物的性格特征，这也是表达的一种手段。例如，我们利用暖色调来表现喜庆，或表现角色性格暴躁且不受约束；利用冷色调表现夜晚、早晨，或者是表现角色性格内向、不爱动、朴素、冷静（图3-119和图3-120）。

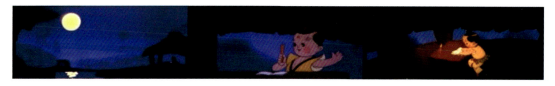

图3-119　动画电影《天书奇谭》中的冷色调

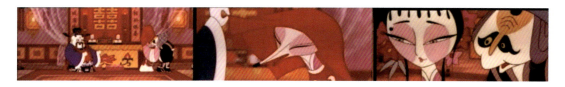

图3-120　动画电影《天书奇谭》中的暖色调

5. 以面积对比为主的色彩构成

面积在色彩对比中起着重要的作用，当两个以上的色彩共处于一个色彩构图中时，如何能使相互间的面积比例达到最完美、最稳定的平衡，是我们考虑的重点。面积对比是指色彩在构图中所占面积比例多少而引起的明度、纯度和冷暖上的变化。

一般认为，明度高、纯度高的大面积色彩有较强的色量感。当色相相同、面积相同的色彩并置在一起时，则对比弱；当色相相同、面积不同的色彩并置在一起时，则对比强；当色相不同、面积相同的色彩并置在一起时，则对比强；当色相不同、面积不同的色彩并置在一起时，则对比弱（图 3-121～图 3-124）。

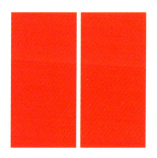 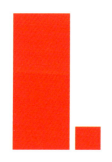 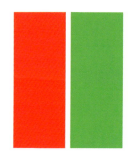 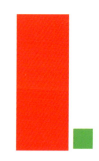

图3-121　色相相同且面积相同，对比弱　　图3-122　色相相同而面积不同，对比强　　图3-123　色相不同而面积相同，对比强　　图3-124　色相不同且面积不同，对比弱

在动漫设计中，一个面积对比强烈的画面或者运动画面，可以通过色彩搭配使对比变得不强烈；一个完美面积分割的画面，由于色彩搭配不当，会使画面变得不调和；一个面积搭配完美的画面，再加上完美的色彩搭配，可使画面更加富于表现力，更加耐人寻味（图 3-125）。

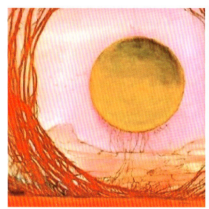
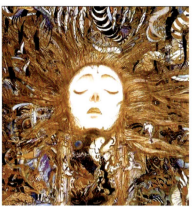

图3-125　漫画设计中的面积对比

3.3.4　动漫色彩对比的时间构成

色彩对比无处不在，只要存在着差别就会形成对比，只是对比的程度不同而已。我们在观看影视作品时，色彩在画面中的存在形式是运动的，是有时间关系的，这就形成了色彩的时间性。有特色的色彩什么时间出现、出现的面积大小、在画面中的运动方式等，都会给我们的视觉带来不同的影响，而符合观众审美观念的色彩搭配和色彩运动变化是设计者和导演所要追求的目标，导演要尽可能达到既适合观众的审美情趣又能体现自己的设计意图的效果。

1．动漫色彩对比在动画构成中的作用与人们的感受

动漫色彩对比有别于静止画面的对比，它是运动的。不同的色彩在画面中的运动变化给人视觉上所带来的感受不同，这种变化有色相、纯度、明度上的，也有冷暖、面积上的，在影片拍摄时所用的推、拉、摇、移和入画、出画特技能形成画面色彩上的变化。例如，电影《霍元甲》中表现时间推移的一个镜头，我们在视觉上看到了色调上的变化，即黄绿色调→中黄色调→土黄色调→浅蓝色调，表面上色调的变化表示一年四季的更替，但更深层的意思是霍元甲经过一段变故而在思想上有了深刻的变化。在这些时间的过渡中，霍元甲已形成了一代宗师的素质，这也是导演想从色调的变化中告诉给观众的另外一层意思。色彩在现实环境与人们心理间搭起了一座沟通的桥梁（图3-126）。

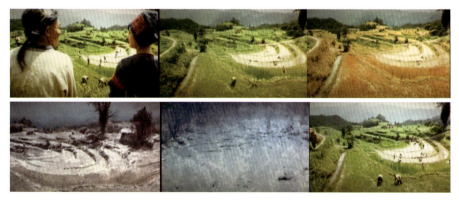

图3-126　电影《霍元甲》中表现时间推移的镜头

同样的手段在动画片中也有所表现。如《埃及王子》中王子逃亡的一个镜头，也是用色调表现时间过渡。色调从黄绿色的沙漠过渡到黄色的沙漠又过渡到橙色、红紫色、蓝紫色、蓝色。从这些色调的变化中，表现出了逃亡时间的漫长，也让人们体会到王子的艰辛（图3-127）。

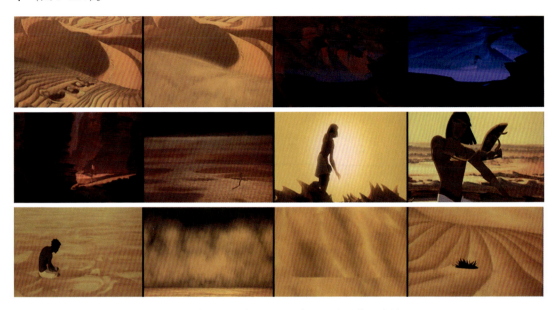

图3-127　动画片《埃及王子》中王子逃亡的一个镜头

再如《埃及王子》中最后一个镜头，王子经过无数的坎坷战胜困难，在橙黄色的背景下，他拿着法杖，穿着红袍，显得非常突出。后又在白黄色的强光下显出剪影效果，黑、白对比分明，王子形象突出，朦胧地向画面走来，几乎占满整个画面，给我们视觉上留下强烈的感受。接着他转身走向远方，给人一种虽然取得了胜利，但这也是以后生活开始的感觉，使人们回味无穷（图3-128）。

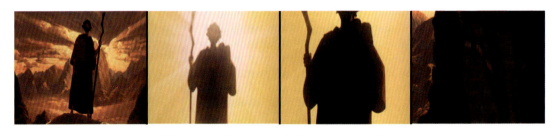

图3-128　动画片《埃及王子》中最后一个镜头

在动画电影《小马王》中小马王与"爱人"的一段嬉戏的镜头，从色彩的对比中能让人感受到那份可爱与温馨。小马王是棕色的，背景是秋天的景色，远处为紫色，中景为绿色，近景为中黄色，与小马王纯度较高的棕色相互衬托，非常醒目。小马王的"爱人"是一匹白、红相间的花马，在与小马王的玩耍中，显得非常活泼、可爱，常使得小马王无可奈何。人们在观赏剧情的时候，色彩也起着微妙而神奇的作用，使观众感到生活如此美好，从而心生向往（图3-129）。

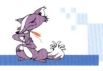

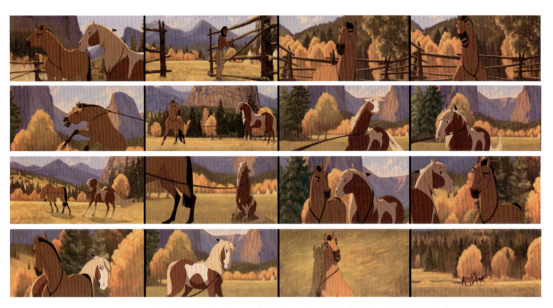

图3-129　动画电影《小马王》中小马王与"爱人"的一段嬉戏的镜头

2. 动漫色彩对比在动画构成中的应用

我们知道，色彩在影视创作中的作用是不容忽视的，已成为塑造形体必不可少的要素之一。色彩应用得恰当与否直接体现了导演的水平，同样也能引起观众不同的心理感受。如在动画电影《埃及王子》中王子在返回城中的路上想到的情景，王子处于一种明度很高的高光之中，在中下方以一个点的形式出现，非常醒目。画面随后出现许多老百姓受苦受难的情景，但也是在强烈的黄色光线之中。王子背后的黄色调是一种主观色彩，不仅表现了王子的威严，而且体现出王子的责任重大。背景色调使王子处于一种剪影之中，显得既突出又有力度，使观众也体会到一种责任感，让观众与主人同呼吸，共命运。在王子施法把河流变成血红色的镜头中，应用了黄色、红色、黑色的强烈对比关系。有的红色占满画面，从视觉上给人们一种震撼，也让人感到恐怖、可怕（图3-130）。

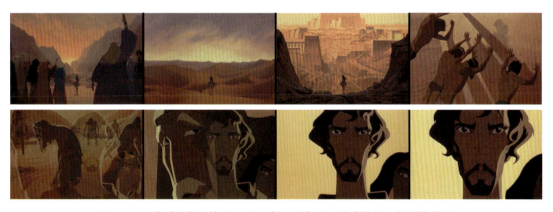

图3-130　动画电影《埃及王子》中王子在返回城中的路上想到的情景

比较经典的事例是应用黑底及蓝色与橙色的补色对比关系来表现人性的分裂。同样是一个人，一半是蓝色，代表邪恶、非正义的一面；另一半是橙色，代表正义。最后橙色与蓝色分离,也预示着正义与非正义分裂,各走一方。这种强烈互补色对比的色彩应用能给人在心理上造成一种强烈感受,从中得到视觉及心理上的满足,产生愉悦感(图3-131)。

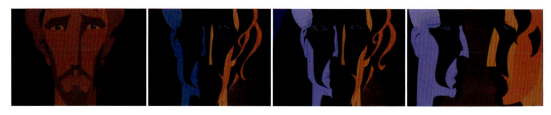

图3-131　动画电影《埃及王子》中表现人性的分裂

有时白色在深色背景下的应用也能使人产生一种朦胧的联想。例如,动画电影《小马王》中小马王被关进火车并被带走时,路上小马王的一些幻想,加上悲伤的音乐,使人心理上不由得产生一种伤感。小马王本身是一种活泼开朗的性格,它热爱大自然,敢与破坏大自然及生存环境的力量相抗衡,有责任心。现在它被关在火车里,失去了自由,所以向往外面自由自在的生活。导演运用一种象征手法,采用黑、白色相互转换的手段,使茫茫白雪幻化成驰骋的白马,在深色背景下自由飞奔,体现出小马王的内心世界和向往自由的愿望,从而也暗示出它不安于现状的态度。我们在感受到色彩对比强烈的同时,也体会到小马王当时的心境(图3-132)。

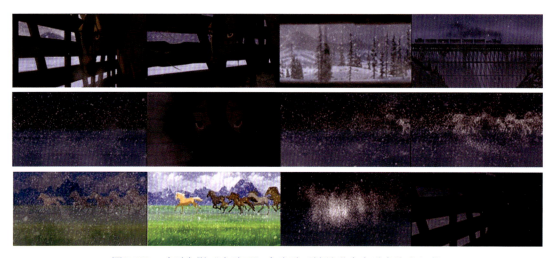

图3-132　动画电影《小马王》中小马王被关进火车后在路上幻想

在《小马王》中还有一个镜头能引起人们紧张的心理。这是一组慢镜头,构图也不完整,但从前面镜头的铺垫中,我们完全能感受到画面外面的情景,这种不完整的构图反而更能使人们产生心理紧张感。小马王在蓝色的天空下腾空跃起的镜头,在短短的几秒内变换了三个方位,不由得让人为它捏了一把汗,最后它跳过山涧并摔倒在前面。人们在紧张之余,不得不佩服小马王的勇敢、果断。在色彩上,棕色(暖色)与天蓝色(冷色)产生了一种强烈的对比关系。棕色从画面右上角应用慢镜头移到画面左上角,让人们在心理上产生一种空间变化的视觉平衡,从而也起到了烘托气氛的作用(图3-133)。

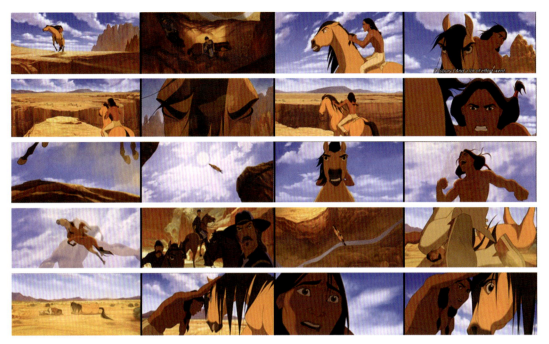

图3-133 动画电影《小马王》中小马王腾空跃起的镜头

思考与练习

1. 完成以明度对比为主的色调练习。具体要求如下。

(1) 在色相环上任选一纯色,分别加白、加黑构成9个不同的色阶,色阶过渡一定要明确、均匀。

(2) 应用各个色阶的对比组成不同的调子。

(3) 题材、内容不限。

(4) 尺寸为7cm×7cm。

(5) 数量为9张。

2. 完成以色相对比为主的色彩练习。具体要求如下。

(1) 取色相环中所有色彩,构成不同明度、不同色相的相互对比。

(2) 题材、内容不限。

(3) 尺寸为25cm×25cm。

(4) 画面整洁。

3. 完成以纯度对比为主的色调练习。具体要求如下。

(1) 在色相环上任选一纯色和与之明度相同的灰色相混,构成9个不同纯度的色阶。

(2) 应用各色的对比关系,构成9个不同的色调。

(3) 题材、内容不限。

(4) 尺寸为7cm×7cm。

(5) 数量为9张。

4. 完成以冷暖对比为主的色彩构成练习，具体要求如下。
(1) 做以暖调为主的强对比和中对比，以及以冷调为主的强对比和中对比。
(2) 画面自由分割，有一定的主题内容。
(3) 尺寸为25cm×25cm。
(4) 数量为4张。

5. 完成以面积对比为主的色彩构成练习。具体要求如下。
(1) 任选差别较大的4个纯色，在画面构图中分别占画面总面积的70%、20%、7%、3%。由于其中一色占有绝对优势，因此可以构成4种不同的色调。
(2) 画面自由分割，有一定的新意。
(3) 尺寸为10cm×10cm。
(4) 数量为4张。

6. 应用所学知识，思考色彩对比在运动画面构成中的作用，以及如何应用色彩对比来体现导演和设计者的意图。

3.4 动漫色彩调和原理

我们知道，对比无处不在，对比与调和是相辅相成、缺一不可的。对比是有规律、有原则的；而调和很难在原则上作出定论，因为调和的要求往往与视觉的满足和心理需求分不开，而观赏者的心理需求是复杂的，是因人而异的，因此，调和是相对的。色彩调和也是如此，只能寻找共同因素使对比强烈的画面达到平衡，满足视觉的感受，从而达到心理上的审美平衡。这里还涉及动漫设计中的色彩调和。我们的视觉不能只停留在静止画面上，还要研究运动画面中的视觉调和，需要运用动态的感受来形成动态平衡。

3.4.1 动漫色彩调和的含义

1. 色彩调和的含义

所有色彩对比的结果都要归结为调和来满足人们不同情绪的变化，因此，调和是偏重于满足视觉生理的需求。色彩调和是指由两个或两个以上的色彩有秩序、协调、和谐地组织在一起，产生使人心情愉快、满足效果的色彩搭配。它有两方面的含义：一是指使有明显差别的色彩为了构成和谐统一的整体而经过调节的过程，二是使有明显差别的色彩能自由地组织构成符合目的性的美的色彩搭配（图3-134）。

2. 动漫色彩调和的含义

动漫色彩调和是指色彩调和原理在动漫中的应用，即色彩调和原理在运动画面中的色彩平衡以及在人们心理上造成的感受。

动漫色彩调和所研究的范围是在一定的环境、空间中的运动画面的色彩调和，这种调和规律也是设计中应用最普遍的。为了满足人们心理上的愉悦，调和关系是必须要用到的。

因为没有调和，也就不能灵活应用色彩调和原理达到导演所要刻画的人物形象的性格特征和进行恰当的气氛烘托，也就缺少了一种表达手段。因此，正确理解动漫色彩调和是动漫设计人员必须具备的素质之一（图3-135）。

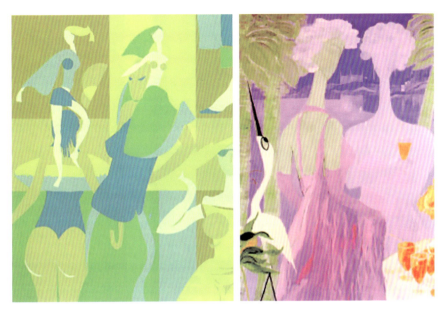

图3-134　色彩调和作品

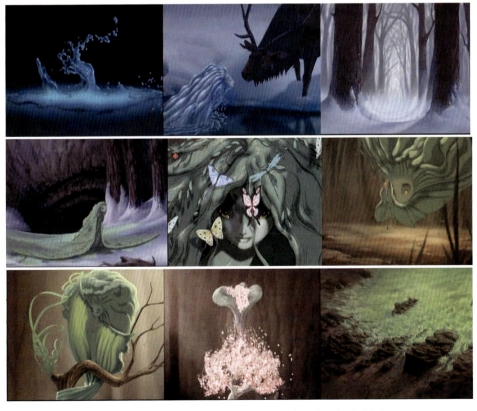

图3-135　音乐动画片《幻想曲2000》中的色彩调和截图

3.4.2 动漫色彩调和的形式

动漫色彩调和是与对比相对而言的，没有对比就没有调和。从美学意义上讲，美的事物总是和谐、统一的，这种和谐与统一是构成世界一切美的事物的根本法则之一，在统一与变化中求得和谐是所有对比、差别、矛盾的最后归宿。

色彩调和的方法，各家有各家的见解，概括起来主要有五种形式，即同一调和法、类似调和法、秩序调和法、面积调和法和冷暖调和法。

1. 动漫色彩的同一调和法

当两个或两个以上的色彩因差别大而无法调和时，增加各色的同一因素，使强烈刺激的各色逐渐缓和。增加同一因素越多，调和感越强。

1）同一调和的三种类型

（1）同色相调和。同色相调和是指在孟塞尔色立体和奥斯特瓦德色立体中，同一色相页面上的色彩都是同一色相，只有明度和纯度上的变化，因此，各色的搭配给人简洁、爽快、单纯之美感（图 3-136）。

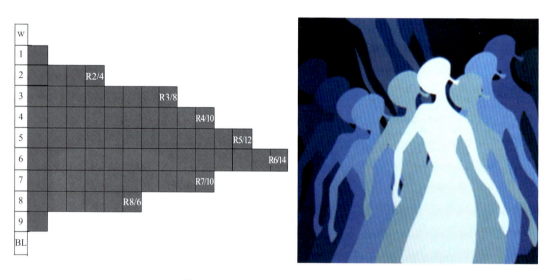

图3-136　同色相调和示意图和作品

（2）同明度调和。同明度调和是指在孟塞尔色立体中，单色相的同一明度水平面上的各色的调和。这里只有纯度上的不同，多色相的同一明度水平面上的各色的调和有色相、纯度上的变化，能取得含蓄、丰富、高雅的艺术效果（图 3-137 和图 3-138）。

（3）同纯度调和。同纯度调和是指在孟塞尔色立体中，单色相的同纯度垂直面上的各色的调和，这些色彩只有明度上的变化。多色相的同纯度垂直面上的各色的调和有色相、明度上的差异，能够取得华丽、刺激、丰富的效果（图 3-139 和图 3-140）。

2）最常用的同一调和方法

（1）混入白色调和。在强烈刺激的两种或两种以上的色彩中同时混入白色，使其明度提高，纯度降低，刺激力相对减弱，达到调和之美，混入白色越多则越调和。

（2）混入黑色调和。在尖锐刺激的色彩双方或多方中同时混入黑色，使其明度、纯度都相应降低，减少视觉的刺激力，达到调和目的。混入黑色越多则越调和。

（3）混入同一灰色调和。在强烈刺激的色彩双方或多方中混入同一灰色，使双方色彩的明度向该灰色靠拢，纯度降低，色相感削弱，色调趋于调和。混入灰色越多则越调和。

（4）混入同一原色调和。在强烈刺激的色彩双方或多方中混入同一原色，使双方或多方的色相向该原色靠拢，纯度降低，色相有所改变，明度也相应变化。混入的原色越多则越调和。

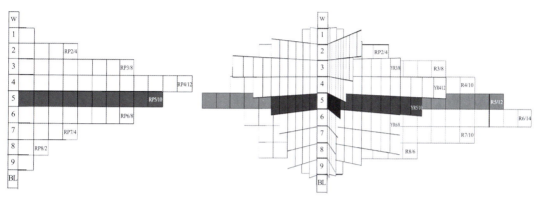

图3-137　同明度调和示意图

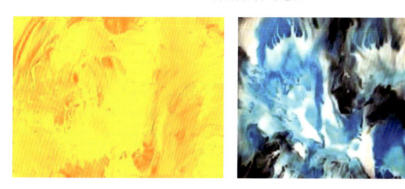

图3-138　同明度调和作品

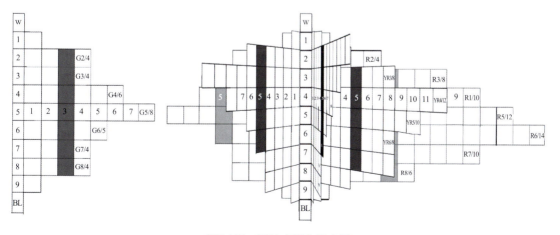

图3-139　同纯度调和示意图

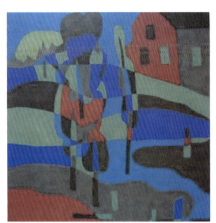
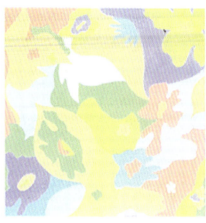

图3-140　同纯度调和作品

（5）混入同一间色调和。在强烈刺激的两个或多个色彩中混入同一间色，使双方或多方的色相向该间色靠拢，使其纯度降低，明度、色相改变，产生调和效果。混入的间色越多则越调和。

（6）互混调和。在对比强烈刺激的色彩中使一色混入其中的另一色，使之调和。混入的成分越多则越调和。在互混中要防止因混合过度而造成混乱。

（7）点缀同一色调和。在强烈刺激的色彩中共同点缀同一色彩，或者双方互点，使对比强烈的色彩中有了同一因素的色彩，从而达到调和的目的。点缀得越多则越调和。

（8）连贯同一色调和。这也是我们常用的勾边效果。在对比强烈刺激的色彩中，用同一色进行勾边，使其相互连贯，达到调和目的。

以上这8种方法是人们在长期实践中总结出来的。在以后的实践中还会有不同的方法以供选择，我们应努力思考，认真总结，为我们的创作增加一些表现手段，从而更有效、更直接地表达自己的设计意图。当然，这些方法还可以应用于动漫之中，使运动的画面多一些表达力，能有更多的信息传达给观众（图3-141）。

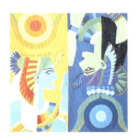
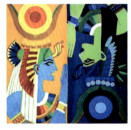
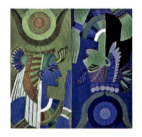
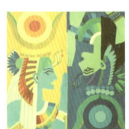
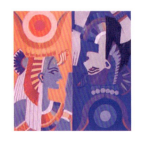
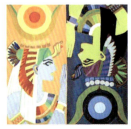
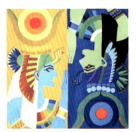
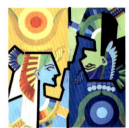

图3-141　调和练习

2. 动漫色彩的类似调和法

类似调和法是指选择近似的两个或两个以上的色彩组合以增强色彩调和的方法。它以文静、柔和的调子为主，颜色间虽然有细微的差别，但还有许多共同的因素，追求色彩关系的统一。

以孟塞尔色立体中色彩调和为例，其主要包括明度类似调和、色相类似调和、纯度类似调和、明度与色相类似调和、色相与纯度类似调和、明度与纯度类似调和，以及明度、纯度、色相类似调和等。从这些调和的形式中不难看出，凡在色立体上相距2个或3个色阶的色彩组合，其明度、色相、纯度都能得到调和感很强的类似调和。相距色阶越少，调和程度越高。在色立体中心地带的色彩能与其组成类似调和的色彩数量多，在表面上的色彩能与其组成的类似调和的色彩数量少，能与纯色组成类似调和的色彩数量最少。

在秩序调和中，所有秩序中相距2个或3个色阶的色彩都能构成类似调和。

在明度对比中的高短调、中短调、低短调，在色相对比中类似色彩的搭配，在纯度对比中的灰弱调、鲜弱调、中弱调等，都能构成类似调和（图3-142）。

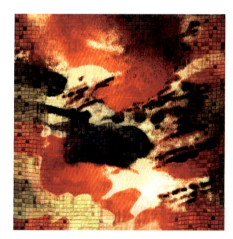
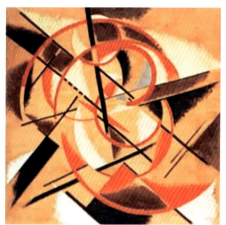

图3-142　类似调和作品

类似调和的色彩关系比同一调和的色彩关系更加丰富。

3. 动漫色彩的秩序调和法

秩序调和是把不同明度、色相、纯度的色彩组织起来，形成渐变、有节奏、有韵律的色彩效果，使原来对比强烈刺激的色彩关系变得柔和，使本来杂乱无章的色彩变得有条理、有秩序且和谐统一。

美国色彩学家孟塞尔强调"色彩间的关系与秩序是构成调和的基础"。德国色彩学家奥斯特瓦德也认为"调和等于秩序"。因此，秩序是色彩美构成的最基本的也是最重要的形式，而形成这种秩序美最典型的形式就是渐变。当色相、明度、纯度按级差进行递增或递减时，必然产生一种秩序和有规律的变化并体现出秩序美。

最常用的秩序调和方法有以下几种。

（1）色相秩序调和。色相秩序调和指红、橙、黄、绿、蓝等色相环所构成的色相秩序，无论高、中、低纯度秩序均能获得以色相为主的秩序调和（图3-143）。

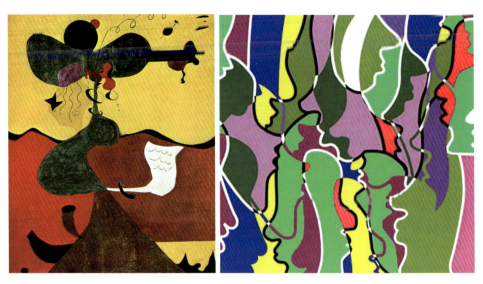

图3-143　色相秩序调和作品

（2）互补色秩序调和。互补色秩序调和用补色对互混秩序进行调和，即将一对互补色互相混合，使其渐变，可获得互补色互混的秩序，所分等级越多，调和感越强；补色对分别加灰（同明度和不同明度）所形成的秩序调和，等级分得越多则调和感越强；补色对分别加白所形成的秩序调和，等级分得越多则调和感越强；补色对分别加黑所形成的秩序调和，等级分得越多则调和感越强（图3-144）。

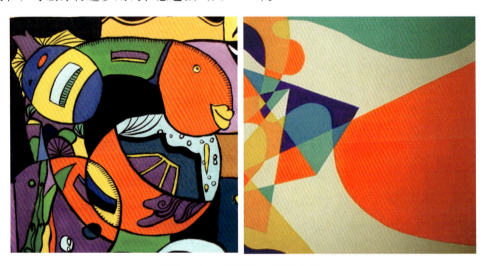

图3-144　互补色秩序调和作品

（3）对比色秩序调和。相差120°的对比色调和有对比色互混秩序调和，即将一组对比色相相互混合所形成的秩序调和，等级分得越多则调和感越强；对比色分别加白所形成的秩序调和，等级分得越多则调和感越强；对比色分别加灰所形成的秩序调和，即一对对比色相分别与同一灰色相混形成的秩序，等级分得越多则调和感越强；对比色分别加黑所形成的秩序调和，等级分得越多则调和感越强（图3-145）。

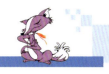

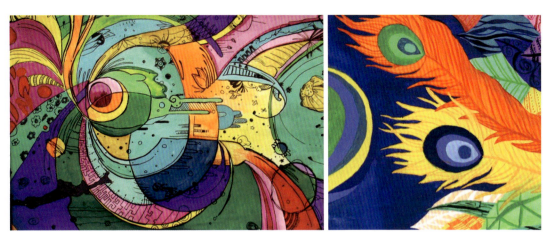

图3-145 对比色秩序调和作品

（4）明度秩序调和。明度秩序调和是按照明度序列进行的调和。有黑、白、灰的秩序调和，也有纯度加白或加黑所构成的以明度为主的秩序调和，等级分得越多则调和感越强。这种秩序调和有很强节奏变化的韵律感（图3-146）。

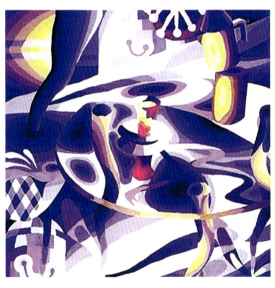
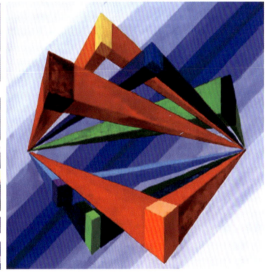

图3-146 明度秩序调和作品

（5）纯度秩序调和。纯度秩序调和是按照纯度序列进行的调和。有同色相、同明度的纯度秩序调和，即在色相环上任选一纯色，与其明度相同的灰色相混后，形成同明度的纯度秩序，能取得很好的调和效果；也有同色相、不同明度的纯度秩序调和，即任意选一纯色，与其明度不同的灰色相混，可形成不同明度的纯度秩序，也可取得调和感很强的色彩效果（图3-147）。

以上这些常用的秩序调和方法可构成等差、等比的秩序调和，也可构成非等差、有节奏、有韵律的秩序调和。总之，只要有秩序，都能增强调和感，都能组成和谐的色彩，因为美丽的色彩就是和谐的色彩。

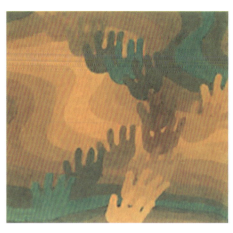
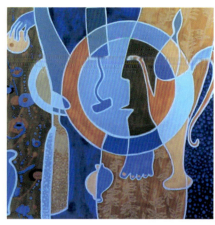

图3-147　纯度秩序调和作品

4. 动漫色彩的面积调和法

面积调和也是一种非常重要的调和法，即通过对比很强的色彩之间面积的增大和缩小来调节对比的强弱，达到一种平衡、稳定的色彩效果。如果对比色面积相当、比例相同就难以调和；面积大小、比例各异的就容易调和。面积比例相差越悬殊，成为一种相互烘托的有机整体时，就会越趋于调和。例如，我们在观看一大片红色和一小片红色时的感受是完全不同的，在看到一大片红色时，就会觉得很刺激甚至受不了；而看到一小片红色时，就会觉得很舒服，很新鲜，很美。俗话说的"万绿丛中一点红"就是例证（图3-148）。

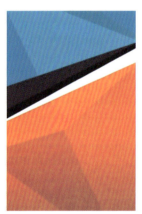
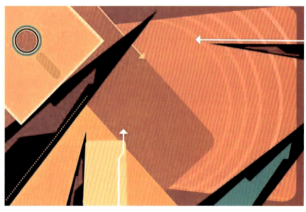

图3-148　面积调和作品

进行动漫设计时，也要考虑角色在运动画面中所占的面积大小给人心理上带来的感受。由于画面是运动的，不可能是静止的，特别是人物调度或出画、入画时的镜头，在画面中的位置及大小也应该有所设计，要为表现对象服务。例如，美国动画片《狮子王》中辛巴刚出生时万兽朝拜的镜头，辛巴的位置在正中间，即在非常醒目的地方；然后用推镜头把辛巴从小推到大进行强调；再旋转镜头，让观众从前到后看了一圈，更加烘托出辛巴出生的重要性，给观众留下深刻的印象。占据画面面积的大小的变化起到了突出人物性格和调整画面对比关系的作用（图3-149）。

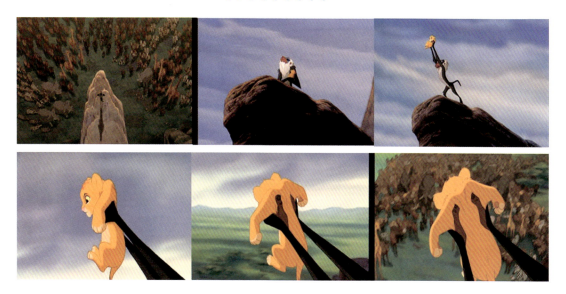

图3-149　动画片《狮子王》截图

通过上面的例证可知，要表现的对象为小面积时用高纯度的色彩，是大面积时用低纯度的色彩，便容易产生调和感。德国色彩学家歌德认为色彩和谐的面积与色彩的明度有关，他为纯色定下的明度比率为

黄色∶橙色∶红色∶紫色∶蓝色∶绿色＝9∶8∶6∶3∶4∶6

每对补色的明度平衡比例为

黄色∶紫色＝9∶3=3∶1=3/4∶1/4

橙色∶蓝色＝8∶4=2∶1=2/3∶1/3

红色∶绿色＝6∶6=1∶1=1/2∶1/2

如果将每对补色的明度平衡转化为面积平衡，就得将明度比例的数字倒过来。即由于黄色的明度是紫色明度的3倍，那么黄色的面积就应是紫色面积的1/3，这样才能达到视觉平衡。其他补色以此类推，面积比就变为

黄色∶紫色 = 1/4∶3/4

橙色∶蓝色 = 1/3∶2/3

红色∶绿色 = 1/2∶1/2

同样可以得出原色与间色的和谐面积比为

黄色∶橙色∶红色∶紫色∶蓝色∶绿色＝3∶4∶6∶9∶8∶6

和谐面积的原色和间色色轮，其组成为每对补色的面积约占色轮总面积的1/3，只有严格按上面的面积选择纯色而且色相正确，经旋转后才能混出中间灰色。如果纯度被改变了，那么平衡的色彩面积也会发生相应的变化（图3-150）。

在中国动画电影《哪吒闹海》中四海龙王危害百姓的镜头，其中红色的火龙在蓝色的背景下，面积由小到大，最后占据大部分面积，从中表现出火龙的霸道、可恶。从面积调和的角度分析，由于是运动的画面，蓝色、绿色背景

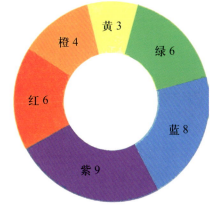

图3-150　原色与间色的和谐面积比

的面积逐渐被红色所吞没,在视觉上给人一种冲击力,但总体还是平衡的(图3-151)。

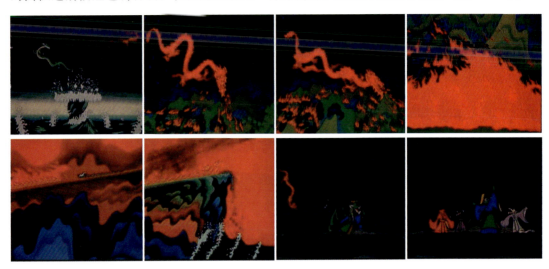

图3-151　中国动画电影《哪吒闹海》中四海龙王危害百姓的镜头

5. 动漫色彩的冷暖调和法

从色相环中可以明显看出冷、暖色相的划分,凡是偏蓝、偏绿色的组合为冷调,偏红、偏橙色调的为暖调。但由于人的生理与心理因素的影响,在看到暖色的同时,一定要有相应的冷色加以调节;反之,看到冷色,也要有相应的暖色加以调节,否则就会出现视觉疲劳,引起人们的反感(图3-152)。

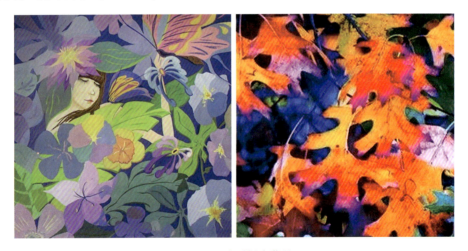

图3-152　冷暖调和作品

在动漫设计中,应用冷暖相互调和的方法是非常常见的。有时为了设计的需要,故意扩大某一方面,比如故意引起人们的反感来起到塑造人物角色性格的目的,使可恶的角色更加可恶。例如,中国动画电影《哪吒闹海》中哪吒出生的一个镜头,整个镜头几乎都是暖色调,只有在莲花瓣上有一些紫红色,这是用红色系中的冷色加以调节。哪吒活泼、可爱的动作与暖红色调相配合,使哪吒形象更加鲜明。由于是运动的画面,在全景中有穿冷色衣服的仆人,给人在视觉上有一种调节作用(图3-153)。

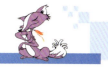

第 3 章 动漫色彩构成

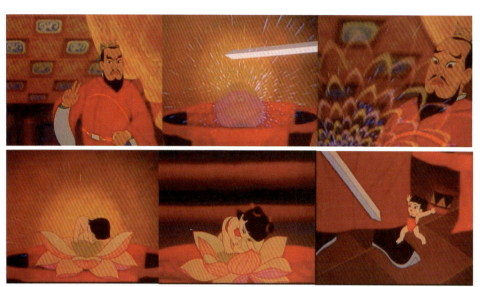

图3-153 中国动画电影《哪吒闹海》截图（1）

再如，《哪吒闹海》中在展现龙王对待人们供品的态度时，画面几乎全部都是冷色调，与龙王无理、傲慢的动作相呼应，更加体现出龙王的可恶。但它也使用了许多面积很小的暖色加以调节，使视觉不至于太疲劳。在整体冷色调的范围内出现暖色，可以起到点缀的作用（图3-154）。

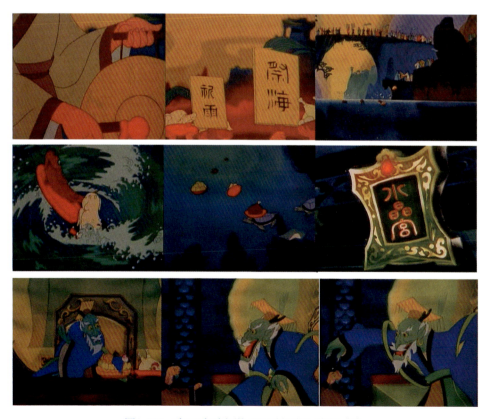

图3-154 中国动画电影《哪吒闹海》截图（2）

3.4.3 动漫色彩调和的时间构成

色彩调和与对比是相辅相成、缺一不可的。前几节讲到的色彩调和的一些概念与法则主要是针对静止画面的，但对动漫中的运动画面也同样适用。设计人员和导演创作时应考虑到哪些色彩搭配对观众的心理会造成影响，例如主要角色的色彩如何在不同的背景下调度，所用的对比与调和关系给观众带来的影响是什么。

1. 动漫色彩调和在动画构成中的作用与感受

人的感情是丰富的，平静时会喜欢欣赏和谐的色彩搭配。但观看动漫作品时，随着剧情的发展，人们的情绪会有所变化，这种变化的程度从某种意义上说是可控的。在什么时候让观众哭，什么时候让观众笑，色彩调和与对比所起的作用是不可忽视的，它直接可以影响观众的某种感受，促使观众的情绪随着剧情的发展和导演的安排而变化。例如，动画片《九色鹿》中采药者的形象与色彩及环境的搭配无不体现出采药者的自私、贪婪。这里红色给人的感受是难受的，但与人物性格的联系是符合人们的习惯的，所以也能够被接受（图3-155）。

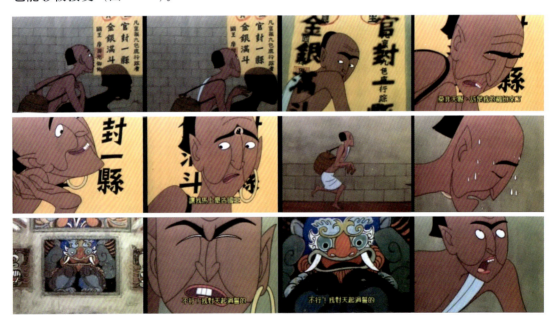

图3-155　动画片《九色鹿》中采药者的形象与色彩及环境的搭配

再如，《九色鹿》中采药者带领人马抓九色鹿并设法欺骗九色鹿的镜头，背景都变为冷灰色，采药者也是蓝紫色，与背景非常协调，但这些冷色的组合表现出事情要向危险的方向发展。人物的蓝紫色也寓意着此人心术不正，贪心不足。用色调来说明问题也是动漫设计中常用的方法之一，这种动画色彩调和的处理能给人们在心理上造成一定的影响，实现一定的设计意图（图3-156）。

2. 动漫色彩调和在动画构成中的应用

在动漫设计中，设计者和导演应具备的一种素质就是利用色彩来塑造形象和烘托气氛。其中用色彩调和的办法能处理一些画面矛盾，使刺激的情绪缓和下来，给人们心理上造成一种平衡之感。例如,在动画片《哪吒闹海》中哪吒与夜叉搏斗的镜头应用了一种暖灰色调,在这种主色调中,夜叉的红胡子非常醒目,加之凶恶的动作,红色胡子起到了一定的刺激作用,在画面的运动中更加衬托出了夜叉的凶狠。还有深蓝色海水的调和,组成一种以灰色为主色调的冷暖调和的画面。哪吒的红肚兜和红色混天绫也起到了一种调节画面的作用,但这种红色给人一种正义之感,不让人觉得厌恶,反而感到活泼、热烈且富有生气。这些红色画面在运动画面中的作用是不容忽视的,可以起到画龙点睛的作用;观众对这些色彩的应用是可以接受的(图3-157)。

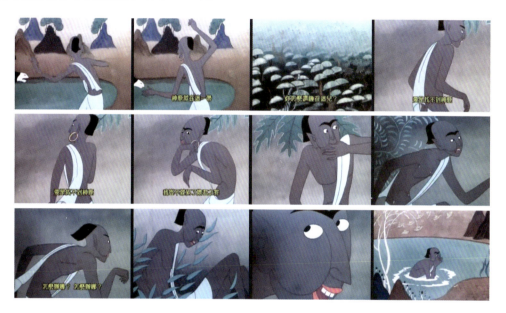

图3-156　动画片《九色鹿》中采药者带领人马抓九色鹿并设法欺骗九色鹿的镜头

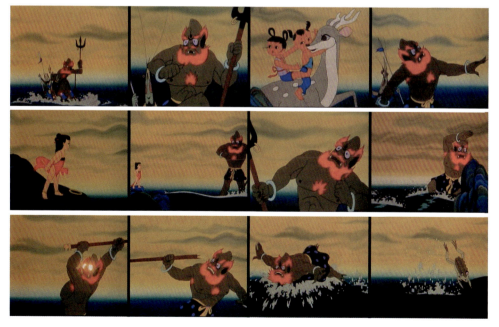

图3-157　动画片《哪吒闹海》中哪吒与夜叉搏斗的镜头

再如，美国动画电影《美女与野兽》中解除魔咒变为现实的镜头。在蓝色的背景下，蓝紫色和褐色的色彩变化显得非常和谐而神奇，环境恢复如初。到最后所有被施了魔法的角色都恢复了原状。在暖色调下，气氛非常活泼，配合以富有感情的表演，使色调烘托的气氛更加美好，不由得让人们有向往之感（图3-158）。

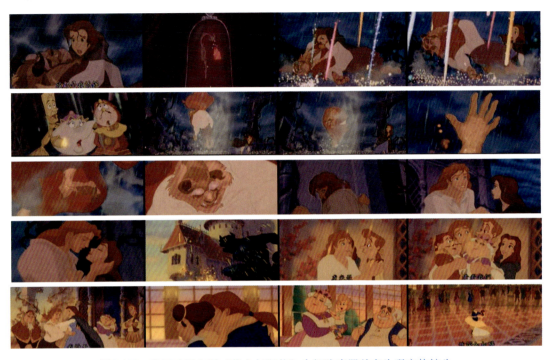

图3-158　美国动画电影《美女与野兽》中解除魔咒并变为现实的镜头

思考与练习

1. 如何在动漫设计中应用色彩调和原理？
2. 根据所学知识，结合自己的实践经验，应用同一调和原理完成色彩调和练习。具体要求如下。
   (1) 题材、内容不限。
   (2) 应用同一调和方法做不同的调和练习，色彩应用要符合要求。
   (3) 数量为8张。
   (4) 尺寸为10cm×10cm。
   (5) 完成后贴在4开的卡纸上。
   (6) 画面简洁。
3. 应用所学知识，完成面积调和练习。具体要求如下。
   (1) 从二十四色相环上任选四个纯色，分别以每一纯色在画面中所占的面积比例的70%、20%、7%、3%出现，组合成四个不同的色调。
   (2) 色彩应用要得当，能表达自己的设计意图。
   (3) 尺寸为15cm×15cm。

(4) 数量为4张。
(5) 完成后贴在4开的卡纸上。
4．应用冷暖调和法完成色彩构成练习。具体要求如下。
(1) 题材、内容不限。
(2) 应用不同的色彩组合，形成以冷调为主的或者以暖调为主的色彩调和感觉。
(3) 色彩最好能与图形相结合。
(4) 尺寸为25cm×25cm。
(5) 数量为2张。
(6) 完成后贴在4开的卡纸上。

第 4 章　动漫立体构成

本章学习目标：

让学生掌握空间立体的基本要素与情感特征；掌握立体基本形态的含义及构成形式；掌握立体构成的空间表现以及立体构成的对比与统一、节奏与韵律、对称与平衡等形式美法则；掌握肌理的概念、功能、加工方式、心理感受以及在空间立体设计中的灵活应用；掌握线立体形态、面立体形态、块立体形态以及综合立体形态的构成方法和组合方法，并在此基础上了解和掌握空间立体形态及形式特征在动漫中的作用及其情感表达。

本章学习重点：

掌握空间立体的基本要素和基本形态特征、情感表达以及对人们的心理感受；掌握动漫空间立体的形式美法则及审美感受；掌握肌理的含义、分类、功能、加工方式；掌握线立体形态、面立体形态、块立体形态、综合立体形态的构成方法和组合方法。

4.1　动漫空间立体的情感特征

立体构成的研究离不开基本点、线、面、体的要素。了解这些要素的特征及传达的情感之前，必须先认识和掌握形态的空间立体概念、基本形态以及所体现的情感特征，特别是在动画和漫画中的应用。

4.1.1　立体构成的基本元素与情感特征

在日常生活中，无论是自然形态还是人工形态，都可以概括为点、线、面、体的基本形态，对这些形态的认识、理解、研究和重新组合，是立体构成的基本内容。点、线、面、体作为立体构成的基本造型元素，是占有三维空间的立体，是区别于平面基本要素的特征，对其进行研究可以更好地理解立体构成的一般规律并在实际中加以适当应用。

这些三维基本造型要素的划分是相对而言的,并通过一定的方式可以相互转化。例如,在一定场合下所看到的点,如果缩小范围就变成面或者体了。因此,在研究这些形态的特征时就必须要考虑到周围的环境,特别是动漫运动形态在时间推移中的把握,它直接影响观者的视觉,从而影响心理感受。

1. 平面与立体构成基本要素特点的比较

平面与立体构成都离不开对基本要素点、线、面、体的研究。它们之间所研究的角度不同,基本要素在平面构成中是虚幻的、抽象的;在立体构成中则是客观的、实实在在存在的,是可以触摸的真实物体,更强调体和空间的概念(图4-1)。

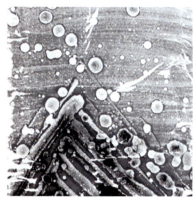
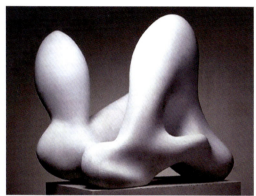

图4-1 平面与立体构成

平面与立体构成基本要素特点的比较见表 4-1。

表 4-1 平面与立体构成基本要素特点的比较

类 型	平面构成基本要素特点	立体构成基本要素特点
空间	趋于二维视觉化	三维视觉化与触觉化并存
点形态要素	具有位置,没有长度、宽度和厚度	具有位置、长度、宽度和厚度
线形态要素	具有位置、长度,没有宽度厚度	具有位置、长度、宽度和厚度
面形态要素	具有位置、长度和宽度,没有厚度	具有位置、长度、宽度和厚度
体形态要素	是虚幻立体,具有位置、长度、宽度和虚幻的厚度	具有位置、长度、宽度、厚度和重心

2. 立体构成中的点元素

平面与立体中点形象在触觉上存在着很大的差别:平面中的点形象是只有位置而无长度、宽度及深度的零度空间的虚体;立体中的点形象是具有空间位置的视觉单位,并具有形状、大小、色彩、肌理,是实实在在的实体,能看得见且摸得着。

在日常生活中,我们经常感到某些立体形态在特定的环境下有一种"点"的感觉或者是"面"的感觉,究其原因会发现这与周围环境有密切关系,而且是相对而言的。例如,天上的星星有点的感觉,这是由于有浩瀚的天空作为环境背景。再如,飞机场的飞机看起来都是庞然大物,就会有面和体的感觉,但是当它飞到蓝天上时就是一个点了。因此,形态与周围其他造型要素相比时,才会被相对判断为是点还是面和体。立体构成中的点形态与平面构成中的点要素都具有独立性、定位性、张力性、点缀性和虚面性。这些特性都会在立体构成中产生重大影响,创作者也会充分利用这些特性来设计作品,以引起观者的注意,产生力感,达到设计的目的。

点是立体构成所有形态的基础,是形态中的最小单位,其有规律的排列会产生线感,堆积时会产生体感,这样会在视觉上产生强化。可以利用各种材料来表现不同的感受,如黏土、木块、石块、金属块、玻璃、塑料等(图4-2)。

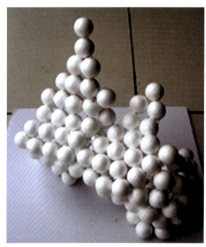
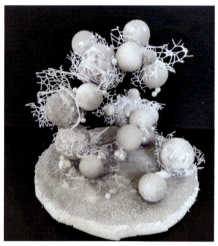

图4-2 立体构成中的点元素

3. 立体构成中的线元素

在造型艺术中,线比点更具有感性性格且种类更多。一般来说,立体构成中的线元素是指相对细长的立体形态,是具有长、宽、深三度空间的实体。线元素的不同组合方式可以构成千变万化的空间形态,如最常见的面和体。另外,线元素不仅有粗细或长短的变化,而且有软硬之分,并有着不同的含义。如直线形态有静感和刚直有力之感,曲线形态有动感和柔弱委婉之感。

(1)直线。总体来讲,直线具有男性化的特征,有整齐、干脆、严肃、紧张、简单明了、明确而锐利、直率的性格,能表现一种力感(图4-3)。

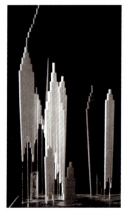
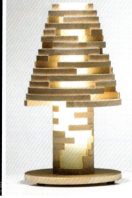
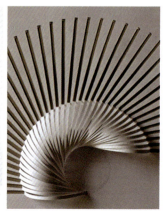

图4-3 垂直线、水平线、锯状直线的立体构成

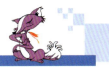

① 垂直线：与地平面相交成直角的直线形体具有严肃、高尚、直立、明确、挺拔、刚毅之感，极富生命力，似乎有挣脱地球引力的力量。如断面尺寸较大的垂直线形会产生健壮、强有力的感觉，而断面尺寸较小的垂直线形则具有纤细、锐利的感觉。

② 水平线：能使人联想到地平线，具有稳定、平和、舒展、静态之感，同时具有安定、疲劳、寒冷之感，容易产生横向扩展感，是女性化的性格。

③ 斜直线：能使人联想到不稳定，具有不安定、动荡、飞跃、冲刺之感，同时具有向上、前进之感，是富于动感的线元素形态。可引导视线向深远的空间发展，或者引导视线向线的交会处集中。如日常生活中飞机的起飞、短跑运动员的起跑和滑冰运动员的滑冰姿态等。

④ 粗斜直线：无论水平、垂直还是倾斜，粗斜直线都具有重要感和粗笨感，是表现力极强的线元素形态，具有健壮、厚重之感。

⑤ 细斜直线：具有很强的速度感，能充分地表现各种动感，尤其是有斜线感，同时有一种纤细、敏锐、轻巧、律动之感。

⑥ 锯状直线：给人一种动荡不安的感觉，具有焦虑、烦躁、不稳定的效果。如果应用得当，能产生活泼、生动之感；如果应用不当，会产生烦乱之感。

（2）曲线。从总体上讲，曲线立体形态具有女性化的特征，比直线显得温柔，能表达优雅、柔美、轻松、富有韵律的感觉。它又有一种动感、弹力感，会使人体会到一种优雅的情调（图4-4）。

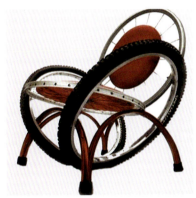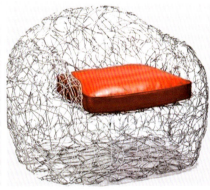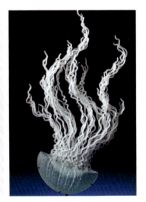

图4-4　各种材料的曲线立体构成

① 几何曲线：主要是指圆形、椭圆形和抛物线形等，绘制时一般要借助绘图仪器。几何曲线带有机械的冷漠感，但它有序、合理，能取得良好的效果，可表达饱满、有弹性、严谨、理智和温柔的感觉。但它缺乏个性。

② 自由曲线：这种曲线立体形态更具有曲线的特征，它的美主要表现在自然伸展，并具有圆润和弹力感，是自然界中自然形成的或用手独立完成的曲线，如弧线、波浪线等。自由曲线具有紧凑感和韵律感，并且它极富个性，有不可重复性。自由曲线会给人一种潇洒、自由、随意、优美、丰润和柔和之感。

线立体形态常用的材料很多，如毛线、尼龙丝、火柴、筷子、牙签、铁丝、塑料条和金属条等。每种材料有每种材料的特性，同一种材料经过不同的处理，会产生不同的视觉效果。因此，在应用材料时应根据自己的设计意图来定，但要充分了解其特性，才能应用得恰到好处。

4. 立体构成中的面元素

在一定的空间中，任何具有一定面积的物体外表都可视为面。在立体构成中，这种面元素是指具有长、宽、深三度空间的实体。虽然面也可以具有一定厚度，但其厚度与长度和宽度相比就小得多，即我们常形容的薄，否则就会失去本性，而成为体了。因此，相对于三维立体而言，面的二维特征更为明显。从大的方面来分，立体构成中面形态可分为现实概念中有机的面形态和抽象概念中的面形态两类。现实中有机的面形态又可分为自然形态和人工形态两种；抽象概念的面形态又可分为直线形面、曲线形面、规则形面和不规则形面几种立体形态。这些不同形态和不同性质的立体面相互作用，能使人们心理上产生不同的感受，成为设计者设计的重要元素。

我们所说的有机是生物体或物体不可分割的整体。我们把自然界中的面元素视为有机的整体，如花草、树木、瀑布等。人工形态是人为创造的有机整体，如汽车外形、高楼大厦的组成材料以及有面特性的路标等，它们在一定的空间范围内都可被视为面立体形态，是设计者精心设计的作品，使人们在心理上产生亲和感，如汉代的长信宫灯（图4-5）。

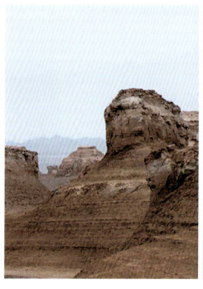
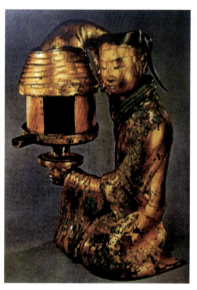

图4-5　自然形态和人工形态

出于进一步深入研究的需要，人们把复杂的有机形态抽象、概括成富于表现的概念形态。不同概念形态的面元素具有不同的特征，它们简洁、明了，对研究其规律性具有很大的帮助。随着时代的发展，人们对造型的喜好，由原来的厚重感慢慢向轻盈明快的感觉倾斜，而面立体材料成为最主要的造型材料，如皮革、木板、塑料板、金属板以及薄苯板等（图4-6）。

（1）直线形面。直线形面形态的边缘是由直线限定的，同样具有直线所表现的心理特征，但不太活泼，不够自由。直线形面在表现某些性格方面具有很强的表现力，同时有一种安定的秩序感，使人们在心理上产生简洁、井然有序之感，是男性化的象征，具体表现为几何直线形面和自由直线形面两种类型。

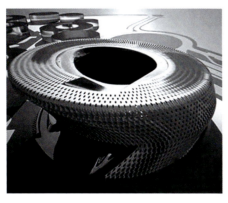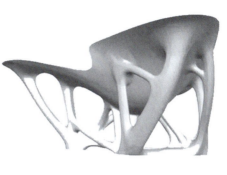

图4-6　抽象概念的面元素

① 几何直线形面。这种立体形态是借助工具和仪器辅助形成的立体直线面。其构成效果具有明确、庄重、简洁明了、规范、易于复制的特点,给人一种数理之美。如方形面、梯形面和三角形面等立体形态和在立体构成中的不同放置会给人们心理上带来不同的视觉感受。

(a) 方形面。包括正方形面和长方形面。

➢ 正方形面。具有一种严谨、厚重、匀称、正直和坚定之感。

➢ 长方形面。具有厚重、灵秀之感。如果竖放,就有一种高耸、雄伟、坚毅的视觉感受;如果横放,就有一种稳定、坚实、安全之感(图4-7)。

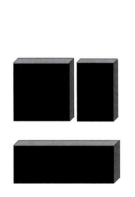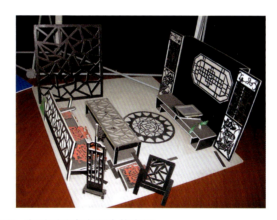

图4-7　方形面及在实际中的应用

(b) 梯形面。具有三角形和长方形的部分特征,如果长边在下,则有稳定、坚实之感,同时又有一种生气和向上集中的动势;如果长边在上,则有一种活泼、开阔和扩张之感(图4-8)。

(c) 三角形面。借助直线最少的面,角给人一种尖锐的扩张感。

➢ 等边三角形面。正放的等边三角形立体形态具有庄重、稳固、整体、伟大、崇高和乐观之感,倒置的等边三角形立体形态具有动感强烈、威胁、悲观和强刺激之感。

➢ 等腰三角形面。当一边短于另外两边时,会产生一种带有明确的指向性、力度稳定且惯性极强的运动感;当一边长于另外两边时,会产生不同程度的阻力或漂浮感。

➢ 任意三角形面。当短边呈水平状(底边)时,有很强的上升冲击力;当长边呈水平状（底边）时，会有一种持久、缓慢的升力；当长度居中的边呈水平状（底边）时，在心理上的影响力也居中；当任何一角位于下方时，有重心明显失调的眩晕感，可构成一种方向明确的倾倒趋势，也会产生一种悲观情绪（图4-9）。

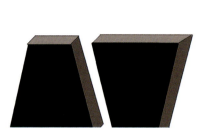
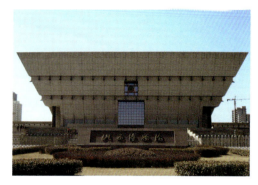

图4-8　梯形面及其在实际中的应用

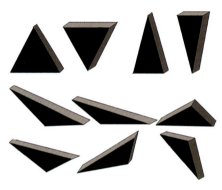
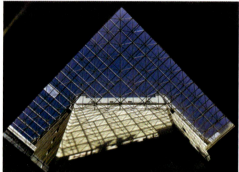

图4-9　三角形面及其在实际中的应用

② 自由直线形面。这种立体形态不受绘图仪器的影响，较活泼、自然，带有一定的个性，且具有很强的人情味，是一种极富情感的面。我们在立体造型设计中应灵活应用（图4-10）。

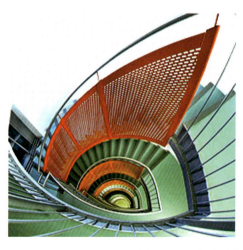
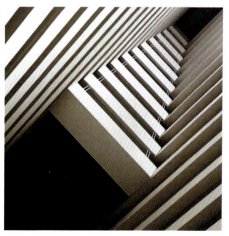

图4-10　三角形面和自由直线形面元素

（2）曲线形面。曲线形面形态的边缘是由曲线限定的，具有曲线所表现的心理特征，有自由、运动、抒情、柔美之感，是女性化的代表，具体表现为几何曲线面和自由曲线面两种类型。

① 几何曲线面：比直线面形态显得柔软，有数理性和秩序感，由于其代表——立体圆面过分完美，而有呆板且缺乏变化的缺陷。椭圆立体形态更具美感，可使人在心理上产生一种自由整齐感（图4-11）。

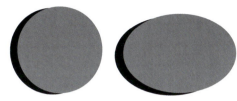

图4-11　几何曲线面

② 自由曲线面：能充分体现作者的个性，是很有趣的造型元素，很受人们的喜爱，它是女性特征的典型代表，在心理上有优雅、柔软和带有人情味的温暖之感。自由曲线面形态比较活泼多变，在设计中常常作为一种活泼的面材而加以应用（图4-12）。

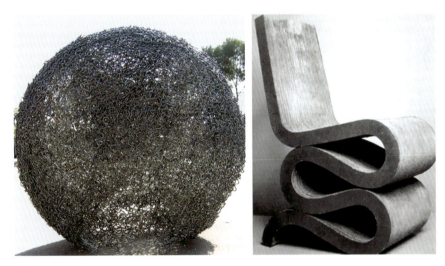

图4-12　几何曲线面和自由曲线面构成

（3）规则形面。规则形面形态是在严谨的数理原则下产生的几何形体，都要借助于各种工具来完成制作，因此，总体上都带有理性的严谨和机械的冷漠，易于表达抽象的概念，是现代艺术家喜欢使用的表现元素（图4-13）。

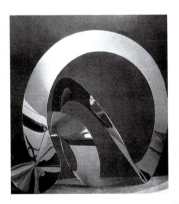
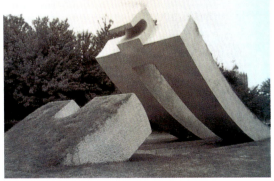

图4-13　规则形面元素

(4) 不规则形面。不规则形面立体形态在立体构成中变化丰富，我们设计时能凭直觉自由地发挥，但要注意整体的配合，像音乐一样，高、中、低音相互配合，要恰到好处。多数设计是在几何形面形态的基础上进行局部的变化，能给人一种稚朴、原始的印象，带有一种极强的活泼性和人情味。在表现情感和主题内容方面有很强的力量，是个性极强的立体形态。

不规则形面形态的基本形式是一些毫无规则的自由形，包括任意形和偶然形（图 4-14）。

① 任意形：具有潇洒、随意的特点，体现的是洒脱、自如的情感，如果应用得当，能产生活泼之感；应用不当则会在视觉上产生散乱之感。

② 偶然形：具有不定性和偶然性，往往富有自然的魅力和人情味。但这种偶然面形态并不是创作者能完全控制和把握的，它具有很强的随意性，能表现朴实、奔放且变化自然的主题，不易表现严肃、规律性强的主题。这种面形态能让人产生强烈的想象空间，激发创作者的灵感，在立体构成的整体设计上起到一种点缀作用，如用手撕开的纸板极富个性，冬天玻璃上冻的立体冰花给人一种无尽的想象空间。

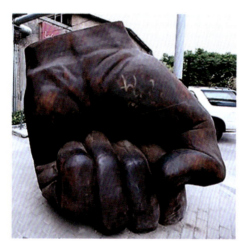
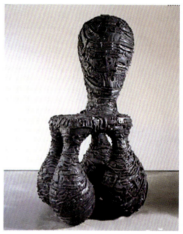

图4-14　实际应用中的任意形和偶然形面元素

从以上对面形态的分析中可体会到面形态具有较强的延展性，只要把面进行简单的加工，就可以产生体块。同时面形态又具有较强的视觉感，能较好地表现立体构成中的肌理要素。此外，由于加工技术的发达，能轻易地将面材弯成曲面和钻孔。如可将塑料板、玻璃钢板和铁板等不同材质的面材加工成型，成为复杂的曲面立体。这种曲面立体造型具有轻快、柔软的感觉，可使人在心理上产生美感。

随着时代的发展，人们对造型的审美喜好由原来的厚重感向轻盈、明快感倾斜，于是面材就成了最主要的造型材料，常用的材料有纸板、布、皮革、木板、玻璃板、铁板、薄苯板、金属板和塑料板等（图4-15）。

5．立体构成中的体元素

体的基本特征是有长度、宽度和深度的三维立体，也就是所占有的是三度空间。在立体构成中，体应是内部填满的实体，具有充实感、厚重感的特点。在讲到面立体时，其厚度与长度、宽度比要小得多。但体块中的深度并不比长度、宽度小，因而给人们的感觉

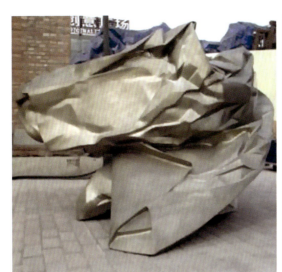
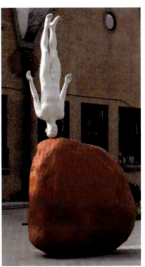

图4-15　实际应用中的面元素

应是充实的体块，它能有效地表现空间立体，同时也呈现出极强的量感。立体构成中的体块应是体、量的结合，它们相互共存、相互依赖且不可分割。体是指物体所占有的三度空间，而量是指对物体所赋予的物理和在人们心理上的特征。我们在设计时，应特别注意体块的质感，因为不同材料所表现的坚实感不同，从而带有不同的性格特征，如石块具有坚硬、厚重、内部充实之感，塑料块具有轻快、湿润之感。同时也必须注意体块所体现的量感。一般认为，量感表现为两方面，即物理量感和心理量感。物理量感是指形态的大小、多少、轻重等特性，是可以测量和把握的。物理量感是实实在在的物理的重量感，它与组成形态的材料有密切关系，如真实的石块给人一种实在的重量感，而厚苯板则有一种轻的感觉。但在影视作品中的道具则会处理成像真的一样，在人们心理上产生真实感。心理量感是指人的心理对物理量感产生的感觉，它取决于心理判断的结果，是可以感受而无法测量的。心理量感源于物理量感，而又有所不同，它受物体的存在环境和人们心理因素的影响很大，并且与色彩、空间、肌理和经验等诸多要素关系密切，从而与真实情况有些不同。立体构成中的量感主要是指心理量感，如重量感、充实感、薄弱感、扩张感、结实感、内实感和内空感等。它是充满生命力的形体内在的运动变化在人们头脑中的反映，在物理量感的基础上可以表现知觉、活力并把所有的情感注入作品中，从而体现出生命活力，让观者体会到其内在的前进力、向上力和勇往直前的美好情态，如内在的反抗力和生命力等（图4-16）。

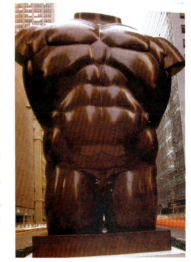

图4-16　实际应用中的体元素

自然形态繁杂多样，我们为了方便研究，可以将各种形态提炼成纯粹的、基本的形态，如球形、柱形、锥形等。对这些立体形态的重新分解组合，正是立体构成所研究的目标。

立体构成所使用的块材主要有石膏、橡皮泥、陶土、木块、泡沫塑料以及厚苯板等。

4.1.2 空间立体的基本形态与情感特征

前面讲过了面立体基本形态的特征及给人们的心理感受。下面就体立体基本形态的类型、特征以及给人们的心理感受进行详细的说明。

在我们的日常生活中，绝大多数空间立体形态不是单纯的，而是具有千变万化的具体形象，有棱角，有圆角，也有锐角、钝角，有直线，也有曲线等。但经过分析都可以将复杂的立体形态概括成较简单的基本立体形态，如长方体、正方体、圆锥体、三棱体和圆柱体等。我们把这些最简单的立体形态再分解并重新组合成有意味的形式或有内涵的立体作品，从而认识和学习其基本构成规律，为设计服务。把这些基本的立体形态归纳起来可得到四种类型，即平面几何形体、几何曲面立体、自由曲面立体和自然立体。

1. 平面几何形体与情感特征

平面几何形体是由四个及以上的平面将其边界直线互相衔接在一起所形成的封闭空间和立方实体，如正三棱锥体、正四棱锥体、正方体、长方体、正五棱柱体及多面立体等。

由于平面几何形体的表面为平面，而棱为直线，因此，平面几何形体就具有平面的延展性和直线简洁大方的特点，给人的感觉是稳定性强、大方、庄重，常象征稳重、严肃、沉着等感情性格。如世界著名建筑埃及金字塔呈四棱锥体，其造型稳定、高大、宏伟、有气势。再如中国的长城，其侧面墙身造型及中间相隔的烽火台都是基本的立方体造型，给人一种极其雄伟壮观的感觉。总之，以直线为主、用平面组合而成的平面几何形体表现出的是简洁、明快、大方、刚直和稳定的效果。与平面构成中的直线形基本相同，平面几何形具有一种男性化的性格特点（图4-17）。

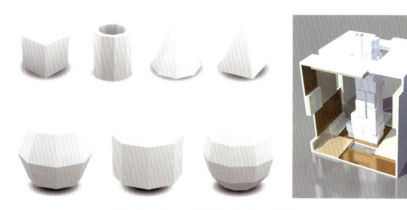

图4-17 平面几何形体基本形态及其具体应用

2. 几何曲面立体与情感特征

几何曲面立体是指由几何曲面构成的方块体或者回转体。带有几何的规范性和机械性，但又有曲线形成曲面的温柔、流畅之感。几何曲面立体是指由一个带有几何曲线形边的平面沿着直线方向运动而产生的轨迹。如果该平面有一边为直线，就以此直线为轴线进行旋转运动，运动轨迹就是几何曲面的回转体。其特点为：表面为几何曲面，秩序感强又有曲线变化，能表达理解、理智、明快、优雅、严肃和端庄的感觉。

在日常生活中，常见的曲面立体的基本造型很多，如圆球、圆环、圆锥、圆台及其他带有几何曲线变化的立方体和回转体等。生活器皿中，常见的有灯罩、水桶、水杯、水瓶、漏斗和轮胎等（图4-18）。

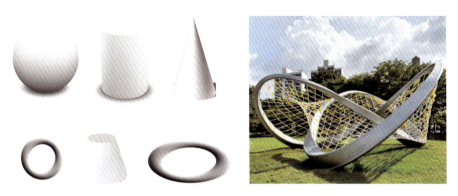

图4-18　几何曲面立体的基本形态及其具体应用

3. 自由曲面立体与情感特征

自由曲面立体包括自由曲面形体和自由曲面所形成的回转体，它比起几何曲面立体更具有活泼、自然之感。它抛弃了几何曲面的机械性和规范性，带来的则是自由的感觉。但如果应用不当，就会产生散乱之感。当其造型对称时，对称规则的形态加上变化丰富的曲线，常给人一种既优美活泼又凝重端庄的感受，并有较强的秩序感。如果其造型能与直线相结合，会增强其稳定性和坚强性。在生活中常见的自由曲面的实物有脸盆、异形酒瓶、电熨斗等（图4-19）。

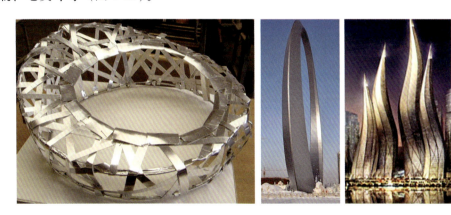

图4-19　自由曲面立体的实际应用

4. 自然立体与情感特征

在自然界中，自然形体的内容十分丰富，多数形体是物体受到外界自然力的作用，物体内部产生抵抗力与其抗衡而形成的。这类形态是一些偶然形态，人工雕琢的成分少，绝大部分都反映出自然形态朴实的一面。如天然水晶石会表现出清澈透明的材质特点，是一种优美的天然装饰品；各种各样的鹅卵石、雨花石都是由各种不同的石材经过水流长年累月的冲刷研磨所形成的天然造型，具有优美的自然曲线形体，表面光滑细腻，充分体现出其材质本身所具有的丰富色彩和华丽纹理；海洋中的珊瑚、各种贝类，树的根部造型，艺术家们加工成的根雕，禽鸟的羽毛等，都可成为美化生活的装饰品，我们从中也可得到创作灵感，从而设计出极具创意的艺术作品（图4-20）。

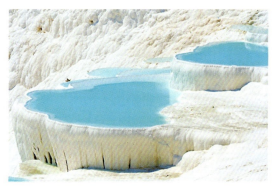
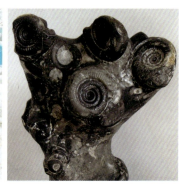

图4-20 自然立体形态

4.1.3 动漫空间立体的基本形态与情感特征

立体基本形态的情感特征在前几节进行了详细的讲解，其所组成的动漫空间立体主要指这些空间立体形态在动漫中的应用，主要有两方面，即静止的空间立体形态和运动的空间立体形态。为了阐明动漫空间立体与情感特征，下面从动漫空间立体造型和动漫空间立体场景两方面加以阐述。

1. 立体基本形态所组成的动漫空间立体造型与情感特征

动漫的创作离不开造型这一元素，动漫设计师利用造型手段所创作出来的艺术形象都具有较强的生命力和感染力，并利用其造型形象来完成故事的叙述及角色性格情感的表达。而动漫造型设计又离不开立体基本形态的有机组合（主要就立体的偶动画而言）。因此，立体基本形态所组成的动漫空间立体造型有自身的设计规律和理念，并被赋予了不同的性格特点，在时间的推移中影响观者的情绪，让人们体会角色的生命力和感染力。例如，中国木偶动画《阿凡提》中的角色造型个性鲜明，生动自然，幽默搞笑，其中人物的性格特征让人们一看就忘不了，其中主人公阿凡提的形象尤为突出，稍宽的椭圆形脸体现出公正厚重之感，倒三角形上翘的胡子象征着聪明智慧，明显长于下身的长方体的上身能体现出幽默感。阿凡提整个身体比例修长、舒展、大方，体现出长的特点；身着新疆民族服装，长着圆圆的小眼睛，一看就是智慧的化身。再看阿凡提所骑的小毛驴更是滑稽可笑。整个造型由一大一小两个椭圆形组成，细长的脖子、四肢和尾巴，纺锤形的两只耳朵，黑白对比的色彩，即使与主人公阿凡提在一起，也显出是一头充满智慧的驴。相比之下，反面角色巴依老爷的造型就显得又胖又矮，整个造型由两圆球组成，圆头上有两个小圆眼，两侧又有两个圆耳朵，显得圆润饱满，体现出圆的特征。他身着华丽的服装，显得富有，两个小眼珠转来转去，一看就是一个势利小人。从这些不同形态造型的组合中可看出创作者赋予角色的特定性格特征，从形体上体现出差别的方式让人耳目一新。再如，动画电影《僵尸新娘》中的角色造型，其特征更加明显，更能体现出立体基本形态所组成的动画立体造型的情感特征。片中的男主角维克多拥有倒三角形的头、较长的上身、修长的四肢，配上忧郁的双眼，该造型体现出男主角懦弱的性格。女主角艾米莉即僵尸新娘具有方形的甲字脸，有一双大大的眼睛，残破的身体中有一个最圣洁的灵魂，艾米莉同样有着修长的四肢，纤细的腰身上面有丰满的胸部，这体现出新娘虽然是僵尸，但比正常人更有血有肉。另一位女主角维多利亚有五角形的头部，下面有一个菱形的胸部，身着喇叭形的裤子，显得华丽高贵又不失平凡、美丽、简朴、大方。配角维多利亚的母亲的造型更加奇特，身材修长，高高的发型、超长的下巴、超尖的鼻子、接近正方形的胸部，体现出她的冷酷无情，她是十分可怕和丑陋的女人。维克多的母亲身体矮小，有正三角形的头部，下面有一葫芦形的身材，而且脸上有一颗黑痣，让人一看就知道是一个颇有心计的女人。还有高斯威牧师，他有异形的身材、尖尖的下巴，长相狰狞，体现出与其身份不相称的巫师形象，没有平和与善良，让人难以接近（图4-21和图4-22）。

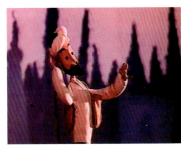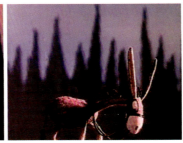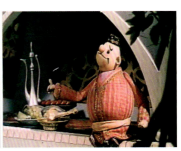

图4-21　中国木偶动画电影《阿凡提》中的角色造型

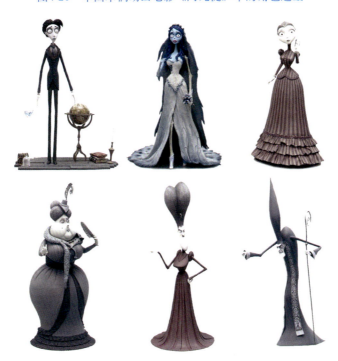

图4-22　动画电影《僵尸新娘》中的角色造型

2. 立体基本形态所组成的动漫空间立体场景与情感特征

动漫创作同样离不开角色赖以活动的场所的设计。场景能体现故事发生的时代背景，能烘托气氛，同样具有较强的艺术性。用具体立体形态所组成的空间场景与角色造型相互配合，共同作用于人们的视觉并影响观众的心情。尤其在偶动画中，场景中不同形态的组合能体现出导演不同的艺术创作风格，表现出创作者发自内心的美感。如木偶动画《阿凡提》中的场景设计，山上反映的是新疆画材，因此带有浓郁的民族特色。从场景各形态的构成角度看是非常讲究的，在画面中圆形、椭圆形的树重重叠叠，构成前后的空间关系，树丛之间有一正方形的建筑，起到调节作用，远处的树丛则是较长的三角形的不同组合，表现了远景。整个场景和谐自然，对比得当。再如动画电影《僵尸新娘》中的场景则是另一种风格。为了营造抽象的地狱环境，导演极尽恐怖之能事，营造出了零乱、阴森的气氛，从而也衬托出僵尸新娘看似冰冷实则火热的心。整个场景构图十分严谨。在僵尸新娘居住的地方，有破旧的门、墙和棺木，四周还有许多造型特异的蜘蛛网，幽暗的灯光更增强了阴森的气氛。因此，好的场景设计不仅能烘托气氛，更能反映主人公的内心世界，给人心理造成奇异的感觉，从而打动观众的心（图4-23和图4-24）。

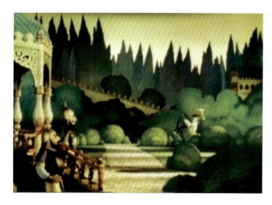

图4-23　木偶动画电影《阿凡提》中的场景

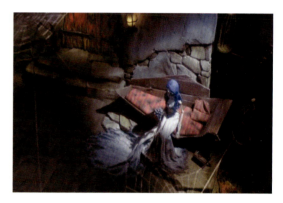

图4-24　动画电影《僵尸新娘》中的场景

4.1.4　动漫空间立体的时间构成

动漫空间立体的时间构成是指动漫立体形态在空间立体中的调度。我们不仅要注重立体形态的静态变化规律，还应注重立体形态在运动中的视觉平衡，包括作为点、线、面、体立体形态的运动变化规律如何在空间中具体应用，以及导演如何利用不同位置的视觉变化来打动观众的心，从而达到设计目的。比如木偶动画电影《阿凡提》中有一段运动画面是阿凡提从民族风格浓郁的场景远处走来，在画面中，阿凡提和小毛驴作为一个点的视觉形态而存在，与周围圆形的树木形成对比，到达画面中心以后又自后向前移动，处于长时间的中心位置，对观众的视觉会起到一种强调作用。然后应用景别变化而切换为全景，阿凡提从3/4侧面向前走去，从动作上体现出阿凡提的沉着、稳重和智慧的气质，整个镜头流畅自然。再如《阿凡提》中小鸟的位置变化，体现出线与点的强烈对比，也会使观众产生不同的心理感受。动画电影《僵尸新娘》中有两个例子：一是反映现实中的冷酷场面及不同形态的角色调度。一高一矮、一胖一瘦的形象在冷酷无情的场景中的位置变化，与场景中方方正正的形态形成鲜明的对比，体现出主人公的刻薄。二是反映非现实中阴间的滑稽场面，主人公到阴间所看到和经历过的不可思议的事情，体现出阴间看似恐怖实则可爱的特点。我们平时也能感受到很多导演会赋予不同角色鲜活的灵魂，给观众以新的启示（图4-25～图4-28）。

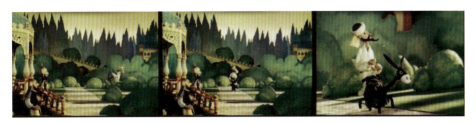

图4-25　木偶动画电影《阿凡提》中的一段运动画面

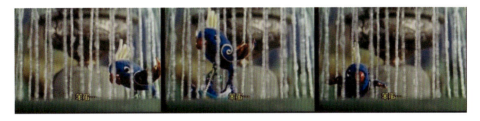

图4-26　木偶动画电影《阿凡提》中小鸟的位置变化片段

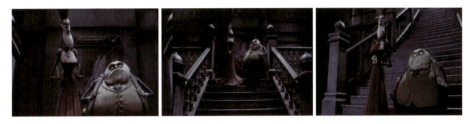

图4-27　动画电影《僵尸新娘》中的一段运动画面（1）

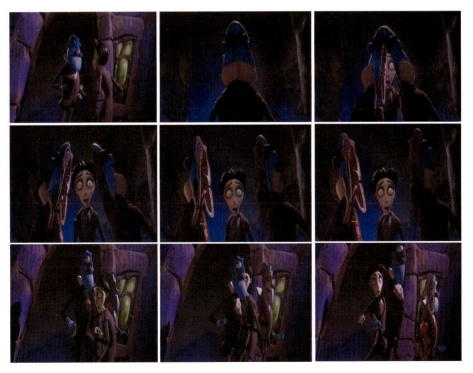

图4-28　动画电影《僵尸新娘》中的一段运动画面（2）

思考与练习

1. 如何理解平面与立体中的构成基本要素？今后将如何加以灵活应用？
2. 根据自己的学习所得和生活经验，以及对基本要素的理解，完成一个点立体形态、线立体形态、面立体形态和体立体形态的综合构成练习。具体要求如下。
   (1) 基本形态内容不限，形式不限，但要有一定的创意。
   (2) 注意不同方式的组合，最好能体现出强烈的节奏感。
   (3) 注意形态的大小、方向、疏密的对比关系。
   (4) 底座尺寸为30cm×30cm。
   (5) 材料为卡纸、苯板等。
3. 利用自己的想象，创作一个心目中的泥塑形象和场景。具体要求如下。
   (1) 创作主题、内容不限。
   (2) 造型、场景具有新颖性。
   (3) 底座尺寸为30cm×30cm。
   (4) 材料为苯板、橡皮泥等。

4.2 动漫空间立体的形式美法则与审美感受

在我们的日常生活中，虽然每个人对美的看法不尽相同，但是人的社会属性要求人们在物质形态外在的审美情趣趋于相同，这种共同的审美特征就是形式美法则。它适用于各门艺术设计。立体构成也不例外，它对美的形式要求也要遵循这些法则。动漫空间立体是在运动中把握美感，使人们更有想象空间。可以说，无论是平面设计还是立体设计，都要以表现美感为总则，这是对设计人员提出的基本要求。

形态是由造型元素借助形式美法则合理地组织安排在一起的，它是一个具体的、具有美感的形态。因此，形式美法则是塑造美的造型规律，是决定一切事物形状和结构的根本。

人们对美的感受缘于外在形式与心理期待的协调统一。艺术设计是一种创造美的工作，艺术作品的形式对人们理解作品有着很重要的作用。一件具有形式美的作品能立刻引起人们视觉上的注意，唤起人们的心理感受，从而使人产生愉悦感。相反，缺乏美的形式则无法给人带来心理愉悦感，也就妨碍了人们对内容的理解和接受。因此，空间立体形态要将各种形式要素进行重新有机组合，遵循形式美法则并增强美感。

实际上，人们为了创造美的形式，长期以来一直苦苦地思索，总结经验。但美的形式并不是一成不变的，而是随着时代的发展而不断地加以改变，以适应时代的要求。过去一些不被人们接纳的形态也纳入了我们今天的审美范畴。随着人们认识的不断变化，这种审美的范围还将继续缓慢地改变。因此，在立体构成设计中，要使空间关系有效地传达出足够的信息，产生有力的视觉效应，是一件比较困难的事，需要多方面知识的配合。我们应当根据自己的设计意图并结合观众的心理，努力创作出既有内容又有形式美的空间立体作品（图4-29）。

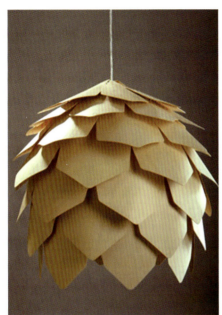
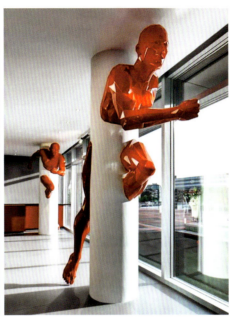

图4-29　日常生活中的造型

4.2.1　立体基本形的含义与构成形式

1. 立体基本形的含义与分类

立体基本形是相对平面基本形而言的。在平面构成中，基本形的含义是构成图形的基本单位，具有独立形象的图形；在立体构成中，基本形的含义是构成空间立体形态的基本单位，同样具有独立的形态。在设计中，通常在一定范围内运用点、线、面和体等基本要素对立体进行分割、重叠和挖切等手段，组成一种有一定变化的立体基本形。

为了设计的方便，立体基本形大致可分为立体次基本形、立体简单基本形和立体超基本形三种类型。如果一个立体基本形是由几个更小的立体基本形组成的，那么这些最小的立体基本形被称为立体次基本形。体现在具体设计中，立体次基本形就如同是一棵大树上的一片树叶。这种立体次基本形就是构成空间立体形态的最小单位，是不能再分解的立体形态。立体次基本形可以利用形式美法则进行重新组合，得到一种新的、合乎设计目的的立体形态。由几个立体次基本形经过重复、近似、渐变等形式组合而成的立体基本形态被称为立体简单基本形。用立体简单基本形并利用形式美法则能重新组合成较复杂的空间及新的立体形态。由几个或更多的立体基本形经过一定的排列组合得到的立体基本形态被称为立体超基本形。用立体超基本形并利用形式美法则能重新组合成更复杂的新的空间立体形态。应用这种超基本形进行设计时，应注意方法，否则会有散乱的感觉（图4-30）。

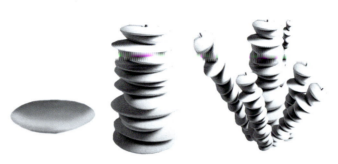

图4-30　立体次基本形，立体简单基本形，立体超基本形

2. 立体基本形的产生

既然立体基本形是构成空间立体形态的基本单位，并且立体基本形通过不同的排列组合可以形成有目的性的空间立体形态设计，那么对立体基本形产生方法的研究就显得非常重要。立体基本形的产生方法可以归纳为以下几种。

（1）加法。可以将一种空间立体形态和另一种或几种空间立体形态加在一起形成新的立体形态。一般情况是用空间立体的基本元素形态即立体的点、线、面和体以及基本形态的弧、方、角经过有意识的组合方法而形成新的立体形态（图4-31）。

（2）减法。一种空间立体形态与另一种或几种空间立体形态用减法的方式进行结合，也可以形成的新的立体形态（图4-32）。

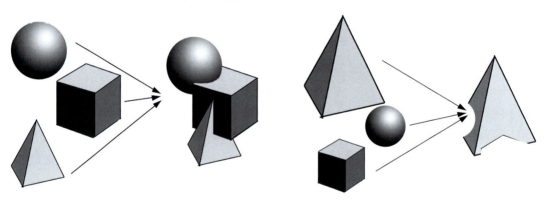

图4-31　立体基本形的加法　　　　　　　　图4-32　立体基本形的减法

（3）分割法。这是一种由一个立体基本形被一种或几种方法分割后而产生的新的立体形态，这也是在设计中常用的方法，具体有等形分割法、等量分割法、渐变分割法、相似分割法和自由分割法等。

① 等形分割法。把一个立体基本形或立体面形或体形分割成相同形状，这些形态在构成中很容易相互协调关系，因此会有很大的处理余地，经过适当组合可以形成有一定含义的新的立体形态（图4-33）。

② 等量分割法。把一个立体基本形或立体面形或体形分割成面积大致相同、形状不一定相同但相对在位置排列上可以相互转化的新的立体形态，让人感到有均衡的安全感。由于这种分割产生的子形形状不太相同，在构成中不易协调，要充分考虑原形对子形的作用，使之具有一定的安全感，使若干子形统一起来（图4-34）。

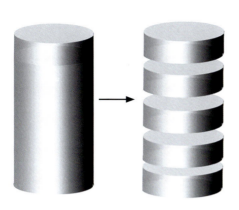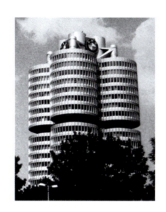

图4-33　等形分割法及实际应用

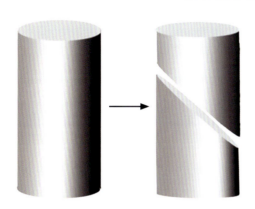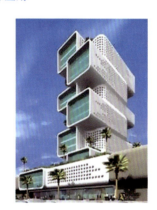

图4-34　等量分割法及实际应用

③ 渐变分割法。把一个立体基本形分割成分割线与分割线之间有一定距离比的递增或递减形式，形成垂直、水平和斜线形态，出现速度感、量感。这种距离比可按有规律或有节奏的等比、等差等数列进行，能给人视觉上产生一种立体的秩序美，同时也能增强其空间感的变化（图4-35）。

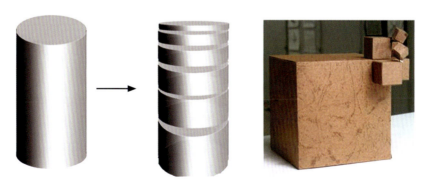

图4-35　渐变分割法及实际应用

④ 相似分割法。指把一个立体基本形进行相似分割形成新的立体形态或者再进行重新组合形成新的组合立体形态。这种分割法能使新的立体形态具有强烈的趣味性，能产生意想不到的效果，给人很大的想象空间（图4-36）。

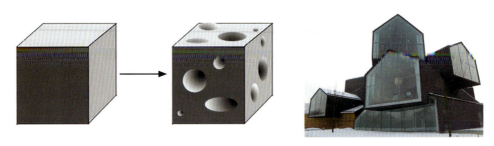

图4-36 相似分割法及实际应用

⑤ 自由分割法。指把一个立体基本形不拘泥于任何规则,排除数理的生硬与单调,进行方向、长度、大小等不同形态的自由分割,这样形成的新的立体形态能让人感到自由、轻松且富于变化。但要注意子形与原形的关系处理以及子形与子形之间的主次关系,这样有助于使子形统一起来(图4-37)。

(4) 重叠法。立体基本形的形成办法是将一个立体形态覆盖在另一立体形态上。两个大小不同的立体形态重叠在一起,可产生不同的前后关系和透明关系,可获得很强烈的视觉印象(图4-38)。

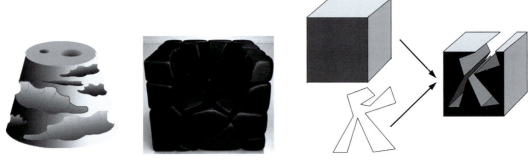

图4-37 自由分割法及实际应用　　　　　　　　图4-38 重叠法

(5) 透叠法。不同立体基本形相互重叠后,留取不重叠的部分,形成一个新的立体形态,这种立体形态一般具有透明质感(图4-39)。

(6) 差叠法。这种立体基本形的产生办法与透叠法正好相反,是在不同立体基本形相重叠后,留取相交的部分而形成新的立体形态(图4-40)。

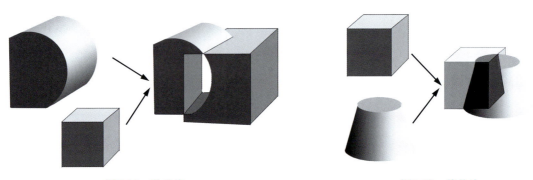

图4-39 透叠法　　　　　　　　　　　　　　图4-40 差叠法

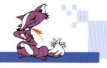

(7) 联合法。将两个立体形态并置后产生新的空间立体形态（图4-41）。

(8) 分离法。用两个立体形态在不连接的情况下产生新的立体形态（图4-42）。

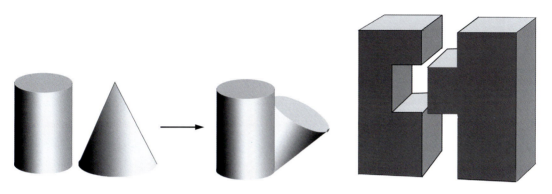

图4-41　联合法　　　　　　　　　　　　　　图4-42　分离法

3．立体基本形的组合

立体基本形经过一定方法产生后，要根据不同的方法进行组合设计，从而产生新的符合目的性的立体形态。具体有以下几种方法。

(1) 对称。立体基本形在轴线和中心点的上下、左右配置相同的形态。具体有相对、相背及均衡三种情况。

① 相对。两个相同的立体基本形相对而立，形成镜像的立体形态（图4-43）。

② 相背。两个相同的立体基本形相背而立，形成镜像的立体形态（图4-44）。

③ 均衡。两个立体基本形大致相同，在局部或细部略有不同，形成相对或相背的立体形态（图4-45）。

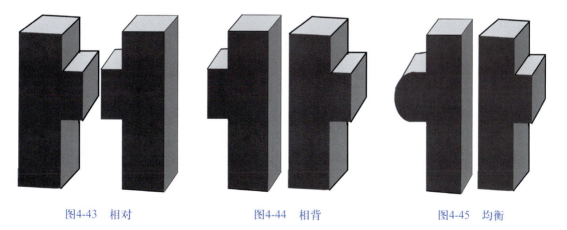

图4-43　相对　　　　　　　　　图4-44　相背　　　　　　　　　图4-45　均衡

(2) 平衡。在一定的空间范围之内不受立体基本形数量和大小的限制，以立体视觉重心平衡为准则，对空间环境中各立体形态进行平衡处理（图4-46）。

(3) 回旋。回旋又称逆对称。在一定立体空间中，两个或两个以上的立体基本形头尾相接，形成环绕回旋的关系，能给人一种完整、完美的感受（图4-47）。

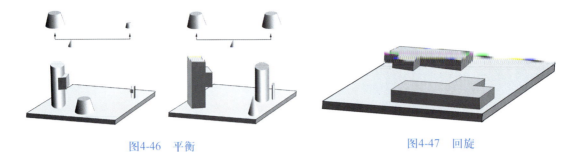

图4-46　平衡　　　　　　　　　　　图4-47　回旋

（4）旋转。在一定的立体空间中，多个立体基本形按照一定的方向进行旋转运动，形成一种排列关系。通过旋转产生的立体空间形态具有柔美、圆润之感（图4-48）。

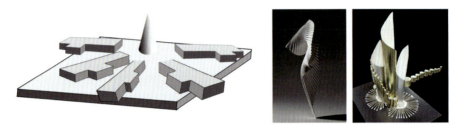

图4-48　旋转及实际应用

（5）错位。将多个相同或不同的立体基本形进行不同层次的有秩序的错位排列，呈现错落有致的效果，可以形成强烈的空间感（图4-49）。

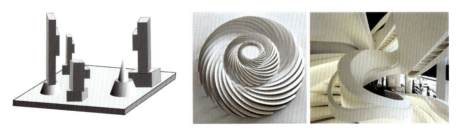

图4-49　错位及实际应用

（6）扩大。将立体基本形按比例或不按比例进行扩大排列，形成很强烈的渐变形式，产生立体感，在立体构成中能起到强调作用（图4-50）。

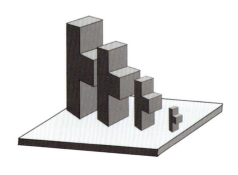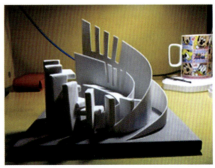

图4-50　扩大及实际应用

（7）平移。将立体基本形沿单个方向进行平行移动，形成新的空间关系，同样具有加强印象及强调的作用（图4-51）。

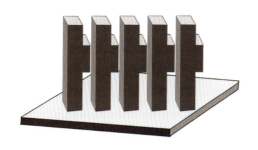
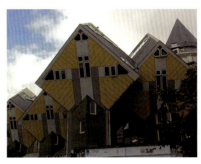

图4-51　平移及实际应用

4．立体基本形的重复

立体基本形的重复排列能产生很强的节奏感和韵律感，并能扩大人们的观察视野，增强形体连贯性，引起人们视觉上的注意并成为视觉中心，因此，往往也会成为表现对象的重点。从美学角度看，重复造型能表现一种有秩序的形象。由于这些相同形态会产生相互呼应，在客观效果上会使人感受到一种和谐的气氛。但需注意的是，在立体构成中的各造型元素形成重复的节奏和韵律虽然可以强化表达的情绪，但一成不变的应用也会显得枯燥无聊，使人厌倦。最好的办法是在立体基本形上做文章，使立体基本形大体相同，在局部稍加变化，这样可以减少单调乏味的缺点，而使立体空间变得丰富。

重复排列组合是将若干相同或相似的立体基本形，或者不同大小的组合，按照一定的规律进行重复排列，会产生强烈的视觉冲击力。但要注意空间位置的变化（图4-52）。

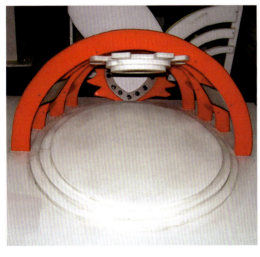
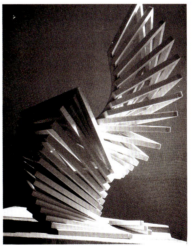

图4-52　立体基本形的重复构成

5．立体基本形的群化

立体基本形的群化可以视为是立体基本形重复的特殊情况。

立体基本形的群化是指由三个或三个以上的立体基本形态按照一定的群化方式（如对

称、平衡、反射、平移、旋转、回旋、扩大、错位以及综合应用等）所形成的醒目、紧凑、严密、完整、美观、平衡、特定的立体形态。立体基本形形成群化的条件如下。

（1）立体基本形相近，由两个以上相同的立体基本形集中在一起相互发生关系时。
（2）立体基本形具有共同的特征因素且能产生同一性时。
（3）立体基本形排列的方向一致且会产生连续性时。
（4）习惯性组合容易形成一个完整的印象并能联想在一起时。

在具体的设计中，由于立体形态多变，很难在头脑中形成预想的最后结果。因此，应将设计好的基本形先用剪刀剪下来几个，再进行精心组合，把比较理想的立体形态固定下来，供设计时选用（图4-53）。

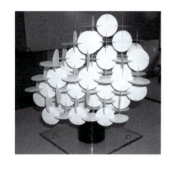

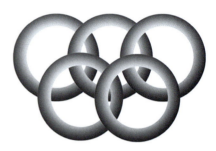

图4-53　立体基本形的群化

6．立体基本形的渐变

立体基本形按一定规律渐次发展变化称为渐变规律。这种渐次的、循序的逐渐变化能呈现一种阶段性的调和秩序。在日常生活中，海螺的生长结构、月亮的盈亏、水纹的荡漾和声波的扩散等现象都体现出一种立体形态的渐变规律。

（1）常见的渐变规律形式。常见的渐变规律形式有立体形态大小的渐变、方向的渐变、位置的渐变、形象的渐变，以及伸缩和厚薄的渐变等。这些渐变能体现出某种联系和跟进的顺序，可传达时间的变化和物体的运动感，能使表现的结构具有节奏感。

① 形态大小的渐变。相同或不同的立体基本形由大到小或由小到大产生渐次变化，如气球的充气或泄气过程、声波和水波的渐次扩展等。这种大小的渐变能产生较强的空间感和深度感，适合表现纵深的效果（图4-54）。

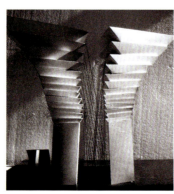
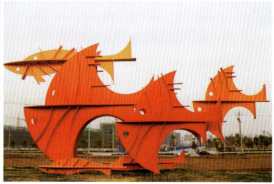

图4-54　形态大小的渐变

② 形态方向的渐变。立体基本形在方向上产生渐次变化。如立体形态从正面慢慢地转到侧面,这种变化能产生强烈的动感,从而能产生很明确的方向性(图4-55)。

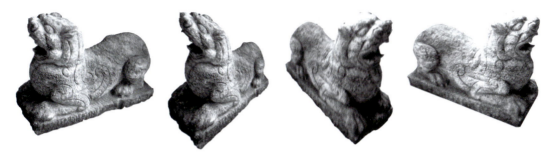

图4-55　形态方向的渐变

③ 形态位置的渐变。在一定的空间中,立体基本形会渐次地进行上下、左右的位置移动,比如行走、上下楼梯等。在立体构成中,形态位置的渐变直接能影响视觉的平衡。立体基本形在不同位置上的分量是不一样的,其渐次地进行移动,人们的感觉也在不断地跟着移动,这样就会形成一种动感,使人产生愉悦感(图4-56)。

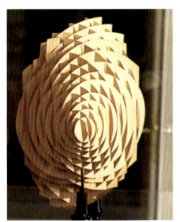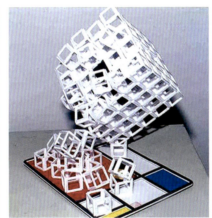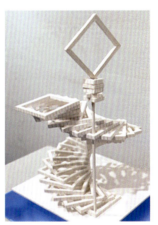

图4-56　形态位置的渐变

④ 形态形象的渐变。不同立体形态可进行渐次的相互转化,这种渐变能引起人们的欣赏兴趣。这种转化在实际空间中操作比较困难,但是如果借助计算机,在三维软件中能很容易地实现(图4-57和图4-58)。

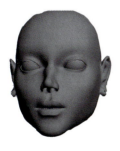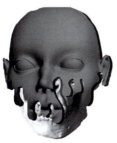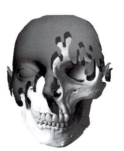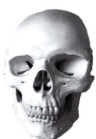

图4-57　形态形象的渐变

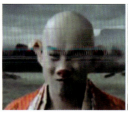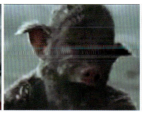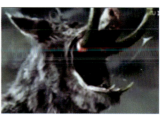

图4-58　动漫中的形象渐变

⑤ 形态伸缩的渐变。这种渐变是由于立体基本形因受外力和内力的作用而产生压缩和扩张，如橡皮筋、各种球类等。

⑥ 形态厚薄的渐变。这是立体形态面和体的渐次变化形式。由于形态厚薄有变化，就会出现主体面和体的转变，在转变过程中，我们既能体会到各种形态量感的变化，也能体会到因量的积累而形成的体感的变化，从而产生一定的心理感受（图4-59）。

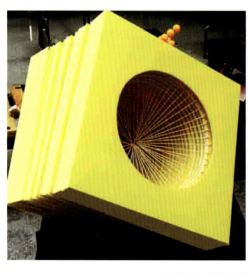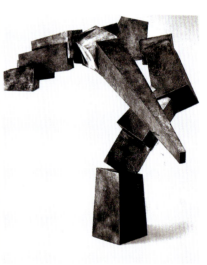

图4-59　形态厚薄的渐变

（2）立体基本形渐变的情感特征。

① 能表达一种细腻的情感。

② 能引人入胜，可以利用渐变的特征诱导人们渐渐了解你的设计意图。

③ 能表达很强烈的空间感。

④ 能产生较强的节奏感和韵律感，使物体的形式变化丰富。

7．立体基本形的发射

立体基本形的发射可以看作立体基本形围绕一个中心，犹如发光的光源那样向外发射所呈现的视觉立体形态。这里主要指线形立体基本形或者单立体形态组成的虚线形立体形态，按照一定方向围绕一个或多个中心向外发射而形成的视觉立体形态，这种立体构成具有一种渐变的效果，有较强的韵律感。由于构成后形态具有一种闪光的效果，故能给人强烈的吸引力。其特点有两方面：其一，有一个或多个发射点，所有发射的立体形态都集中在此点上。发射点在构成中有的是可见的，有的是不可见的，即可能在很远的地方才有发射点。其二，必须具备一定的方向性，如没有方向性，就不可能形成发射结构。

（1）离心式发射。这种发射形式的发射点在中央部位，其发射方向是向外的。这种发射所形成的空间立体形态能让人感到眼界非常开阔，有一种放光的感觉。如果加入渐变的节奏变化，其效果更佳（图4-60）。

（2）向心式发射。这是与离心式发射相反的发射形式。其发射点在外部，是从周围向中心发射的一种立体构成形式，有一种强调主体的效果。如果加入有规律的渐变处理，其空间感会更加宽广，在视觉上自然能形成一种方向感。设计时能起到强调某种感受的作用（图4-61）。

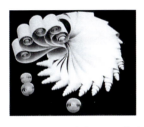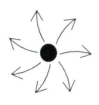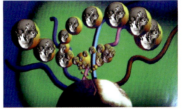

图4-60　离心式发射　　　　　　　　　　图4-61　向心式发射

（3）同心式发射。这种发射形式是发射点从一点开始逐渐扩展。其特征是只有一个发射点，能有一种递进式的视觉效果。这种立体构成形式比较单调，应用时如果能与其他发射形式相结合，就能产生一种既丰富又活泼的效果（图4-62）。

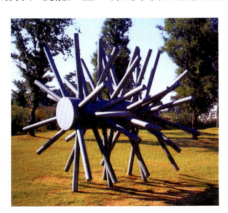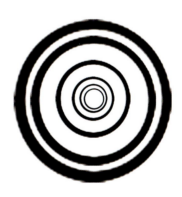

图4-62　同心式发射

（4）移心式发射。这种发射形式是指发射点根据不同的立体空间形态需要，按照一定动势，有秩序地渐次移动位置，形成有规律的变化。这种立体发射构成能表现出较强的空间感并具有曲面的效果。在应用时能向四面八方自由散开，而且具有一定的曲体美感（图4-63）。

（5）多心式发射。这种发射构成较为自由、活泼，以多个点进行发射。但是如果处理不当，会显得十分散乱（图4-64）。

综上所述，发射的形式多种多样，但并不是只有这些。我们在设计实践中要开动脑筋，从中发现更多的表现力更强的形式。同时还要强调的是，在一定的立体空间中，为了达到自己独特的设计意图，应运用多种表现因素，充分地体现自己的设计理念，不能只是机械地应用某种发射形式。

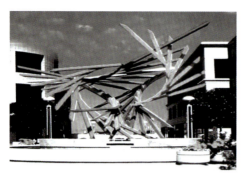
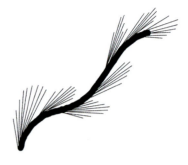

图4-63　移心式发射

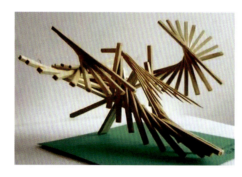
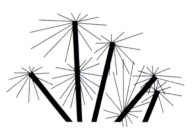

图4-64　多心式发射

8．立体基本形的特异

立体基本形的特异是相对平面形象特异而言的，其设计核心是有意要违反现有秩序，目的在于突出焦点，打破单调的局面。它具体是指处于秩序性很强的设计空间立体形态群体中的个别异质性的形态总能突出地显示出来。不同的设计要求不同程度上的特异，它的表现形式就是在局部范围里打破陈规，以便显得与众不同，从而引起观者的特别注意。

在立体构成设计中，明显的特异有破坏统一及格格不入的气势，比较引人注目；而不明显的特异则无法让人看到奇异之处，也就达不到突出及强调形态的目的。

因此，立体基本形的特异就是一种破坏旧秩序的形式，是在相同的大多数立体基本形中所出现的特殊状态，从而使个性与共性形成最强烈的对比。其形式大致有以下几种。

（1）位置的特异。这种特异变化是立体基本形在位置上有一定的特殊性。有两种情况：其一是在有一定厚度的空间中用立体基本形组合成的有规律的排列，其二是在立体空间中用前后、上下、左右等立体基本形组合成的有规律的排列。在这些组合中，其中有一个或几个（数量不能太多）不按规律排列，其位置相对来说有一些变化，这种变化能延长人们视觉停留的时间，产生引导视线的作用，从而使其显得突出（图4-65）。

（2）形象的特异。这种特异变化是立体基本形在形象上有一定的特殊性。其变化形式分为两种：一种是立体基本形态在一定厚度的空间中组合成有规律的排列；另一种是在立体空间中，立体基本形有规律地进行排列。在这些组合中，有一个或几个（数量不能太多）形态与原来形态不同，打破形态的规律性。这种特异能增加形态的趣味性，使立体形态更加丰富，并形成衬托关系，给观众留下很深的印象（图4-66）。

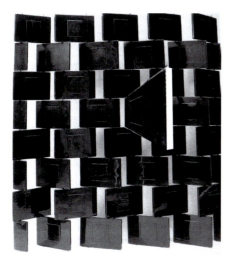

图4-65　位置的特异

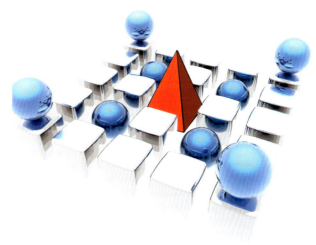

图4-66　形象的特异

（3）方向的特异。这种特异是立体基本形在方向上有一定的特殊性。其情况有两种：一种是在有一定厚度的空间中，立体基本形有规律地排列；另一种是在立体空间中，立体基本形有规律地排列。在这些有规律排列的秩序中，有一个或几个（数量不能太多）立体基本形态与其他立体基本形态方向不一样甚至相反。这种排列能形成视觉走向，有一种律动感，但不能应用得太频繁，否则就失去了特异的特点（图4-67）。

（4）大小的特异。这种特异是立体基本形的大小有一定的特殊性。与以上几种形式一样，大小的特异也有两种情况：一种是在一定厚度的空间中，立体基本形有规律地排列；另一种是在立体空间中，立体基本形有规律地排列。在这些排列中，有一个或多个（数量不能太多）立体基本形的大小不太一样，甚至相差很远。这种排列能强化立体基本形的形态，使形态更加突出鲜明，也是比较常用的特异构成之一（图4-68）。

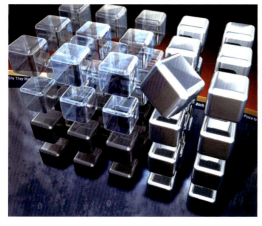

图4-67　方向的特异

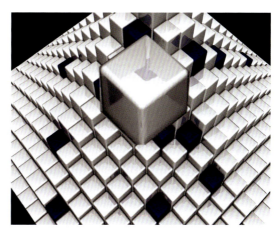

图4-68　大小的特异

（5）色彩的特异。色彩在立体构成中也是非常重要的，这种特异是立体基本形在色彩上有一定的特殊性。无论是在有一定厚度的空间中还是在立体空间中，有规律的立体基本形排列中突然有一个或多个（数量不能太多）立体形态与其他立体形态的色彩不一样，就会引起观众的注意。这种变化不仅能丰富画面的层次，使黑白灰关系更加清晰明快，而且还能引起观者的注意。这种特异变化对比效果非常鲜明，个性较为突出（图4-69）。

（6）肌理的特异。肌理在立体构成中无处不在。由于肌理能表达不同的思想感情，因此在表达主体时往往能起到强调的作用。其基本形态在肌理上有一定的特殊性，无论是在有一定厚度的空间中还是在立体空间中，其基本形态的肌理能使空间形态更加丰富，质感更加强烈（图4-70）。

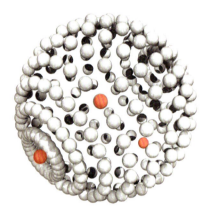
图4-69　色彩的特异

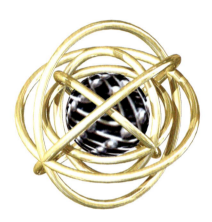
图4-70　肌理的特异

在一定空间中具有一定立体形态的事物一般不会引起人们的特别注意，因为这些形态不能对视觉产生刺激作用。如果应用各种特异变化形式，恰好能使人产生刺激感和新鲜感，能让人们的视觉产生敏锐性，极易引起人们的重视，从而使人产生愉悦感。但是，在一个立体作品中这种特异的因素不能应用太多，用得太多会使人产生厌恶感，从而出现杂乱无章、不知所云的弊端。因此，对特异因素的控制应用是取得活泼多样、生动有趣效果的关键（图4-71）。

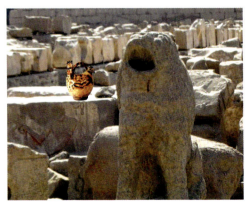
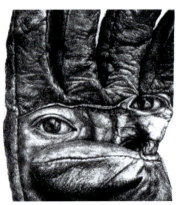
图4-71　特异的应用

4.2.2 立体构成与空间结构

立体构成主要是表现空间的构成。在一定的空间环境中，根据形式美的法则，各构成材料的特点都要尽可能地展示出来，这些特点（如立体形态的构成方式、色彩、质感等）将会使人产生联想，因为这是人们第一直觉和心理感受的综合反映。这种联想在人们的审美过程中会产生触景生情的现象，它能够有效地强化立体造型的艺术表现力与感染力，从而也能让人们感受到这些造型元素所形成的有一定意味的空间构造，使作品充满意境之美。设计者在进行立体形态和空间表现时，应当有意识地调动观赏者的联想，因此，设计者在设计时应当首先考虑到对空间的处理。

1. 立体构成的空间感

（1）层次。在研究立体构成的空间感时，应该对"层次"概念有所了解，因为层次是构成空间的前提，同时也是一种视觉感受。在平面构成中，层次是不具备实际距离和深度的。但在立体空间中，层次是具有一定实际距离和深度的。在立体构成中，层次有自己的特征。

① 层次是空间中不同位置、不同层面安排和处理形态的重要环节。这个环节处理得好与坏直接影响整个空间的设计。

② 层次在整个空间中要有主次之分。通过立体形态所形成的前后关系上的布局可形成视觉上的协调、丰富、饱满和耐看的效果，这种效果体现的是设计者对空间的整体处理。

③ 层次是视觉审美的必备条件和重要环节。如果在立体空间中有较多的形态需要安排，就必须借助于层次，在不同的层次中可以合理地安排诸多形态因素，但在视觉上不能显得拥挤，除非要达到一种特殊的效果。

④ 层次在立体空间中表现为一种前后关系。不同层次之间要组合成一种有节奏、有秩序的空间关系，因此表达好这些关系是设计空间的重要环节，也是设计者必须要具备的基本功之一（图4-72）。

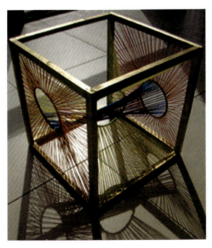
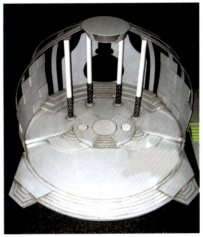

图4-72 空间层次感

（2）空间。空间是物质存在的一种客观形式，而空间感是人们对空间的实际感受，两者之间的关系主要根据人的触觉和视觉经验来确定。立体构成中的空间概念不仅仅指实体和结构以外的空间,还包括实体本身占有及限定的空间,它们是构成空间不可分割的两部分。实体和结构以外的空间被称为"虚空间",虽然摸不着,但作为实实在在存在的空间是可以被肯定和感觉到的。空间可以分为物理空间和心理空间两种形式。

① 物理空间与心理空间。物理空间是指实体本身所占有和限定并可以具体测量的空间,它是依靠物质形态的三维空间来表达的,是实实在在存在的客观实在。我们通常把这种空间称为实空间,它是最容易被人们理解的。

心理空间通常称为虚空间。心理空间没有明确边界,只能通过人们的心理活动感受到。它和实体不可分割,存在于实体周围,其实质是实体向周围的扩张,这种空间的扩张感主要来自实体内力的运动。这种内力的运动并不是到形体表面就停止了,内力的运动会向形体表面散发,形成空间的张力。这种张力是无形的,是人知觉的反映,从而形成了视觉的延伸空间、想象空间等心理空间(图4-73)。

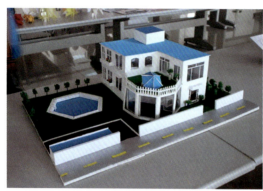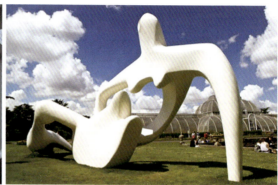

图4-73 物理空间与心理空间

② 空间感传达的主要方式。心理空间即客观物质形态所形成的虚空间,能给人们心理上带来想象空间和创造空间,可制造空间紧张感、强化空间进深感和创造空间流动感。

(a) 制造空间紧张感。当配置两个或两个以上的立体形态时,其相互间会产生关联并成为知觉的作用状态。如果形态与形态之间距离较近,则夹在其间的间隙空间会使人感到生动活泼,这是由于相邻的立体形态之间具有强有力的引力,增强了紧张感。因此,空间紧张感体现的是"力"的扩张。比如在围棋比赛中,一个棋子决定全局的胜利和失败,这就是立体点元素在全局中所具有的影响力,形成点的紧张感。天空中的闪电则形成立体线元素的紧张感,线的紧张感与线的方向性、粗细和长短有着密切的关系。再如,悬挂重物的绳子呈现即将断掉的趋势,那个快要断掉的部位会让观众产生视觉紧张感,也预示着未来某个瞬间可能会断掉,从而产生出自然的动感,继而引发心理紧张感,如电影《迷墙》中的片段(图4-74和图4-75)。

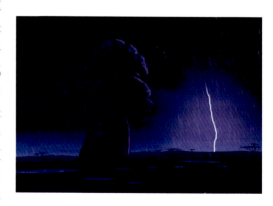

图4-74 立体构成的空间紧张感

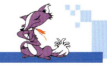

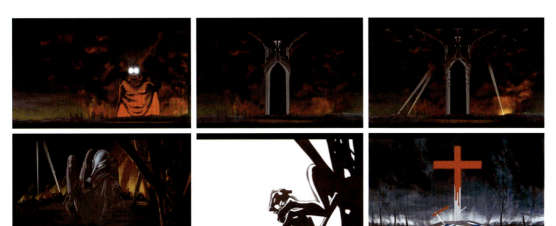

图4-75　电影《迷墙》中的心理紧张感

分离布置的紧张感是指两个分离的形态构成一个整体的最大距离，这里要把握一个度的问题，超越这一最大距离就不能构成一个整体，容易使观众产生松散、凌乱的感觉；小于这个最大距离时，构成一个整体虽然没有问题，但是失去了分离的意义，使人感到堵塞、拥挤，因而从效果上看，这个最大距离就构成了视觉和心理上的紧张感。从这个意义上讲，紧张感是分离布置中的最舒适的距离，巧妙应用这种间隙空间的效果是设计者要认真解决的问题。在动漫设计中，这种关系同样存在。例如，动画电影《狮子王》中最后辛巴与刀疤决斗的场面，辛巴在一步步地逼近叔叔刀疤，刀疤在不断地后退，两人之间的距离在不断缩短，中间形成的空间越来越小，加上音乐的推进，使人不由得会产生一种紧张感（图4-76和图4-77）。

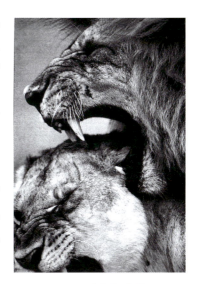

图4-76　空间紧张感

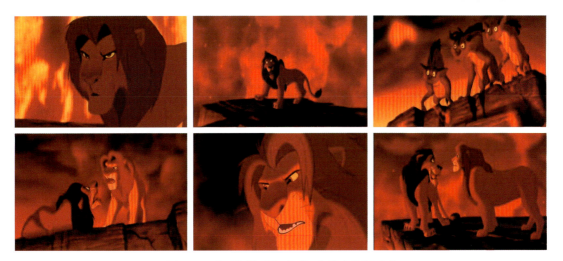

图4-77　动画电影《狮子王》中的空间紧张感

(b) 强化空间进深感。空间进深是指物体和空间的前后关系。所谓强化空间进深感，是指在有限的前后距离中创造出超越有限或者无限距离的效果，即在物理进深的基础上创造心理进深并扩展空间，这主要是利用视觉经验来实现的。其一，加强透视渐变效果。根据同一大小的空间立体形态在不同距离上投影在人的视网膜上的映像大小不同，遵循近大远小的透视原理，距离远的物体较小，距离近的物体较大。根据这些原理，我们可通过加大透视角度及形体大小渐变等方法来增加进深感。其二，加强层次感。层次是构成空间的基础，当前一层次部分挡住后一层次时，产生的前后关系会让人感到前近后远。如果观察者或者对象在运动时，遮挡部分不断改变就会使我们更容易判断物体的前后关系。假如在遮挡的基础上再增加大小的透视变化，就会进一步增强进深的感觉。因此，可通过叠插或遮挡手段来增加层次，以增强进深的效果。在动漫设计中也是如此，例如，动画电影《埃及王子》中开篇表现空间进深感的镜头，前面不断地有层次加入，随着镜头变化，这些层次移动到后面，然后又有层次加入，这样在人们的视觉中就会产生空间很广的印象，从而产生一种舒展的效果（图4-78 和图4-79）。

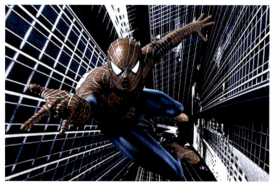
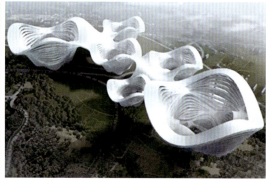

图4-78　强化空间进深感

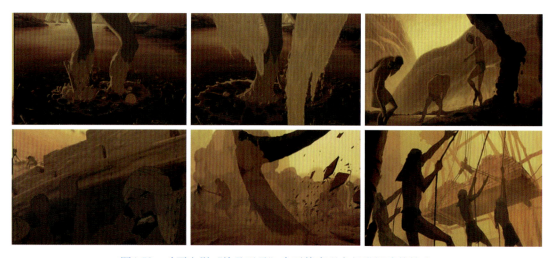

图4-79　动画电影《埃及王子》中开篇表现空间进深感的镜头

(c) 创造空间流动感。在立体构成中，对空间的深刻理解是创作的关键。我们以前对所有空间的认识都是建立在二维平面的效果上，强调的是对三维空间的二维理解。现在要进行反向思维，重新看待三维空间。事实上，空间不同于空间立体形态，空间立体形态是受限定的、非连续的，我们在外围就能观察和欣赏它。而空间则不同，它会因时间而产生变化，是连续的、无限的，需要通过视线的流动来欣赏，成为运动的空间就具有流动感。所谓空间的流动感，在心理上被称为审美注意的转移，就如同扫描仪一样，人的视线先集中注意某一对象，再集中注意另一对象，这样一直扫描下去，就会在头脑中形成对客观对象完整的印象。因此，它兼有时间性和空间性两个特点，且以时间性为主导，并向某一方面扩展。

物理空间具有明显的轨迹，主要是通过"分割和联系""引导和暗示"创造出空间的渗透性和层次，使其流动而得以扩展空间。"引导和暗示"在建筑空间布局上起着十分重要的作用。因为一个人进入一幢建筑物时，其正常活动路线是一条径直向前的直线，除非有某种暗示或外力迫使其改变路线。通过暗示或引导可以牢牢抓住欣赏者的视线，使创作者的意图主次分明地依次映入欣赏者的眼帘，把所有信息都输送到大脑中进行分析和处理，美感自然而然就会产生（图4-80）。

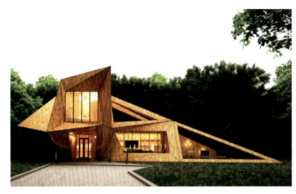
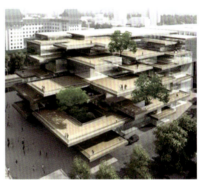

图4-80　表现空间流动感

2. 立体构成的空间错视感

错视是主观视觉与客观存在不一致的状况。在日常生活中，人们的视觉对客观事物既有准确的刺激又有不准确的判断。对事物不准确的判断就被称为错视。

错视的内容很多，不仅在平面构成、色彩构成中有，在立体构成中也同样存在，这里主要指空间立体的三维错视。这些错视既给我们的生活带来很多麻烦，同时也给我们的设计带来意想不到的效果。如果我们能正确地加以应用，利用人们的好奇心理，会给观者带来极大的兴趣，从而产生身心愉悦的心理感受，达到设计的目的。错视具体有以下几种形式。

（1）平行线立体方向的压缩与拉升现象。在一定的立体空间中，并排的等间隔的水平线立体和垂直线立体分别组成正方体的虚体，在视觉中会造成压缩和拉升的效果，这是由视觉的传达特征决定的（图4-81）。

（2）空间立体形态体积大小的错视。由于改变周围的环境和对比的差异，使原来完全相等的两个空间立体形态产生大小不同的视觉效果，从而引起人们的好奇心。如同样大小的两个圆球，改变它们周围的环境，与三个小圆球相比，感觉大；与三个大圆球相比，感觉小。再如，两个同样大小的圆锥，改变其周围的环境，给人的大小感觉就会不一样（图4-82）。

（3）空间立体形态在上下方的错视。通常情况下人们观察物体时，视平线习惯在中心线偏上一些的位置，上部的形态大多数会形成相对的视觉中心，从而产生错视的感觉。如同样大小的两个球体上下并置时，上面的球体会显得稍大一些，而下面的球体会显得稍小一些，因此在设计时，就应有意地使下面的形态加大一些，这样才能保证观察时视觉效果更好（图4-83）。

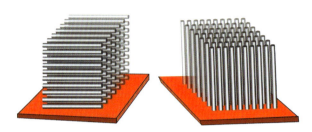

图4-81　表现平行线立体方向的压缩与拉升现象

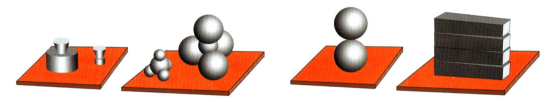

图4-82　表现空间立体形态体积大小的错视　　　　图4-83　表现空间立体形态在上下方的错视

（4）特定视点的造型错视。所谓特定视点，就是在一个特定的视点观看。其造型具有独特的意义，而离开这个视点则成为意义不明确的形态。因为立体形态是要从不同角度观看的，一个视点不可能看到对象的全部情况。如果从一个角度去观看，就会依据经验进行判断与思考，有时就会出现错误的判断。如舞台设计就是利用了特定视点造成的错视，其观察角度只有一个，那就是观众。因而只要对这一角度做出精彩的设计就可以了，假如走上舞台，就会发现在台下的视觉感受与台上的完全不同，台下感觉是立体的，在台上是平面的（图4-84）。

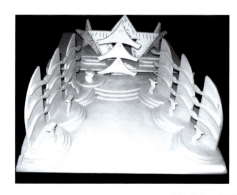 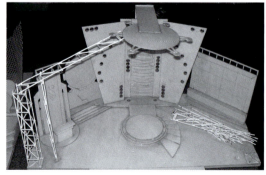

图4-84　表现特定视点的造型错视

（5）隐蔽终端的造型错视。这种方法是利用遮挡手段造成一种假象，故意将走道的终端或出口隐蔽起来，使人迷失方向，一时找不到终端，甚至走重复的路，像进了迷宫。有时应用这种错视进行设计能起到意想不到的效果（图4-85）。

（6）光影造成的错视。同样大小的立体形态，如果背景浅亮则显得小，如果背景深暗则显得大，这种现象被称为光渗现象。利用这种现象，我们能够很容易地改变形态的大小尺度，也可以利用光影效果在一个空间内暗示性地制作新的空间（图4-86）。

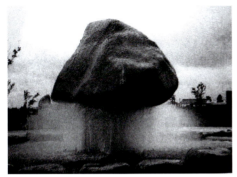
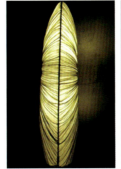
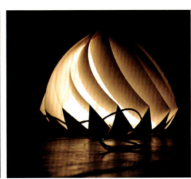

图4-85　表现隐蔽终端的造型错视　　　　　图4-86　表现光影造成的错视

（7）重叠造成的错视。当两个物体重叠放置在一起时，人们通过大脑进行判断，物体轮廓完整的会被判断为前面，而轮廓被遮挡的被判断为后面。由此可见，利用轮廓的完整呈现与遮挡效果，就可以实现远近逆转（图4-87）。

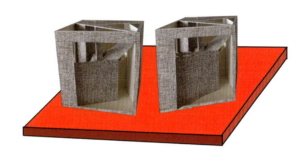

图4-87　表现重叠造成的错视

4.2.3　立体构成中的对比与统一原理

一件好的艺术作品必定是对比与统一的高度结合，这是大家公认的。在对比中求统一，在统一中求对比，已成为一条形式美的总体法则，它适用于任何艺术创作。古希腊毕达哥拉斯认为："美是和谐与比例。"所谓和谐，广义上讲是指两个或两个以上的不同物体放在一起，不显得凌乱；狭义上讲是指对比与统一的关系。对比与统一探讨的是物质形态中所有因素的综合问题，它们是对立的矛盾关系。在立体构成设计中，对比强调的是空间立体形态的丰富多样性，而统一强调的是空间立体形态应具有的整体协调性。对比与统一之间的取舍有时竟是一线之隔，但实际在创作中并不是容易掌握的，因为太过统一会导致乏味，对比太多又会引起混乱，因此对比与统一的和谐是产生形式美感的最终要求。从辩证唯物主义的角度讲，对立统一规律是世界万物运动之理，是同一事物的两个方面。处理好这两个方面的关系，就能使作品具有强烈的形式美感，产生诱人的艺术魅力。例如，一件好的作品要有新奇的变化才能引起人们的视觉欲望，作品的变化越丰富，就越能引起人们的观赏欲望。但是，这种变化不能是无限度的，如果变化过多，其造型之间的差异太大，反而会产生琐碎凌乱的感觉。总之，在任何设计中必须求得整体的调和统一，同时又有适度的对比变化，这样的设计作品才是和谐优美的。

1. 对比与统一的含义及相互关系

（1）对比是指性格各异的立体构成要素之间的各种关系配置极不相同时所形成的对抗性因素，从而产生不同的视觉感受，对比使立体形态个性鲜明。如点立体形态与线、面立体形态的对比，形态的明暗对比关系以及不同的体形态之间的对比等。这些对比能造成立体空间的丰富性和多样性，但这些都是有规律的，我们可以从复杂而有规律的立体空间中获得审美快感。

（2）统一是指性质相同或相近的立体形态要素并置在一起，能造成一种和谐的或具有一定趋势的整体感觉，即共同性和一致性。统一并不是只求形态的简单化，而是使各种各样变化的因素具有条理性和规律性。它包括类似调和和对比调和两种形态。

① 类似调和是采用相同或相似的造型要素作反复处理所产生的调和形式，由于各要素本身的特征相似，其综合的结果较富有抒情的意味，且具有柔和、融洽的效果。造型要素可通过形、色、质、机能的类似等方式达到调和（图4-88）。

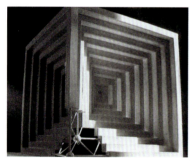
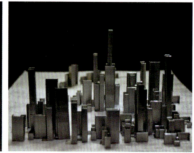
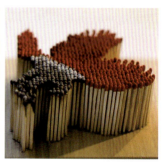

图4-88　对比与统一中的类似调和

② 对比调和是采用不同甚至对立的造型要素之间加强衬托的作用而形成统一和谐的形式。由于各要素本身的特质差异，其和谐的效果具有说理的意味，且能产生强烈明快的感觉，可通过色、形、质的对比调和来表现（图4-89）。

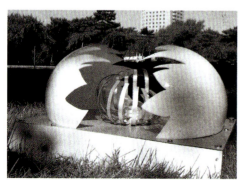
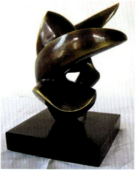
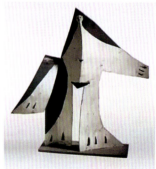

图4-89　对比与统一中的对比调和

对比与统一是一对矛盾统一体，两者互为依存，不可分割，在对比中求统一，在统一中求对比，它们共同作用，才能创造出许多意味深长的作品。

2. 对比与统一在立体构成中的作用

对比与统一是形式美的总体法则，无论是静止的立体形态还是动漫中运动的立体形态，在立体空间中的作用都是不容忽视的，它们共同影响并体现美的视觉效果。

（1）对比原理的审美功能可以使某些特定形态和设计效果在创作中更加醒目和突出。在立体构成作品中，对比是多方面的，如大与小、多与寡、远与近、垂直与水平、上与下、疏与密、曲与直、轻与重、高与低、强与弱等。利用这些对比关系，可以使物质形态有所变化，给人以生动活泼、个性鲜明的感受，并可达到强调和突出重点的目的。从美学角度讲，由对比产生的美感是绝对的和必然的。我们看不到失去对比而产生的艺术作品，相反，凡是优秀的艺术作品，其审美功能都是与强烈对比的精神活力分不开的。可以说，对比的美感原理在现代艺术家和设计师观念中已焕发出新的生命力，它们从不同的思想观念和艺术形态中汲取营养，给作品以鲜明和谐的对比感觉，从而达到新颖而富于时代精神的艺术效果。如果离开对比的绝对性和必然性，就不能体现作品的丰富性和多样性，更谈不上给观众留下深刻难忘的印象，也就达不到设计的目的（图4-90）。

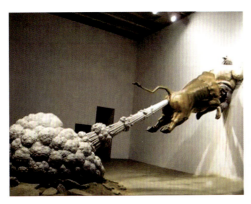
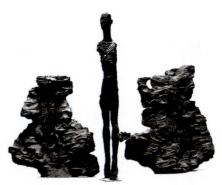

图4-90　对比原理的具体应用

（2）统一原理的审美功能在立体构成中体现出各种形态要素的相对一致性，产生物质形态的整体和安定感，使对比趋于统一的过程，犹如用各种彩线编织成带有美丽花纹的织物一样。从本质上讲，统一是在不同的物质形态中寻找各形态之间的共同因素，驱使物质形态无论是部分与部分之间，或者部分与整体之间，都能相互协调，从而达到统一与和谐。英国美学家威廉·荷加斯在《美的分析》一书中指出："所有看起来合乎目的的和符合人的意图的东西，总会使我们的意识得到满足，因而是令人喜欢的。"但是，初学者在思想上往往缺乏统一整体的观念，不懂得和谐是从整体上体现出来的。因此，在设计中只是简单地将各种立体形态拼凑起来或仅仅局限于某个部分的观察和表现，就会忽视整体的气势。即使把某个局部处理得富有一定的节奏美感，然而相对于整体的其他部分却是一个格格不入的异物，这样就谈不上形式的美感了。正如雕塑了一个非常漂亮的手，但与主要的头上的五官相冲突一样，局部与整体不够协调，漂亮的手起到了喧宾夺主的效果，雕塑家罗丹就毫不犹豫地把手给砍了下来，保证了整体的统一。因此，我们在设计时就要应用统一的一些手段，使对比很强的因素趋于统一，以保证作品的完整效果，给人以整体美感（图4-91）。

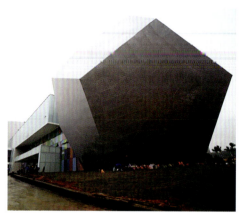
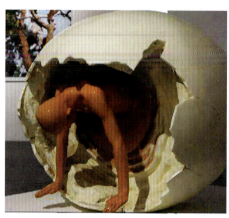

图4-91　统一原理的具体应用

　　如果把美的艺术作品视为一个整体,那么对比与统一就是这个整体的两个方面。在立体构成设计中,既要依靠对比原理来激发作品中的生命力,又需要适宜的统一性使作品具备和谐的效果。正如亚里士多德所表达的:"艺术作品是根据作者内心的原理而合乎目的地统一起来的。"这样才能使作品达到变化与和谐的高度统一。

3. 对比与统一的形式

　　在造型艺术中,对形式的开发与追求是我们的目的之一,如何达到内容与形式的完美统一是设计师永恒追求的目标,因此,对形式的研究就显得尤为必要。

　　(1) 实体与空间的对比与统一。实体与空间是互补且相互依存的。实体(即空间立体形态)依存于空间(即空间立体形态周围的环境)之中,而空间需要通过实体来标识,它们是不可分割的连续体,它们共同作用,反映了空间是一个可塑造的物质元素。处理好实体与空间的对比与统一关系,才能使设计更加完满。实体与空间的对比与统一主要从凸与凹、正与负、虚与实等方面来表现(图4-92)。

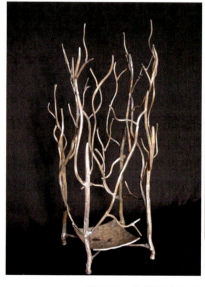
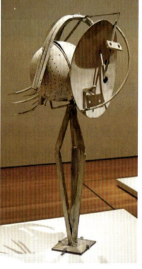

图4-92　实体与空间的对比与统一

（2）材料的对比与统一。材料是立体构成的物质载体。各种材料具有各自不同的外观特征与手感，体现出不同的材料质地美。我们庆幸大自然提供了极其丰富的物质材料供我们选择，一种是自然界直接形成的没有经过人类加工的材料，如木材、泥土、石材等；另一种是经过人类加工和提炼后间接获取的新材料，会形成的新的物质结构，如金属、非金属、复合材料和有机材料等。

在立体构成中，对于材料的选择尤为重要。材料本身被艺术家赋予了生命，有了其自身的语义。在研究过程中掌握材料的质量特征和形态特征，是为了因材施用、扬长避短。因此，应科学地应用材料的特性，使其各自的美感得以表现，达到造型的形、质、色、意的完美统一。

下面就对不同材料的特性加以总结，如表 4-2 所示。

表 4-2　不同材料的特性

材　料	图　形	特　性
木材		温和、亲近、轻便、自然、舒适
钢铁		理性、冰冷、锋利、现代、科学、有重量
石材		永恒、坚硬、牢固、彰显
塑料		轻巧、随意、方便、透明、细腻
金银		华贵、富贵、显耀、辉煌、光亮
玻璃		明澈、脆弱、透明、开放、锋利
纸张		柔弱、古朴、经济、加工方便
纺织物		亲切、温暖、柔软、下垂

使用材料的原因是不同材料能让人产生不同的心理反应。在具体的立体构成设计中，不同材质可产生材质的对比，虽然材质的对比不会改变造型，但不同的材质有不同的感染力，如木材朴实自然、钢材坚硬沉重、布料温馨舒适、铝材轻盈华丽等，这些材质的应用会使人产生丰富的心理感受。在设计时利用材质对比的情况很多，如各种不同肌理的对比、硬材与软材的对比、透明材料与不透明材料的对比、固体材料与液体材料的干湿对比、新材料与旧材料的洁污对比等。当各种各样质地近似的材料组合在一起时，调和关系就显得非常重要。设计时我们应根据构成的不同内容和要求来决定是加强材质的对比关系还是加强材料的统一关系（图 4-93）。

（3）立体形态方向的对比与统一。在立体构成中，利用立体形态方向的因素作为对比时，易形成韵律感和强烈的动感，充满了张力。但为避免凌乱，必须利用统一原理形成平和感和静止感，这样才能达到视觉和心理上的满足（图 4-94）。

（4）立体形态大小的对比与统一。在立体构成设计中，利用立体形态大小的因素进行对比时，应注意立体空间中各形态之间的主次之分，主要的内容和突出的形态要大一些，反之则要较小一些，这样不但能形成对比关系，而且能产生有秩序的韵律感，使作品能满足观者的好奇心，让人产生心理愉悦感（图 4-95）。

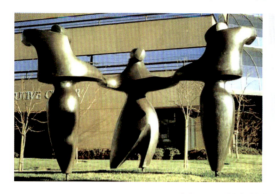
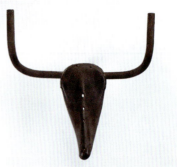

图4-93　材料的使用

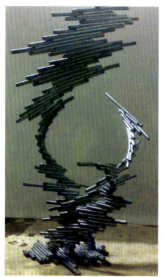
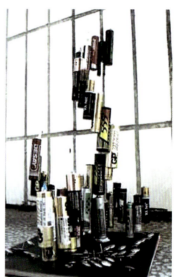

图4-94　立体形态方向的对比与统一

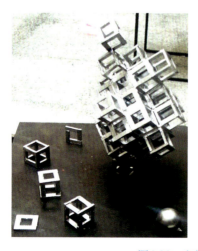
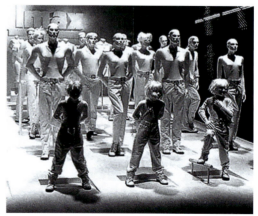

图4-95　立体形态大小的对比与统一

(5) 立体形态形象的对比与统一。在立体构成中，使用不同的立体形态形象能增加其内容的丰富性，如对比关系应用得当，能起到突出形态形象特征的作用，也能达到强化某一形态形象的作用，能给观众加深视觉印象。但这必须建立在统一感的基础上，才能使个别的立体形象最大限度地突出效果（图4-96）。

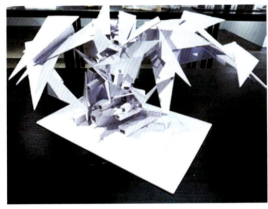
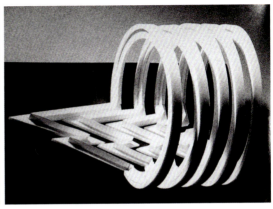

图4-96　立体形态形象的对比与统一

(6) 立体形态曲直的对比与统一。在立体构成中，利用立体形态曲直的因素作为对比时，能强化视觉的心理感受，有利于表达情感特征。立体形态的曲与直在空间中产生矛盾，或柔和，或刚硬，使得构成中形态与形态之间的关系随着设计者与观者的交流在不断得到升华。立体形态的曲与直的统一则易于表达单一的情感，高度的统一能产生安静、柔和、平稳的心理，形成一种比较清晰、明确的心理感受（图4-97）。

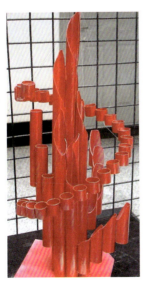
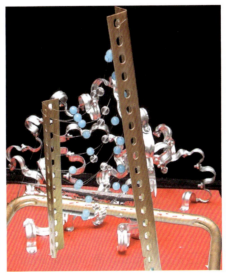

图4-97　立体形态曲直的对比与统一

(7) 立体形态位置的对比与统一。在立体构成中，利用立体形态在空间中的位置因素作对比时，能形成多少、聚散的关系。位置的对比能形成方向感和运动感，位置的统一会产生稳定性，但也易于形成单调、呆板的视觉效果（图4-98）。

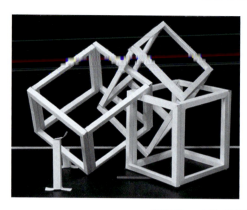
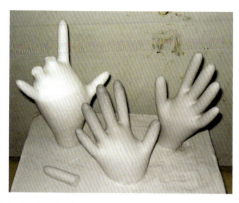

图4-98　立体形态位置的对比与统一

（8）立体形态色彩的对比与统一。在立体构成中，立体形态的色彩因素不能忽视。因为色彩能起到先声夺人的作用，同时也能产生强烈的情感。黑白对比可以产生很强的视觉效果，易于表达动荡的思想情感，但加入统一的因素，则能产生柔和、神秘的画面情调，使心理情感的表达趋于细腻化（图4-99）。

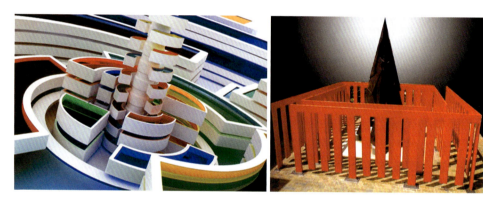

图4-99　立体形态色彩的对比与统一

这几种对比与统一的形式在立体构成中并不是单一使用的，应按照设计意图进行综合应用，形成丰富多彩的视觉效果，使观者心理上产生愉悦感，从而达到设计的目的（图4-100）。

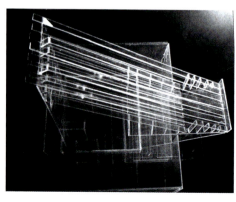
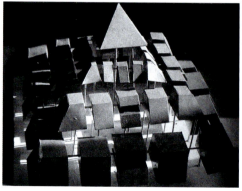

图4-100　立体形态的对比与统一

4．动漫立体造型与空间的对比统一关系

对比与统一是形态构成的总体形式美法则，不仅在静止画面中适用，在运动画面构成中同样适用。由于时间因素的介入，我们从中不难感受到艺术魅力。尤其在动漫创作中，应运用多种艺术手段调动观众的眼、耳器官，共同作用于人们的大脑，让观众得到不同层面上的享受。在对比中求统一、在统一中求对比是导演和动漫设计者必须合理利用的艺术手段，更大限度地追求感染力，打动观者的心。例如，动画电影《僵尸新娘》中的角色造型与场景，以及角色与角色之间的对比关系。维多利亚母亲的形象是高个子，她有宽大的发型、超长的下巴、尖尖的鼻子、近似方形的胸部、冰冷的五官，让人一看就知道是一个冷酷无情的人，并与旁边的矮个子、圆身材的人物形成了鲜明的对比关系。周围环境中柔软的窗帘和坚硬的铁窗户的对比，同时与维多利亚母亲修长的身材形成统一关系，尤其在色调上都是深灰色，使画面达到高度统一。不同人物在特定的环境中形成统一感，揭示出现实世界的冷漠，与导演想要表达的主题相吻合。再看角色与角色之间的对比关系，维克多的母亲有三角形的头型、圆圆的身材，与长方形脸型的男性角色形成对比，体现出人物性格上的明显差异，给观众留下深刻印象。再如动画艺术短片《流放地》中的角色对比更加明显，并具有深刻的象征含义。高大的统治者与小巧的不同身份的政客之间的强弱对比、大小对比、多少对比、聚散对比、位置对比和动作对比等无不体现得淋漓尽致。导演辛辣的讽刺手法，让观众不由得体会出其中的味道。这些对比关系都统一在小而狭窄的空间之中，让人透不过气来（图4-101和图4-102）。

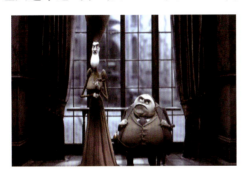
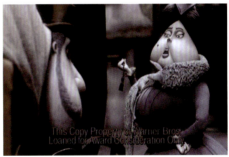

图4-101　动画电影《僵尸新娘》中的对比关系

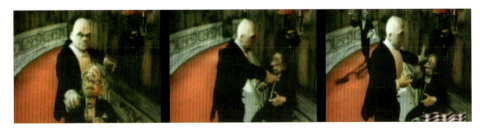

图4-102　动画艺术短片《流放地》中的对比关系

4.2.4　立体构成中的节奏与韵律原理

立体构成中的节奏与韵律是从时间艺术——音乐中借用的术语。节奏原本是同音符在音乐中交替出现的有规律的现象，在这里借用，让人们从具体可见的空间立体形态在

空间的有机组合中感受到其内在的变化和节律。具体地讲，立体形态按一定的方式重复运用，这时作为基本单元的形态有点弱化，而整体的形态在视觉上给人以富有规律的节奏感。

一般情况下，我们所讲的韵律感不够，是指缺乏变化，太过平板；讲的节奏感不强，是指变化缺乏条理规则，它们所讲的侧重点不尽相同。尤其是在动漫这门综合艺术中，节奏与韵律不仅指音乐和声音的规律，同时也指画面中或者运动的立体形态中的各元素之间的有机组合，形成与音乐相辅相成的变化与节律来共同作用于观众的眼、耳、脑，使得形象生动活泼，感人肺腑。

1. 节奏与韵律的含义

所谓立体构成中的节奏，是指立体造型元素通过重复、交替、渐变等所形成的有规律、有秩序的美感，这些变化看上去就像乐曲一样流畅。对于立体构成而言，节奏感更是揭示作品形式美感的重要法则。在设计中务必要格外重视对节奏的把握，因为它可以使作品产生美感。

所谓立体构成中的韵律，是指有规律、有秩序的立体造型元素被赋予长短、高低、起伏、大小、方向、转折、重叠等变化时，就会变得既柔和又优雅，并且富有情感色彩，也就产生了韵律感，有点像诗歌、音乐中的声韵和节律。在诗歌中音的高低、轻重、长短的组合，均匀的间歇和停顿，一定地位上相同音色的反复出现，以及句末和行末利用同调同韵的音进行切合，就构成了韵律。因为它使节奏具有强弱起伏、悠扬缓急的情调，因此韵律比节奏更能打动人心。在立体构成中借用韵律，指的是空间立体形态诸多视觉因素有明显规律的和谐组合。如空间立体形态的重复、渐变、面积、色彩以及秩序化构成关系都具有韵律形式的特征。总之，节奏能让人感受到秩序的美感，并使空间立体形态显得有序、单纯、有整体性。但如果缺少变化，节奏也会给人单调乏味的感觉。如小和尚敲木鱼的声音，虽然有节奏感，但缺乏韵律，使人昏昏欲睡。如果节奏呈现有起伏、有快慢、有律动的变化，就产生了韵律。韵律比节奏更富于感情色彩，常常带给人音乐、诗歌般的旋律感。因此，在立体构成设计中要处理好节奏与韵律的关系（图4-103）。

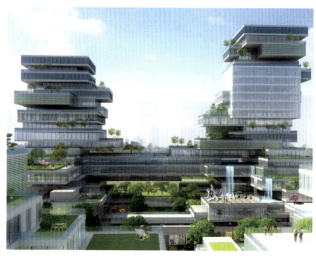
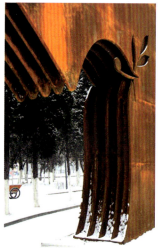

图4-103　节奏与韵律的关系在实际中的应用

2. 节奏与韵律在立体空间中的作用

在立体构成中，节奏是空间立体形态变化中的规律性，其作用主要是使构成中的诸要素按照一定的规律和设计意图进行有机的组合。我们知道，诗歌、舞蹈、音乐、绘画、设计等各门艺术形式都离不开节奏，只要是符合自然运动规律和人生命活动的艺术形式都是美的，因为它们与人的生命息息相关，而人的生命是有规律、有节奏的。呼吸、心跳是生理节奏最完美的体现，四季更替、高山低谷是自然节奏的写照，它们在整个生命和环境中有较强的节奏感，是不以人的意志为转移的客观存在。无论是静止的立体形态还是立体形态在空间中的运动变化，节奏美的法则主要是通过立体形态在空间中的有机组合而表现出来的。但单个的立体形态不能体现其节奏美，只有通过重复和群化的形式构成相应的视觉效应展示出来，才能给观者心理以满足，从而让人们产生愉悦感。

韵律在立体构成中主要是指各立体形态在空间中的变化，其作用是使立体构成中诸多元素形成一定的对比变化关系。如果分开来讲，韵律中的"韵"是指声音的和谐，可理解为统一和调和，但如果没有"异"也就无所谓"同"，因此，"韵"中包含着变化之意，即局部的变化要统一于整体之中，也可理解为气韵、神韵、韵味。韵律中的"律"是指节奏、节律、规律等，可理解为重复、群化，即两个以上的个体的有间隙的组合，更侧重于统一。因此，"韵律"就是"变化与统一"，但侧重于变化。节奏与韵律在立体构成设计中的作用是非常重要的（图4-104）。

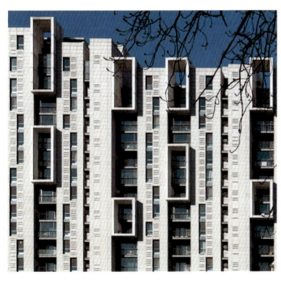
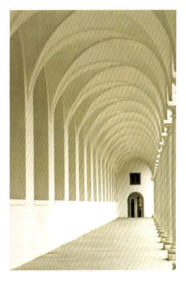

图4-104　节奏与韵律的实际应用

3. 动漫立体造型与空间的节奏、韵律的关系

单幅画面中的节奏与韵律的形式美法则主要体现在形态要素的各种排列组合上以及色彩的组合上，能给人错落有致、色彩对比和谐的视觉效果，观众能结合自己的欣赏状态来体会其中的韵味。这种表现手段在加入时间因素的运动画面中同样适用。大小、高低、前后、疏密等变化也要在运动中进行合理安排，以便充分发挥其表现作用，体现导演和设计师的设计意图，带给观众运动中求变化与统一的美的享受，从节奏中体会无限的韵律美。

例如，动画电影《僵尸新娘》中的几个画面就是这样表现节奏与韵律美的。在现实中尽管有生命，实则死气沉沉的气氛中，维多利亚婚礼的宴会上，各种身份的亲戚朋友有高有低，有胖有瘦，一本正经地坐在桌子两旁，在周围昏暗、灰沉的色调中，给人一种非常压抑的感受，这种节奏感、韵律感是很低沉的。相反，在地狱的另一个世界里，虽然没有生命，但有活跃、欢乐的气氛，因此不会给观众心理上造成沉闷、忧郁的感觉。形态各异的幽灵世界里，各种所谓生灵反而表现得活灵活现，他们伴随着欢快的音乐节奏载歌载舞，气氛热烈，众人给僵尸新娘举行婚礼，与正规、没有生气的现实世界形成鲜明的对比，这也正是导演要传达给观众的内心感受。这种差别越大，情感表达就会越强烈。再如动画艺术短片《流放地》中的大亨与各种身份的人物之间的大小对比，产生了明显的反差，其节奏也是非常强烈的，在下面桌子周围坐着的各种政客，有高有低，形态各异，也能让人从中体会出各人心怀鬼胎，思想不一致。在这种气氛中寻求一种所谓的平衡，在流动的空间中变化着的各种形态给人们心理上造成一种不安感，这种秩序该如何安排会让人深思，其韵律感要慢慢品味（图4-105和图4-106）。

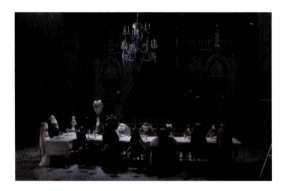 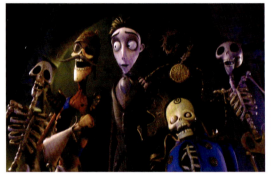

图4-105　动画电影《僵尸新娘》中节奏与韵律的作用

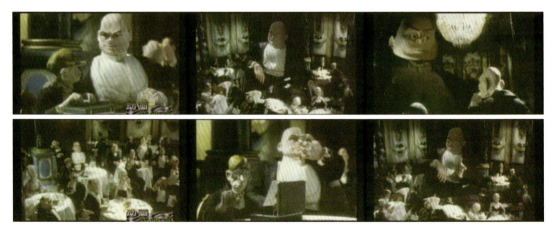

图4-106　动画艺术短片《流放地》中节奏与韵律的作用

4.2.5　立体构成中的对称与平衡原理

在立体构成设计中，对称与平衡被视为有特殊地位的形式，是人类长期以来在实践中总结出的经验，设计者为达到设计的目的会经常使用。同时这也是立体构成设计过程中最基本的原理之一,无论是静止的还是运动的空间立体形态都同样适用。

1. 对称与平衡的含义及分类

(1) 对称的含义及分类。对称是指立体形态的对称中心两侧和周边各部分,在大小、形态、位置、方向和排列上具有一一对应的关系。其形式美在于能给观众视觉带来安定端庄、高贵威严、稳定平和、庄重严肃等感受,如果与平衡、节奏、韵律等形式相比,更会显示出对称所具有的规范、完美、严谨的美学性格特征。

根据设计的需要和给观众带来的心理感受,对称又可细分为绝对对称和相对对称两种形式。所谓绝对对称,是指将立体空间诸多要素在保留对称形式的框架下,以相同的形态、量度和色彩配置放在中心轴的两侧,呈现出庄重、威严、安定的视觉效果。如人体的五官、四肢和躯干,中国传统的宫殿、寺庙或宅院等布局,都是标准的绝对对称形式。所谓相对对称,是指将立体空间诸多要素在对称形式内在的框架支撑下,呈现出中轴线左右的对称双方在形态和量度上并非绝对相同,而是看上去基本相称,但仔细比较会发现无论在形态上还是在量度上都不太相同,有微小的变化。这种相对对称能在视觉上造成含蓄、耐看的效果,因为它在保持对称美感的同时,引入了属于其他形式因素的美感成分。如果创作者能善于利用这些影响平衡的诸多要素,把握非对称部分的静量和动量的交互制约,将使形态具有轻松、自然且富于变化的对称平衡美感(图 4-107)。

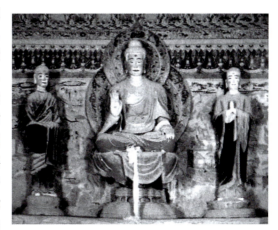

图4-107 对称的实例(中国传统寺庙的布局)

(2) 平衡的含义及分类。平衡是指立体空间诸多要素在整体布局上能够达到安定、平稳,使立体形态具有物理上的平衡感和视觉上的稳定感。一切事物都处于运动和发展之中,总会不时地产生不平衡状态,人们的审美本能总是希望调整不平衡状态,达到一种稳定和完美之感。在人们的视觉经验里,平衡在人们的心里总是自然、安定的。相反,不平衡的状态在心理上会产生不稳定之感,给人造成不舒服的感觉。因此,平衡的形式美在视觉上是一种视觉心理活动,是一种视觉美感。在立体构成设计中,平衡强调的是立体形态在空间组合关系中的"动"的因素和趋于打破平衡的形式特征。同时,均衡又是立体形态在空间中的不规则、无序和动态感在视觉上的统一,如立体形态的聚散、相互穿插等带来的均衡的构成形式。

从对平衡与均衡的论述可知,立体形态对比基础上所达到的稳定体现在物理稳定与视觉心理稳定两个方面。物理稳定是指立体形态的物理重心落点合适,物体稳定,不会倾倒;视觉心理稳定是指立体形态外观的量感重心满足了视觉上的稳定感觉,视觉重心直接影响形态创造的情感表达。在物理重心稳定的基础上,建立一种适度的轻巧与变形,可以满足人们在特定环境下的视觉心理需求(图 4-108)。

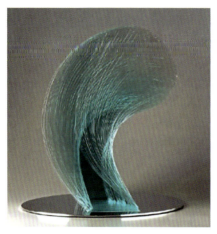 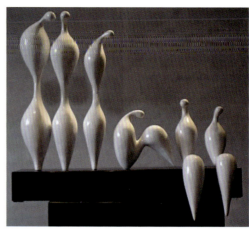

图4-108　平衡在立体实例中的应用

2. 对称与平衡在立体空间中的作用

在立体构成中，对称与平衡的作用是不容忽视的。早在六十多万年以前的北京猿人所制造的粗糙石器，其形状就是对称的。即人类初期就已经开始使用对称的美学原理来美化装饰自己了，这大概与自然界中许多形态的对称性是分不开的。如人和动物的身体、蝴蝶的双翅、各种树木、植物的果实以及一些花卉等，这些自然形态体现出的形式美感对人类视觉的启发是很大的，于是现代人就把这些严谨、规范的美学性格特点纳入设计中，形成明显的标记。如中国汉代瓦当上的图案、唐代铜镜上的图案、欧洲中世纪哥特式教堂门窗的布局和神秘壁画的构图，无不采用严格的对称法则，因为它们体现着一种权威、高贵。可以说，对称美的性格特征与中外古典美学思想的范式是互为一体的。正如马克思主义美学中所讲："艺术中的对称原则不是艺术家随心所欲的产物，而是客观世界的实际规律在艺术中的反映。"无论是相对对称还是绝对对称，都能使空间中的立体形态产生稳定、庄严、神秘、高贵的艺术效果。

尤其是在立体空间中，平衡的处理及效果是现代艺术家和设计师所一味追求的，它们打破绝对对称带来的单调乏味之感，给作品带来了活泼自由的气息，使观众在心理上产生一种愉悦感。阿恩海姆在他的《艺术与视知觉》一书中首先对平衡的式样作了深入的研究，他从形态结构、知觉力剖析、心理与物理、重力、方向等方面对平衡的审美意义给予清楚的解释，他指出："我们必须记住，不管是视觉平衡还是物理平衡，都是指其中包含的每一件事物都达到了一种停顿状态时所构成的分布状态。在一件平衡的构图中，形状、方向、位置诸因素之间的关系都达到了如此确定的程度，并且不允许这些因素有任何细微的改变。在这种情形下，整体所具有的那种必然性特征也就可以在它的每一个组成成分中呈现出来了。"显然，平衡形式的美感特征在于空间中立体形态诸多要素形成的多个重心的相互作用，它不像对称形式只把作品的重心放在最稳定的中心线上而给人一种四平八稳的感觉。因此，平衡没有固定的模式，只能通过各种形态要素所形成的"力场"来共同作用，使观众在心理上达到一种视觉平衡，从而产生愉悦感。如果所设计的立体空间中诸多立体形态不平衡，会对观者造成一种挫折感，好像所欣赏的对象有一种中断感，不是连贯为一体的，这只能给统一的整体造成局部的干扰。从另一个角度讲，平衡是人的生理需求，一个人如果失去了平衡，就会无法生存。而人除了要求自身的平衡外，还要考虑周围环境的平衡，因为它能使人产生稳定、安全、平静的心理感受，在动漫设计中也是如此（图4-109）。

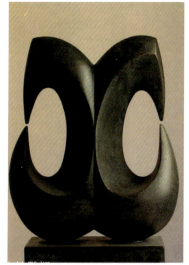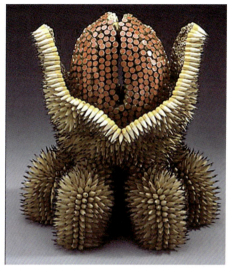

图4-109　对称与平衡在立体空间中的作用

3. 对称与平衡的形式

（1）结构形式。最完美的结构形式就是对称，在结构上无论是绝对对称还是相对对称，都可使形态具有稳定感，能产生庄严、肃穆、大方、和谐、完美的感觉，并可增加人们心理上的安全感，如佛像的对称塑造、北京故宫的布局、政府机关办公大楼的布局、适合在严肃场合下穿着的服装等。对称的结构造型不仅造型完美，而且能发挥其使用功能。但是绝对对称也有不足之处，在视觉上容易形成呆板和沉闷之感，如果能采用相对对称或平衡与均衡的关系，将会达到令人满意的效果。因此，在立体构成设计中，产品造型和空间分布可以采用平衡与均衡的结构形式，这种结构形式以平衡支点为中心，保持造型要素"力"的平衡，同时应用大与小、轻与重等对比关系，会给人以生动、灵巧、轻快的感觉。其量感达到平衡的条件下，形态有所变化，这样才能使形态优美，变化丰富（图4-110）。

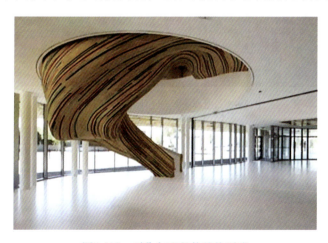

图4-110　对称与平衡的结构形式

（2）重心与触地面积。在立体构成制作中，重心的处理往往很重要，这与形体底部触地面积有关。一般情况下，重心偏高的形体，其底部触地面积就大，因为要抵消重心高带来的不稳定感；而重心偏低的形体，其底部触地面积就小，这与重心低而稳定有直接关系。体态高则重心也高，有轻巧感；体态低则重心低，给人以稳定、厚重感。当物体重心处于总高度的1/3以上时，视觉上显得比较轻巧；当物体重心处于总高度的1/3以下时，就会有稳定感（图4-111）。

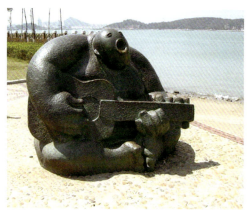
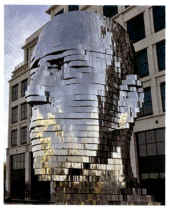

图4-111　重心与触地面积的实际应用

（3）材料质地。不同材料带给人不同的心理感受，粗糙的表面能产生稳定感；细腻有光泽的表面能产生轻巧感；表面致密较重的材料具有较强的稳定感；表面颗粒疏散较轻的材料具有一定的轻盈感和动感，如泡沫材料。在应用不同材料设计时，应充分考虑其质感以及平衡与稳定感，应做到与自己的设计意图相吻合，达到尽善尽美的程度（图4-112）。

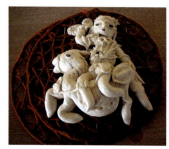
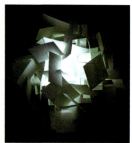
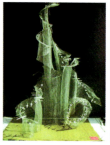
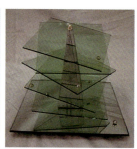

图4-112　材料质地的实际应用

（4）色彩。空间立体形态在空间中的应用，不仅要考虑其形态造型，还要充分考虑色彩给观者心理造成的感觉。好的色彩应用可调节视觉上的平衡与稳定，也能调节观者的情绪。通常情况下，形体表面色彩明度低的材料具有稳定感，色彩明度较高的材料具有轻巧感。因此，在立体构成的设计中，应积极应用色彩对人感官的影响来达到相应的视觉平衡（图4-113）。

（5）分割。立体形态的结构、材质、色彩都可影响空间的平衡与稳定，我们可以利用分割手段，将各形态要素进行重组或变形处理，削弱和加强某立体形态的量感或质感，使其变得轻巧或厚重，从而达到空间各立体形态的总体平衡（图4-114）。

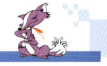

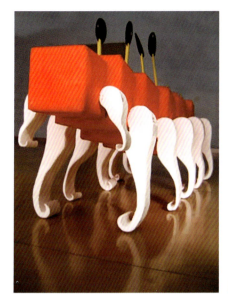
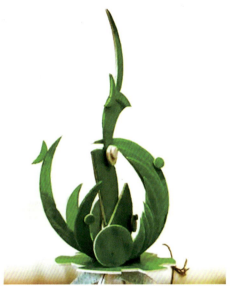

图4-113　材料色彩在立体构成中的应用

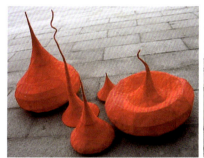
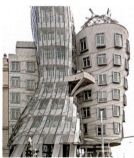
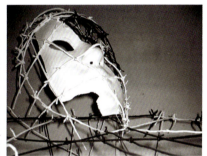

图4-114　材料分割的应用

4. 动漫立体造型与空间的对称、平衡的关系

画面平衡关系的处理，是设计者必须考虑的问题之一。尤其在静止画面中，观众的视觉都在无意中寻求一种平衡。从表面上看，是体现在画面内部各形态要素的变化上，但观众能从中感受到一种内在的心理平衡，设计者处理这种关系的手法和意图直接影响欣赏者的内心状态。这种表现方法在运动画面的处理中同样适用。我们在时间的推移中能感受到导演带来的这种动态平衡，主要表现在画面的起幅和落幅上，观众能从中体会到导演的用心设计。对称关系是平衡中常用的一种理想关系，设计者在应用这种关系时，为了不同的目的，又将其分为绝对对称和相对对称两种形式，每种形式都有各自的妙处。绝对对称可体现威严、冷酷的气氛，而相对对称打破了死气沉沉的气氛，有一种活力，但基本形式还是对称的。这在设计中经常用到，可体现某种情绪。例如，偶动画电影《僵尸新娘》中的一些画面能让人体会到导演的良苦用心。在伯爵的婚礼上，导演用对称的形式表现现实生活中人们的规范行为，在桌子的顶端是伯爵和伯爵夫人，表示尊贵，而在两旁是各种身份的亲戚朋友，他们神态各异，高低错落有致，但没有任何生气，显得既正规又严肃，此时就是采用了相对对称的形式来体现这种所谓的结婚气氛。按常理，结婚应是热闹活

泼的，但这种场面则给人一种压抑得透不过气来的感觉，这也正是导演所要体现的内心感受。再看另一个场景，是在人间举办的主人公与维多利亚的婚礼，新人在神父庄严的神情下进行宣誓。导演也采用了对称的形式，但不是绝对对称。一方面，体现场面的庄严；另一方面，也要给这种压抑的气氛一种调节，并预示着事情的复杂性，而不是想象中那么顺利。对这种情势的把握，导演做得恰到好处。再如动画艺术短片《流放地》中的镜头，导演也是采用对称的手法来表达动态画面的平衡的。高大的独裁者处于画面正中的位置，下面的一些政客各怀心事，但又不敢与之抗争，只能唯唯诺诺地服从。最后独裁者肚子破裂，预示着自己设计的计划破灭。导演采用了对称的平衡处理手法，其寓意不言而喻，这也是导演的高明之处（图4-115和图4-116）。

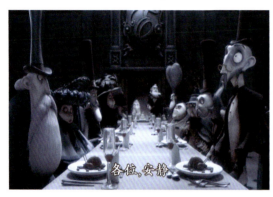 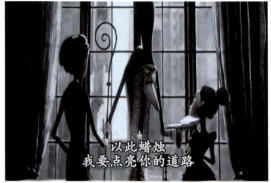

图4-115　偶动画电影《僵尸新娘》截图

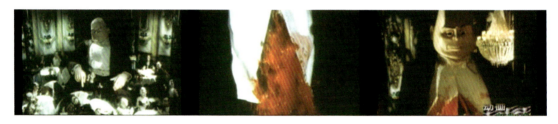

图4-116　动画艺术短片《流放地》中的镜头

思考与练习

1. 认真思考空间立体的形式美法则所带来的心理感受，并考虑设计者是如何用空间感来体现自己的设计意图的。

2. 根据自己所学立体空间形式美法则中的群化、渐变、发射的形式完成一个立体的构成练习。具体要求如下。

（1）立体基本形的形态不限，但应符合基本形的要求。

（2）应用群化、渐变和发射形式完成一个综合立体练习。

（3）整个形态组合应注意节奏的把握，最好能体现一定的主题思想。

(4) 形式感要新颖。
(5) 注意整体视觉感受的把握。
(6) 底座尺寸为30cm×30cm。
(7) 材料为苯板及其他可塑材料。

3．应用对比与统一、节奏与韵律、对称与平衡法则完成一个自己喜欢的空间立体形态组合练习。具体要求如下。
(1) 题材、内容不限。
(2) 材料不限。
(3) 形式感要新颖。
(4) 尽量充分体现对比与统一、节奏与韵律、对称与平衡法则，尽量做到恰到好处。
(5) 注意整体视觉感受的把握。
(6) 底座尺寸为30cm×30cm。

4.3　立体构成的肌理表现

肌理在立体构成中体现的是立体面形态的一种平滑感和粗糙感。在现实生活中，肌理无处不在，无时无刻不在被使用并影响着我们的感受，这种感受是在长期的生活实践中慢慢积累起来的。人们认识事物总是从表象开始的，只是一看到或触摸到某种肌理，便会从积累的生活经验中联想到事物的本质。设计师利用或创造肌理来进行辅助设计，或体现物质的特性，或形成视觉上和触觉上的效果，甚至设计出肌理的特殊功能。

肌理也是一种客观存在的物质表面形态。任何一种材料的质都必须有其物质的属性，不同的质有不同的属性，即不同的肌理形态。同时，肌理还能引发人们不同的心理感受，能使人们心理产生多种多样并可感知到的特殊的意味，如松树粗糙的皮、人类的肌肤、动物的皮毛等，它们或粗糙，或细腻，或柔软，或温暖，或干燥，或可爱，或好玩。有的肌理（如人民币的表面）令人喜欢，有的肌理（如蛇的皮）令人厌恶。这种感受并不是物质形态表面本身所具有的，而是人们心理方面的一种感受，是人为加上去的，久而久之，就会产生一种"通感"，甚至有一种象征含义，这也是设计者应在立体空间中充分表达的意图之一。

肌理多种多样，既有自然形态的肌理，如沙子、海水、干裂的土地、石纹和木纹等，又有人造肌理，如布料、墙纸等。在立体构成中，对肌理的研究侧重于触觉上的感受，侧重于触觉肌理的形式及构成方式。肌理也不是独立存在的，它属于立体空间的细部处理，是形态表面的组织构造，自然与形态有着密切的关系，并对立体形态起着重要的作用。如可以增强形态的立体感，可以丰富立体形态的表情并消除单调感，也可以作为形态的语义符号来表达不同的情感和传达不同的信息等。

肌理是一种特殊形式的美，又是提高艺术表现力的重要语言。对肌理的研究有助于触觉效果的表现和设计意图的表达。它不仅有形式上的美感和审美功能，而且能体现物质属性的应用价值。在我们的设计中已经越来越离不开对肌理的表达，也越来越多地用肌理去表达自己的思想感情（图4-117）。

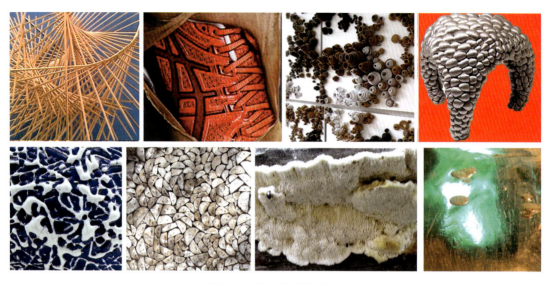

图4-117　肌理特殊的美感

肌理在动漫设计中的表现也越来越重要，无论是造型设计还是场景设计，都离不开对肌理的表达，人们也越来越侧重用肌理去表达某些特殊意义并形成不同的气氛（图4-118）。

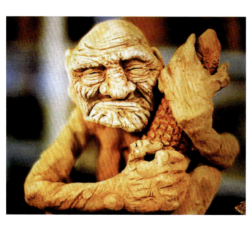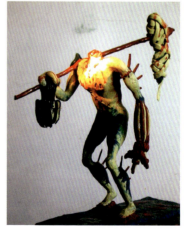

图4-118　肌理在动漫中的应用

4.3.1　肌理的含义、分类、功能及制作办法

肌理在立体构成的设计中是很重要的，如果应用得好，能收到意想不到的艺术效果。但我们必须理解肌理的含义、分类、功能及制作办法，才能恰如其分地加以应用。

1. 肌理的含义

肌理是指物质内在构造的外在表现，即物质的表面质感。它是各种不同质感和不同构造的物质所给予人们感官上不同特征反映的总称。通俗地讲,肌理是物质结构表面所存在的一种纹理,是物质的一种表象特征,也是我们认识事物本质的直接媒介。尽管它是事物的表象,但表象与内质是分不开的,因此肌理实际上成为认识大千世界的一种方法,也是设计中体现物质特性与视觉形象创造的主要手段之一(图4-119)。

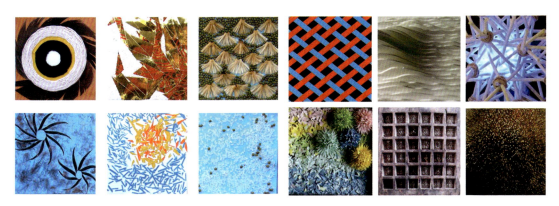

图4-119　立体肌理实践

2. 肌理的分类

肌理一般是通过人们的视觉和触觉来感知的,因此肌理可分为视觉感受到的视觉肌理和触觉感受到的触觉肌理两种类型。顾名思义,视觉肌理就是以视觉为主导来感知物质材料表面的质感。如大理石的质感通过其纹理就能获得,它们的平滑感和粗糙感并不意味着触摸时的感觉,而是一种画出来的平面的肌理效果。因此在制作视觉肌理时,可以忽略其肌理的形态,而只注重其结构。触觉肌理,顾名思义,是靠触摸而感知物质材料表面的质感,或是细腻感,或是粗糙感,或是质地感,或是纹理感等,它是可见、可触摸的,如树木的表皮、人的肌肤等。在立体构成中,触觉肌理指的是一种视觉形式,是由较小的规则或不规则的立体形态经过群化或密集化处理后形成"面"立体,由此体现出平滑感或粗糙感。因此,在设计时主要是对触觉肌理进行研究,可以把触觉肌理应用于立体空间的局部来影响观者的心理,从而达到自己的设计意图(图4-120和图4-121)。

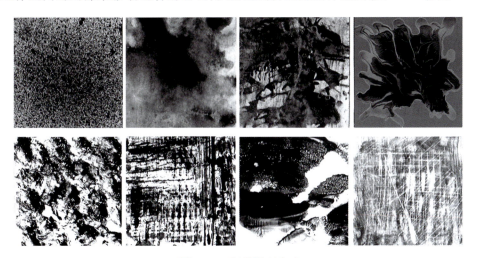

图4-120　视觉肌理实践

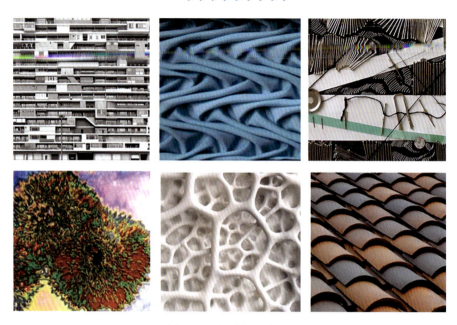

图4-121　触觉肌理实践

3. 肌理的功能及制作方法

肌理不但会让人产生特殊的视觉感受,而且有实用功能。下面就对肌理的各种功能以及制作方法加以说明,以便在设计中能灵活应用。

(1) 肌理的功能。肌理的功能主要有视觉功能、触觉功能、实用功能以及文化符号功能等。

① 肌理的视觉功能。该功能主要应用于平面设计中,用以视觉形态为特征的肌理将画面设计得更有张力和力度,使画面中的背景和物体具有逼真的视觉效果。这在动漫设计中尤为重要,而且也能产生一定的错视,产生有趣的物质联想和空间联想(图4-122)。

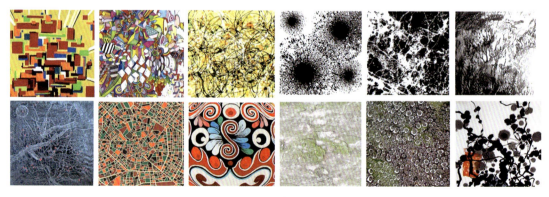

图4-122　肌理的视觉功能

② 肌理的触觉功能。物质的空间形态能体现其特性,如软硬、光滑、粗糙、结构状态、细密程度、冷暖等,在触摸时能有一种感觉。我们在装修房屋时所用的各种各样的地砖、墙砖、墙纸以及复合地板、铝合金等都可以体现肌理的触觉功能,在视觉和触觉上能产生强烈的效果(图4-123)。

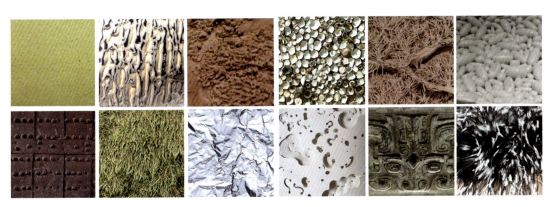

图4-123　肌理的触觉功能

③ 肌理的实用功能。在各类设计中，肌理能完成许多实用的功能。例如，下坡道使用具有立体肌理的材料能增加摩擦力，使用特殊的肌理形成导盲路标与扶手设计。另外，触摸界面的设计，会议室、录音棚里的墙面隔音肌理等都具有既实用又美观的肌理效果（图4-124）。

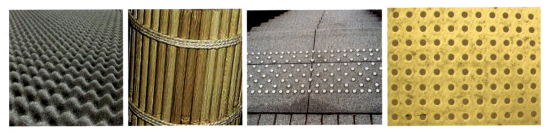

图4-124　肌理的实用功能

④ 肌理的文化符号功能。肌理在特定的环境和工艺下具有一种文化符号的功能。例如，道路两边的古典公交候车亭是一种文化的符号，用藤条和藤皮编织的物品和家具是具有中国南方民俗的符号，金属材料是现代工业的符号等。建筑、园林、器具都是以肌理的形式留给观众的一种文化的符号，可以提升形态本身的文化内涵。新石器时代陶器上的印纹、古埃及神柱上的浮雕以及民间大门上的乳钉等，都具有深刻的文化特征（图4-125）。

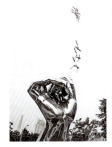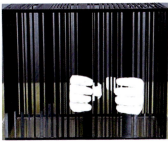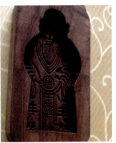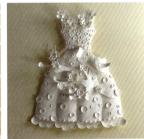

图4-125　肌理的文化符号功能

（2）肌理的制作方法。肌理的制作方法主要有印刷法、琢磨和雕刻法、模压法、腐蚀法、黏合法、打孔法、编织法、折叠和揉皱法、综合法等。

① 印刷法。这是平面设计中常用的手段，在今天的数码时代能创造出很理想的视觉效果。利用从自然中获得的肌理图像，就能将其逼真地印刷在各种物体上，并形成凹凸感。

② 琢磨和雕刻法。这种方法实际上是最古老的加工手段之一。古代的金银器加工使用最多的是琢刻法。用合适的工具在材料的表面进行敲打磨刻，就能产生所需要的肌理。

③ 模压法。以冲压的方法，用模压机器使平整的材料表面产生肌理。这样的方法能成批加工，适合产品表面的肌理处理。

④ 腐蚀法。金属和玻璃都能够使用腐蚀法进行肌理加工，可产生很生动的浮雕效果。

⑤ 黏合法。将两种或两种以上的材料黏合在一起，使原来比较光滑的表面发生变化，会改变原来肌理的视觉特征。通过将两种材料用不同的加工手段，可以使黏合的两个面相同或完全不同，从而产生不同的功能，易于进行视觉识别。

⑥ 打孔法。在纸板和金属板上有目的地打孔，也是肌理加工的一种方法，常用于灯箱、贴面、包装材料的加工，可以打破平滑材料的特征而产生肌理感。所打的孔有大有小，有疏有密，可形成视觉和触觉肌理。

⑦ 编织法。这是传统的工艺手法，可将细小的线型材料通过编制产生新的特性（图 4-126）。

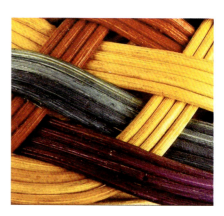

图4-126　编织法

⑧ 折叠和揉皱法。金属薄板的折叠和切割变形是肌理很有效的加工方法。如用纸板进行切割折曲加工、菱形凹凸折曲加工等，都能产生很复杂的表面肌理。用纸张或类似材料进行揉皱加工，也可以产生自由、生动、活泼的肌理效果。

⑨ 综合法。以上这些制作方法并不是单独使用的，有时为了达到某种特殊效果，可以合起来共同使用。综合法的效果非常丰富，但如果应用不当，会产生散乱的现象（图 4-127）。

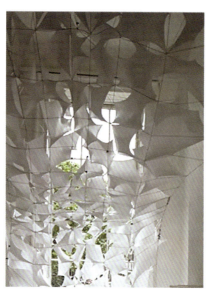
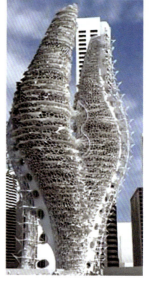

图4-127　综合法

4.3.2 立体肌理的表现与情感特征

设计者利用肌理或创造肌理的目的是实现设计意图或进行情感表达。我们知道,肌理给人们心理上造成的影响是实实在在的,是不以人的意志为转移的。不同质地的肌理会给我们心理上造成不同的感受,同时,利用人们对肌理的通感来设计作品,容易触动用户或观者。如在日常生活中,我们既需要高雅、珍贵、精细、柔和的肌理,也需要坚挺、平实、朴素、洁净的肌理;既需要古老、华丽、复杂的肌理,也需要现代、神秘、简明的肌理。如何合理地应用这些千变万化的肌理,就需要设计者进行精心的研究。

肌理对人们心理上产生的影响在设计中是很重要的。表 4-3 展示了不同材料的情感特征。

表 4-3 不同材料的情感特征

材　料		心　理　感　受
木材		真实、朴实无华,有纯朴、自然、亲切之感
金属		冷峻、无情、有光泽,有冷漠、遥远之感
瓷器		有光泽,有滑润之感
泥沙		有粗犷、朴素之感
布料		有柔软、温暖之感
用手制作的肌理		有不规范感,但显得活泼自然
机器创造的肌理		有统一、规范之感,有严谨、死板之感
细腻平滑的肌理		有温暖、恬静、平和之感
凹凸不平的肌理		有苦涩、艰难、不安之感

这些肌理在情感方面可分为状物性肌理、抒情性肌理、悦目性肌理和实用性肌理四种。

1. 状物性肌理

状物性肌理主要是指对客观素材中各种物质所特有的肌理特征。如写实风格的雕塑及浮雕作品中对人物和器物肌理的仿真再现。由于是真实再现的肌理,会给人一种真实可信的感觉(图 4-128)。

2. 抒情性肌理

抒情性肌理是采用对客观素材写意的手段来强烈地抒发特定情感的肌理。在视觉艺术创作中,以肌理抒发情怀及表达情绪是肌理表现的重要内容。不同的肌理具有不同的表情特征,会给人们不同的心理感受。艺术家通过对客观素材肌理感的情绪化再造,可更加充分地抒发出艺术家内心真挚而强烈的情感,增加视觉形象对观众情绪的影响。如印象派画家凡·高的油画中,画家常常应用扭曲转动、排列密集的短线条勾画出具有一定厚度和有触觉感受的抒情性肌理效果，体现了画家真挚的情感，像火焰般闪动跳跃的形态肌理特征会使画面形象极富艺术感染力。画家借助它触肌理的抒情特点，以情绪化的主观肌理笔触，充分展示出画家强烈的、内在的思想活动和熊熊烈焰般的激情。观众借助画面中体现出的心境，可以感受到画家对生活、对生命、对大自然的无限热爱。再如动画艺术短片《天鹅》中导演利用沙子流动性强的特点制作出流沙飞动、天真可爱的天鹅形象，其肌理给人的感受是自然、流动、有激情。这些作品都体现出作者对肌理抒情性特点的成熟把握，充分体现了其特有的表现力，并激发出观众无限的想象力（图4-129和图4-130）。

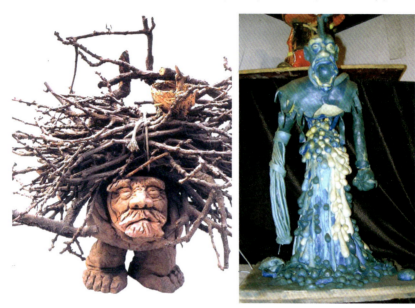

图4-128　状物性肌理（于庆成作品）和学生作品

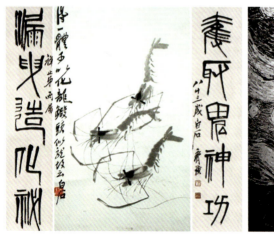 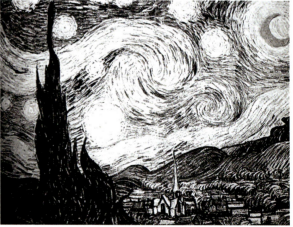

图4-129　抒情性肌理（齐白石的《虾》和凡·高的《星空》）

3. 悦目性肌理

悦目性肌理侧重强调自然和自律的趣味性，可引起视觉美感。在视觉艺术中，因势利导地利用造型材料自然存在的肌理特征，使其合理地与艺术形象所需的肌理特征相统一，如设计非常巧妙的根雕、石雕、木雕等，利用物体的天然形状"因材施雕"，使物体自身的肌理特性与作者的意图相吻合，使作品具有自然天成之感，令人产生悦目、动人、和谐、温馨的感受（图4-131）。

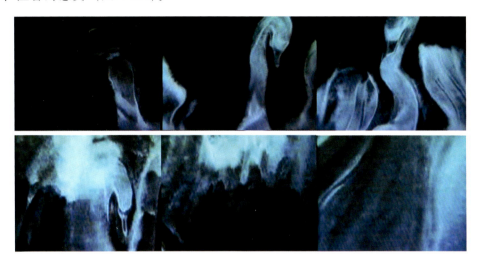

图4-130　抒情性肌理（动画短片《天鹅》）

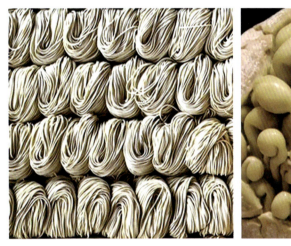
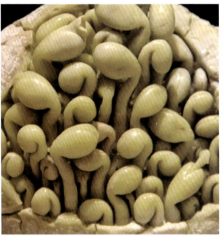

图4-131　悦目性肌理

4. 实用性肌理

实用性肌理是侧重于物质使用功能的肌理。其再造特点是以人体工程学为基础的，以满足人的特定环境中对形态物质功能合理性的基本要求为主要依据。如音乐厅和录音棚中墙壁的肌理不能太平滑，而要有一些凹形或小孔，其肌理效果美观实用，能起到隔音和吸音的作用。因此，实用性肌理的审美首先要考虑其实用性，再考虑其和谐、美观的特性。

总之，这几种肌理在立体构成设计中常常是相互融合、相互补充的，其目的都是为设计出较好的作品或为设计意图服务。在同一件艺术作品中，对肌理各种功能的利用要统筹安排并有所侧重。

4.3.3 立体肌理在动漫设计中的应用

肌理给人的心理感受是不以人的意志为转移的，在不同情形下合理应用不同肌理会起到意想不到的效果。无论是平面肌理还是立体肌理，无论是静止形态还是运动形态，都具有非常重要的作用，尤其在动漫创作中更是如此。如动漫创作中常用的表现力较强、较亲切的材料——泥巴，用其塑造的作品是极易打动人的心灵的。如农民艺术大师于庆成的泥塑作品《老奶奶》中用泥巴塑造了多种不同质感的肌理效果，饱经沧桑、满脸皱纹、皮肤粗糙的老奶奶会使我们想起面朝黄土背朝天的黄土高坡的老农和那朴素善良的心灵。在老奶奶背上安然熟睡的孙子，其光滑的皮肤与老奶奶粗糙的皮肤形成鲜明对比，接下来又让我们想到老奶奶用同样的母爱抚养了孙子的父亲，从而想到她不知抚养了多少子孙。最突出的是她那干瘪的乳房夸张得快拖到地上，还有棉裤、棉靴，用泥巴表现出的不同质感会深深打动观众的心。再如，学生作品中应用不同质感的肌理表现室内一角和孤独的人，墙面肌理与地面肌理形成对比，应用状物性肌理表现了各种物质特有的表面特征，给人以真实感（图4-132）。

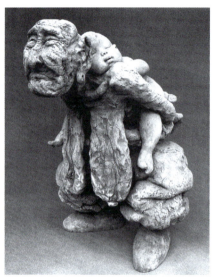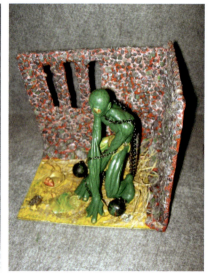

图4-132 《老奶奶》（于庆成作品）和《孤独的人》（学生作品）

在动画作品中，应用不同材料制作的木偶造型，在时间的推移中表现出其情节、情感，应用不同物质特有的质感，加上情节的变化，给人一种真实可信的感觉。如中国偶动画《阿凡提》中的几个角色与场景设计都表现出不同肌理带给人的不同感受，更增强了真实感。在画面中，正面人物阿凡提的胡子、衣服的质感与小毛驴的皮毛质感形成对比，巴依老爷华丽的衣服与周围土块的质感形成对比，各种人物的衣着、皮肤与周围树木的质感形成对比，这些对比都能产生真实可信的效果，给人一种亲切感。再如动画电影《僵尸新娘》中的人物、场景中不同质感的对比，阴间小鬼们的形态质感更增加了恐怖的气氛，但从整个故事所表达的内涵来看，却不显得可怕，反而让人觉得可爱。如此表现正是导演所要的。还有森林中树皮的纹理会给人一种可信感，让观众感觉如同在真实的环境中一样，一点都不陌生（图4-133和图4-134）。

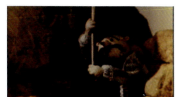 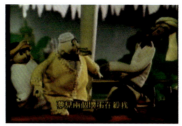 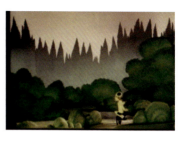

图4-133　中国偶动画《阿凡提》中的几个角色与场景设计

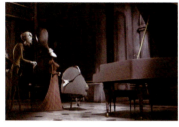 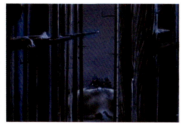 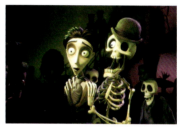

图4-134　动画电影《僵尸新娘》中的人物、场景中不同质感的对比

思考与练习

1. 在学习了本章肌理知识的前提下，认真思考肌理，尤其是立体肌理的表现形式及其作用，并能在实际设计中加以灵活应用。

2. 应用不同肌理使人们心理上产生的情感创作12幅立体肌理练习作品。具体要求如下。

(1) 任选12种不同材质，应用肌理的表现形式组合成有一定视觉感受的立体肌理。

(2) 选用4种肌理情感中任意2种完成练习。

(3) 作业尺寸为15cm×15cm。

(4) 应用不同的黏合材料来完成练习。

(5) 作品要有特色，整洁美观。

(6) 完成后贴在4开的卡纸上。

3. 应用不同材料表现出的肌理效果的对比关系，做一个或一组立体形态的组合。具体要求如下。

(1) 题材内容自定。

(2) 立体造型中要有3种以上的材质，以体现肌理的对比关系。

(3) 手法自由，表现大胆。

(4) 作业尺寸为35～50cm高。

(5) 应用不同的黏合材料完成。

(6) 作品整洁美观且有特色。

4.4 动漫基本形态的综合构成

在日常生活中，有些立体形态是以单体基本形表现出来的，如笔筒、包装盒等常见的日用品；也有一些较复杂的立体形态是各种基本形态的综合组成。不管是简单的立体形态还是复杂的立体形态，它们都是在一定的空间中表现出来的，体现出的是形态、位置、大小等的对比与统一。这些因素的有机组合表现出设计者的设计意图，同时给观众心理上造成一定影响。尤其在动漫设计中，其立体造型和道具体现的是不同形态的变化，在特定的立体空间即场景中的调度，表现出不同的情感和导演的设计意图，从而也给观众心理上造成特定的影响，让人产生愉悦感（图4-135和图4-136）。

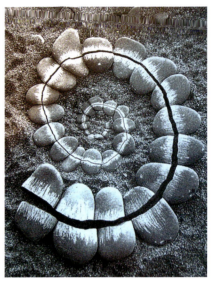

图4-135　单体基本形

在立体构成中，对形态的综合构成，就是对空间立体造型的有目的的加工。这里首先需要解决的就是材料选择的问题，不同的材料有不同的加工方法，包括主体和不同形状的材料部件以及不同的结构方式，也会涉及部分形体互相衔接的结合方法，还会涉及各种不同形体的组合规律等。所有这些都要进行全面的了解和研究。

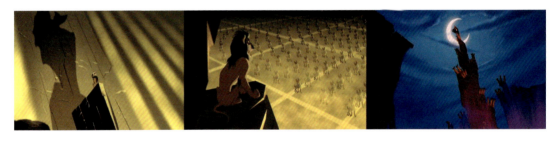

图4-136　立体造型和道具在场景中的调度（动画电影《狮子王》）

在材料形态上，以立体构成中的点、线、面、体基本形态为基础，可分为线型材料、面型材料和块型材料三种。对这些不同形态的材质进行不同的加工构成，也就是进行各种立体造型的组合变化，是立体构成训练中最基本的课题（图4-137）。

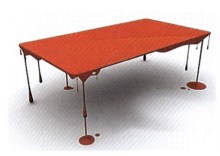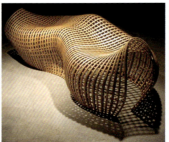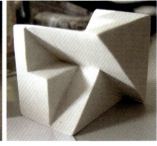

图4-137　形态的综合构成

4.4.1 线立体形态构成

前面已经讲过立体线的基本含义及特征，说明线是以长度为特征的型材。根据材料强度的不同可分为软质线材和硬质线材两种。软质线材主要包括棉、麻、丝、化纤的软线和软绳，以及松紧绳、塑料绳等；硬质线材包括木条、金属条、玻璃条等。这些材料都具有线型的特征，其构成特点是其本身不具有占据空间表现形体的功能，但它可通过群化表现出虚面的效果，再运用各种面加工包围，形成一定的封闭式的空间立体形态，只不过是虚体而已，这些线材所包围形成的形体必须借助框架的支持。一般可采用木框架、金属框架或者采用其他能够支撑的材料为框架等。

线材通过特定的框架所表现出的效果具有半透明虚体的性质。由于是线的群化，线与线之间会产生一定的间距，透过这些间距可以看到不同层次的线群结构，这样便可表现出各线、面层次的交错构成。这种效果将呈现出网格的疏密变化，具有较强的节奏感和韵律感，这也是线材所构成的空间立体形态具有的独特特征（图4-138）。

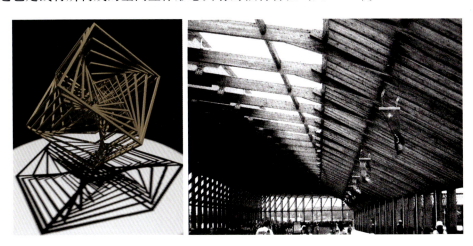

图4-138　线材综合构成实践

1. 软质线立体形态及框架

软质线材必须借助框架的支持，否则就立不起来，形不成空间立体形态。框架的造型是按作者的设计意图制作的，其结构可以是正立方体造型，可以是三棱柱形、三棱锥形、六棱柱形等，可以是正圆形、扁圆形、半圆形等，还可以是自由形体框架。这些框架的结构必须顾及四面八方的效果，构成的方法是将软质线材的两端固定在具有一定形状的框架上，框架上的接线点的间距既可以是相等的，也可以是渐变的。线的连接方向既可以是水平的，也可以是垂直的，还可以是斜向的，形成网格状态。框架占据空间的总体设计结合线材所形成的虚面形或独立，或交叉，造成不同的气氛，从而也会对观者心理产生不同的影响。

软质线材在应用框架进行设计时，要连接两边的接线点的数量应该是相等的，但间距不一定要相等，既可以是有规律、有节奏的渐次变化，也可以由大到小或由小到大形成不同效果的虚面形。有的为了增强形态变化，也可以在框架上同时拉几组线群进行交错构成，便可产生较复杂的立体形态。

在设计软质线立体形态时，应注意线与线的交叉构成效果。由于其方向和交叉角度的变化，可产生丰富多彩的构成效果。这些交错关系主要表现为两种状态：一种是接近于垂直的交叉，其效果基本上是方格造型，使方格形成横向、竖向及宽、窄产生不同对比的变化，另一种是接近于平行的交叉，它们所形成的造型呈现出一种逐渐变化的条形网格效果，这种网格排列得非常有规律，从而产生一种韵律美。

软质线材也可以制成悬挂式软雕塑的立体形态，既可当作装饰型壁挂，也可通过不同的编制手段穿插配置以各种不同材质的小型立体造型构成一种具有不同肌理效果和形式变化的优美造型（图4-139）。

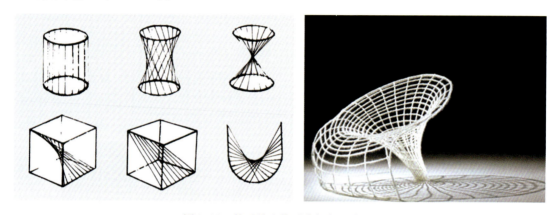

图4-139　软质线立体形态框架及实践

2. 线材的排列方式

在线立体的构成中，如何符合美的标准进行排列是很重要的，它的不同排列组合关系体现出不同的形态，并带给观众心理上不同的感受。如间隙均等的排列给人整齐划一的感觉，但缺乏变化，缺乏节奏，不善于表现对比强烈的关系。如间隙有条理、有规律的渐次变化就能产生具有韵律的深度感和方向感，但处理不当，会有散乱之感。

如果线材按照一定的路线进行排列组合就会产生一种有空隙的面，由线材与线材之间空隙的大小、宽窄、厚薄、远近所产生的虚空间，其虚实对比关系可造成空间的流动感和节奏感。同时，透过缝隙还可以看到其他不同方向排列的线面，带给观众一种透明感，给观众心理造成愉悦感，产生美感。线材的排列轨迹既可以是二维的直线或曲线，也可以是具有三维空间的逐渐变化方向的三维曲线，由曲面形成一个旋转体，再由旋转体组合构成层次交错的形态，由不同的角度可呈现出多姿的变化。线材的不同层次在前后排列上会形成空间纵深感，具体有重复、渐变、发射、旋转等形式。重复形式前面已讲过，是将线立体有秩序地排列、组合，如铁轨、桥梁钢架、拉索桥梁等。设计时应注意对重复数量单位的把握，使整体形态美观。渐变形式是一种有规律、有节奏的排列关系，设计时应注意比率的选择。发射、旋转可以采用一点或多点发射，或者同时有旋转的空间组合方式，这种方式的特点是空间感强，动态变化丰富，能产生强烈的美感（图4-140）。

3. 软质线立体形态的构成

软质线材借助框架结构所构成的空间立体形态是多种多样的，其构成形式主要有线群结构、线自垂结构、线编织结构。

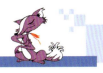

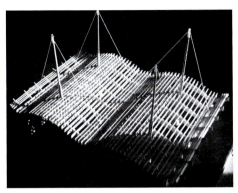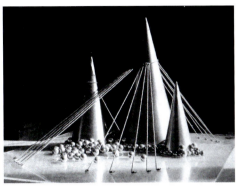

图4-140　软质线材的排列

（1）线群结构。用软线按照一定的秩序在框架上做出的排列被称为线群结构。相互平行或交叉的两根导线只能形成二维平面的互相连接的线，只有当两根或两根以上的导线不在同一平面上时，才能产生三维立体空间的效果。这里可以用木框架的软线材构成，即用木条制成的四棱锥形的框架结构，可选用不同色彩的丝线，在两个面上进行交错构成，形成有一定角度的、互相交织的曲面，表现出强烈的韵律之美。也可以用木托板金属框架的软线材构成，即用一块一定尺寸的方形板，上面将铁线或具有一定硬度的金属线固定在板子上，呈一定形状来组合成立体空间，托板上可用小钉子或其他材料排成一组垂直交叉线，作为托板上的接线点，然后可用软线材交错连接构成，形成一些曲面的韵律。由于线的群化结合，线与线之间会产生间隙，通过间隙能看到不同层次的线群结构，这样就要考虑到各个线群层次的关系问题，分割的空间不能太过拥挤，也不能太过零散，否则会影响空间的流动感（图4-141）。

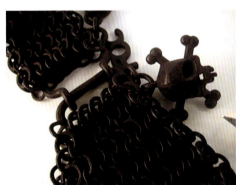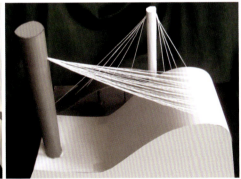

图4-141　软材线群结构

（2）线自垂结构。这是将平面板材剪成一定形状，再以硬性材料作为支撑的构成形式。这类结构由于线自身重量的原因，在一定的支撑下可以形成自然的下垂。如果说线群结构表现的是一种条理和韵律，那么，线自垂结构表现的则是一种自由和流畅的感觉（图4-142）。

（3）线编织结构。这类构成的最大特点是不必用硬材做引拉基体。如原始人利用编结织网，用编结来计算。随着时代的进步，这种方法得到很大的发展，可以用来美化人们的生活，如用毛线、麻绳、金属线等物来进行编结，可制成壁挂等装饰品（图4-143）。

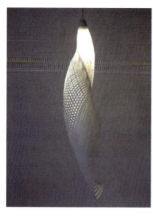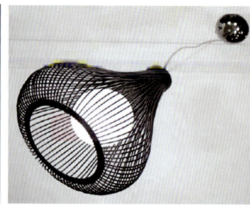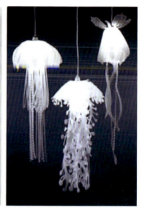

图4-142　线自垂结构

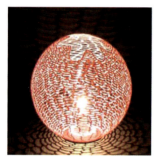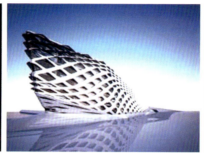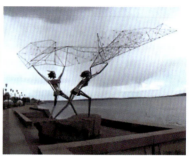

图4-143　线编织结构

4．硬质线立体形态的构成

硬质线立体形态构成是用难以弯曲的木条、金属条、塑料细管、玻璃柱等材料组合而成的立体造型。设计者在设计之前都要按自己的设计意图先确定好支撑框架，制作完后，再将原有起临时支撑作用的部分拆掉，只保留硬质线材构成的效果。因为硬质线材本身已具有支撑功能。这种构成形式能应用于灯具、商品展架和一些装饰品的模拟造型等。需特别指出的是，用玻璃管、玻璃柱和透明塑料条等材料设计时，能构成晶莹剔透、透明光亮、互相映照的辉煌效果。

硬质线材构成表现形式十分丰富，其组成的立体形态可不断进行研究和试验，在实践中加以创造。其主要形式主要有连续构成、线层结构、单体造型组合和转体组合以及框架结构。

（1）连续构成。具有一定硬度的金属条或其他线型材料经过连续的直线连接所组成的形态被称为连续构成。其构成形式有两种：一种是限定构成，由控制点运动的范围来确定其形态。如由一条连续的直线以相互平行和垂直的关系组成立体形态，或者以螺旋的形式组成立体形态。另一种是不限定的自由构成，用具有一定硬度的线型材料形成不限定范围的连续空间效果。在动漫设计中也可以根据动画的特点来制作动画片。如动画小品《钢丝圈的恶作剧》就是应用金属丝的自由构成组合成不同的造型及道具，演绎出具有深刻哲理意义的动画作品，从而也体现出导演的聪明才智。在一般情况下，连续构成的轨迹设计必须十分简明、连续，可以与运动轨迹相仿，同时，同一地点不能两次通过，以免线与线的接触交叉影响空间感的表现，另外还要关注空隙对整体效果的影响（图4-144和图4-145）。

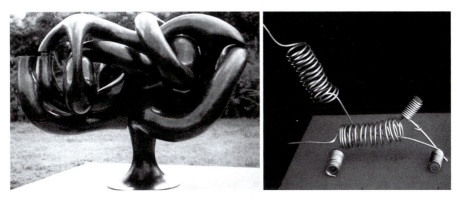

图4-144　连续构成

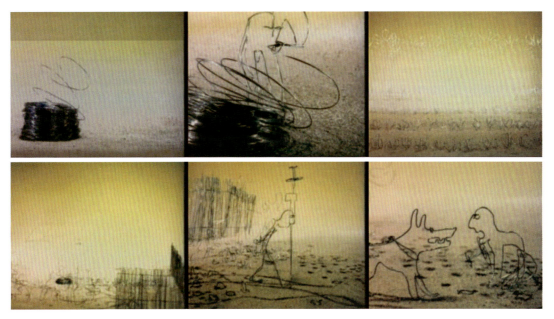

图4-145　动画小品《钢丝圈的恶作剧》是应用金属丝的不限定自由构成

（2）线层结构。将硬线材沿一定方向按层次有秩序地排列而成的具有不同节奏和韵律的空间立体形态被称为线层结构。例如用直线形透明主体条材或细管材的垂直构成可以形成一定的层次感，其造型也可进行多项的组合构成，具有丰富变化的整体效果。

线层结构形式可分为两种：一种是单一线材的排列，即每一层为单根线材，排列方式包括重复排列和大小、方向、位置上的渐次变化等；另一种是单元线层排列，即用两根或两根以上的线材在一定空间中排列，使立体造型变化丰富，如用两根线材可组成 V 字形或 T 字形等形态（图 4-146）。

（3）单体造型组合和转体组合。以直线形条材组成方形、三角形、扇形的单体造型，按照其类似型的渐次排列组合或者进行变相转体等多种变化，形成一种群体性的韵律美。其制作方法是将条形硬质材料一端用白乳胶固定，或者由细金属丝穿透固定，将另一端做成散开的扇形或圆形等形式，其间距既可以是均等的，也可以是从密到疏或从疏到密的渐次排列，从中能表现出前后层次的交错构成，其立体形态具有多姿的变化，形式优美，秩序性较强。还可进行转体变形，或者用硬质材料预先构成扇形及其他形式的小型单体结构，然后进行重叠、交错形成各种较复杂的立体形态（图4-147）。

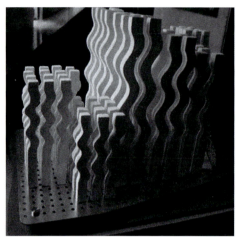
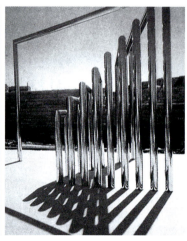

图4-146　线层结构

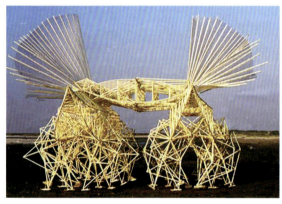
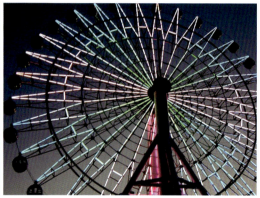

图4-147　单体造型组合和转体组合实例

（4）框架结构。将条形硬质材料通过焊接、黏接、铆接等方式结合成框架基本形，再以此框架为基础进行空间组合，即为框架组合结构。框架的基本形可以是立方体、三角柱体、锥形体、多边柱体，也可以是曲面体、圆形、半圆形等。有的面层用平行或垂直的有秩序排列，也可以进行斜向的面层处理，形成一定的富有规律性的变化形式，并可通过空隙看到另外的面层，能产生互相交错的韵律美。

在制作框架时应注意整体感，结构应稳定，空间发展不应当过分封闭，注意外缘适当留有余地，还要特别注意框架上方，顶端高度过于统一易产生平的感觉，有碍向上的空间发展。单元空间的种类不能超过三种，否则会出现杂乱的造型效果。可在框架中添加形象或在秩序排列的方向上进行变化，使其产生空间节奏，增加美感。另外，所用材料可选择木条、金属条、厚纸板制成的方形条材、牙签、彩笔等。总之，可尝试多种空间组合，形成富于变化的美的构成（图4-148）。

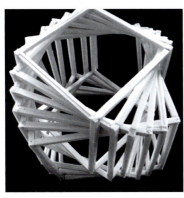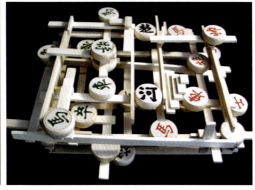

图4-148 框架结构实例

5. 线立体形态构成在动漫中的应用

  线立体形态是指在一定的立体空间中呈现为线的各种形态。在动漫中的构成是指这些线立体形态在时间的推移中，按照一定的构成法则和形式表达创作者的创作意图，让观众产生一定的心理感受。因此，研究立体线的形态及其在运动中的构成形式，以及表达创作者和导演的意图，就成了非常重要的课题。灵活利用立体线的因素来达到自己的设计意图是动漫导演必须具备的素质之一。例如，动画电影《小鸡快跑》中一些立体线的应用就充分考虑到了这一点，也给观众心理上造成了一种真实感和压抑感。从图中可以看到，铁丝这种线立体形态本身并没有什么情感，但铁丝编织成的网再经过导演的精心设计，就表达了一定的含义。结合小鸡渴望而恐惧的眼神，铁丝编织成的网给观众心理上造成的压抑感是可想而知的，这种网充满画面，在小鸡心中是不可逾越的，但从故事的发展中可知，小鸡一直在为争取自由而不懈地努力。故事表达的情感是丰富的。在另一幅画面中，一只公鸡好不容易飞出了铁网，但在得意忘形之下，有了一个小小的失误，即被电线杆上的电线给弹了回来，又回到了铁网中，在动画创作中会给观众带来幽默感。再如动画短片《钢丝圈的恶作剧》中，作者利用钢丝做材料，给无生命的钢丝赋予新的含义。钢丝线的立体形态会给人一种冷酷感，但在作者的手里像变戏法一样变出各种各样的形态，并被赋予不同的含义，在故事发展过程中，给观众一种温馨感，让观众从中看到比自己的生命体验更广、更深的一种生命力。可到最后，钢丝为了自己的私利而破坏了和谐的幸福，从而点出了一个人性的深刻主题，让观众又回到了比钢丝本身还要冷酷的现实环境，使观众心理上产生一种压抑感，让人不得不去深入思考。这就是艺术的影响力。线立体形态在此片中被创作者应用得恰到好处（图4-149和图4-150）。

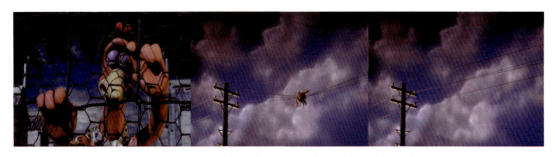

图4-149 动画电影《小鸡快跑》中一些立体线的应用

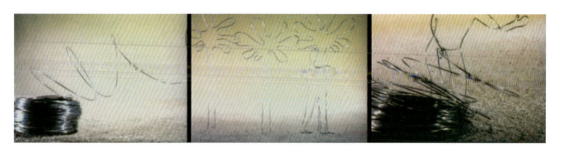

图4-150　动画短片《钢丝圈的恶作剧》中一些立体线的应用

4.4.2　面立体形态构成

前面章节已讲过面立体是具有一定厚度，以长、宽二度空间的素材所构成的立体造型，又称面材构成，即板材的组合构成。面材所表现的形态特征具有平薄和扩延感。由面材所构成的空间立体形态较线材有更大的灵活性，也具有更强的表现空间的能力，它可以在二维空间的基础上增加一个深度空间，便可形成空间的立体造型。由于这些立体形态都是由"面"来组成的，因此，面材是视觉上最有效的媒介物。面材所围成的立体空间大多数是空心造型。这种结构是将面材加以刻画、切割和折曲，形成一种面材包围的空间立体形态。还有的是面群结构，即采用类似形的面材造型逐渐变形，进行重复叠加构成，形成一种渐变的立体实体造型。

在日常生活中，许多空间立体形态都具有面材的特点，如许多建筑物是以墙面作为屏障所包围成的立体空间构成建筑的立体造型，家具是以木板为材料组装起来的中空立体，服装造型是以各种面料为材料经过裁剪加工所形成的空间立体形态；还有包装盒、各种器皿，都是用不同的材料制成的立体形态。体现出各自材料特征的物体会使人们心理上产生不同的感受。因此，在学习中，训练学生对各种材料的不同认识，并加深各种材料不同的制作方法，在今后的设计中具有重大的启发作用。

为了制作方便，一般作为练习使用的平面材料为250克以上的灰卡纸。灰卡纸具有一定的厚度，比较挺拔，便于切割和折曲，也便于互相连接，加工后也不易变形。这些卡纸价格较便宜，且可塑性较强，与胶合板、有机玻璃、塑料板材等材料相比价格合适，效果较好。如果用彩色卡纸能起到很好的效果，那它也是练习中首选的板型材料之一（图4-151）。

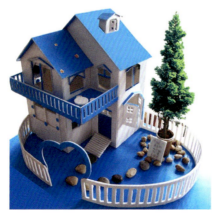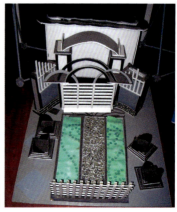

图4-151　面材结构实例

1. 面立体形态构成的基本加工手段

面材是具有一定厚度的平面素材，要将其转化为较深的立体，就必须将平面的某些部分推进去或拉出来，脱离原有平面，造成具有一定深度的二维半空间或三维空间。这就需要不同的加工手段，使其转化为立体形态。基本加工方法有折曲加工、压曲加工、弯曲加工以及切割加工四种。

（1）折曲加工。这是将平面的纸板进行折叠，把其中的一部分折成立面。折曲后应保留一定的角度，造成一个深度空间。折曲加工可进行单折、重复折、反复折和多方折。

其中，直线重复折是三棱锥、三棱柱、四棱柱、四棱锥、五棱柱、六棱柱及多棱柱等立体结构的基本造型方法。在进行折曲构成之前，应先准确地画出图稿，安排好各棱面的连续次序，并留出需要黏合的接口，然后在要折曲的棱线背面折线上用刀尖轻轻画出浅沟，事先画出预折线。按照以上方法可制作出一个锥体造型或一个柱体造型。

直线瓦楞折是形容反复折曲的直线。在画好折曲造型的展开图后，将卡纸折曲成瓦楞立体，在此基础上再进行横向反复折曲，便可形成一件"蛇腹折"的立体形态，这也是一种形象的比喻。在平面转立体的造型过程中，要达到部分凸起，就要有部分凹下，以保持平衡。因此，蛇腹折便成了典型的凸起加工和凹下加工的反复构成（图4-152）。

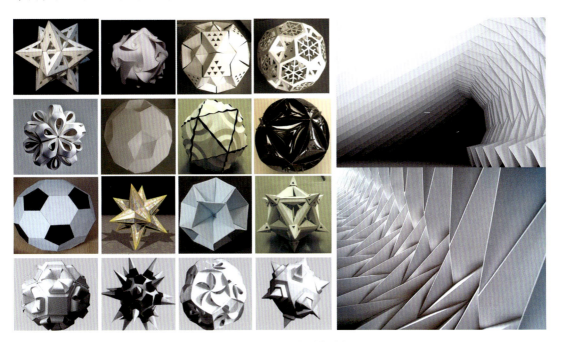

图4-152　面材直线重复实例

（2）压曲加工。与折曲加工相似，在压曲之前，首先在画好的要压曲部位的两侧画出浅沟，可得到预期的压曲效果，这多数是在柱式结构棱线部位进行变化。但有些创作者为追求圆弧曲面的效果，对压曲折线不画浅沟，可形成较含蓄和圆润的效果。这种手段在仿生结构中应用较多（图4-153）。

（3）弯曲加工。将面材做弯曲加工，其形式多样。首先是可以进行管、柱形曲面弯曲，这是将平面素材沿着平行的方向弯曲，然后将曲面的两端黏合起来，形成管状立体形态。在此基础上，再加上顶部和底部的两个圆面，就可形成封闭的空心圆柱立体形态。其次是制作圆锥、圆台形曲面，这是在一个平面的卡纸上以圆锥顶为中心画一个正圆形，再从圆心向周边任何部位做一个切口，然后将切口的两边重叠在一起，得到锥体曲面。圆台是圆锥截去头部的剩余部分，其做法是以圆锥顶为中心画两个直径不等的正圆形，再从圆心向周边任何部位做一个切口，然后将切口的两边重叠起来，重叠的多少会影响圆台的大小，再做两个大小不同的圆并黏接起来，就形成了圆台体。再次是进行几何曲线形曲面弯曲，这是先在平面卡纸上作出同心圆几何曲线的折线图稿，然后按照其图线，用圆规的铁尖部画出浅沟，并预折成瓦楞结构，最后将同心圆曲线的两个端部收拢在一起，收拢的程度越大，折曲曲线的程度就越高。最后是自由曲面弯曲，是表现带有自由的、不规则曲面立体的加工手段。为了表现自然界中丰富多彩的复杂的立体造型，就必须用一种特殊的方法进行概括和归纳，同时，也要有条理地加工出比较简明的自由曲面形态。其做法是按照自然形态的结构，将曲面转折关系归纳出一定的自由曲线，并在图上进行画沟、预折，对初步折曲的曲面造型可取得较好的效果。如不合适，还可进行多次反复修整（图4-154）。

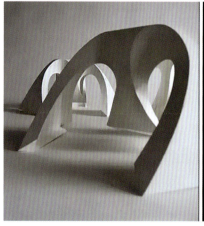
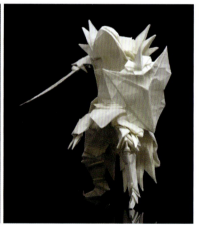

图4-153　压曲加工实例

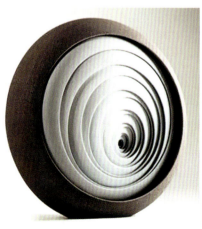
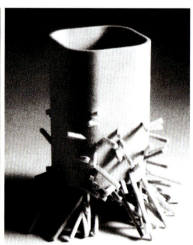

图4-154　弯曲加工实例

(4) 切割加工。这是将平面材料转化成立体的主要手段之一,也是形成立体形的主要原理之一。通过切割去掉面材中多余的部分,从而使平面转化为立体。首先是直角切割,即在一个正方形的平面材料上将其 1/4 切割掉,只在一侧保留接口,即可折曲成直角的立体造型。如果再多切割出一个 45°的三角形,便可形成侧面为直角三角形的立体形态。其次是切割拉伸,即在平面卡纸上进行适当的切割,可以切一个或两个刀口,将切断的部分进行拉伸构成。拉伸的方式可以是将切割部分的一端与原平面相连接,另一端脱离该纸板,再对这一切割部分进行折曲、弯曲处理;或者保持切割部分的平面位置,而压曲其相邻的部分,从而突出切割部位,形成有变化的造型。

面材转立体可以通过折曲、压曲、弯曲和切割的方法加工处理,形成一种浅浮雕的立体效果。对这些形态进行深入的研究和实践,可以提高学生们对立体感的认识,从而向三维立体空间的认识转变。其基本方法有直线折曲加工、曲线及斜线折曲加工、对称式组合加工、周边式组合加工、放射式组合加工和综合式折曲组合加工等(图4-155)。

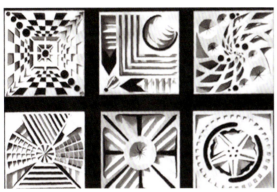
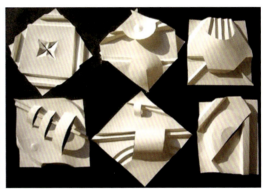

图4-155　面材转立体实例

2. 面立体形态构成的综合方法

面立体形态是面材按一定的加工方法制作而成的。面材的加工方法有折曲、压曲、弯曲和切割等,应用这些方法可形成各式各样的空间立体造型。将折面的边缘互相连接,就能形成一个较完整的立体物。常用的结合方法主要有以下几种。

(1) 平接黏合。将折曲面的端部留出一定宽度的黏合面,留出的部位应在其结构平面展开图上标清楚,再有计划地实施折曲。如果是一个多面结合的展开图,其黏合部位一般设在同一侧,这样排列起来很有秩序。黏合面的结合通常是用白乳胶或其他黏合剂,效果很好。黏合后要停一小会儿,待初步干燥后再进行下一步工序(图 4-156)。

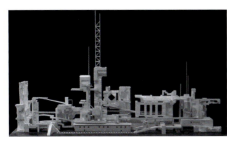
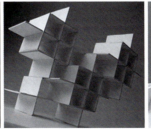
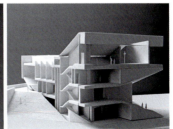

图4-156　面材平接黏合实例

（2）立式插接结合。在折面的端部加工适当的切口，使其互相穿插在一起，形成一个整体立体形态。这种结合方法的好处是便于拆卸、安装，所以被应用于许多立体造型的组合上，也可应用于包装物的分割结构上。如将装多件物品的包装容器的内空间以厚纸板分隔开，避免商品互相撞击（图4-157）。

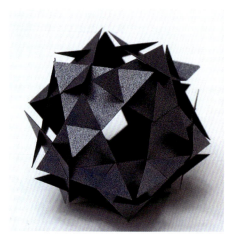
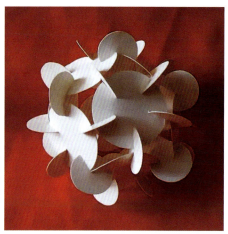

图4-157　面材立式插接结合实例

（3）带式插接结合。在折面的端部加工同样多种切口，使其互相插接在一起，形成完整的立体形态。这种办法多用于带状卡纸或相应材料的结合上，使用起来较方便实用。其方法主要有垂直式插接、咬挂式插接、纵横式插接和反折式插接四种（图4-158和图4-159）。

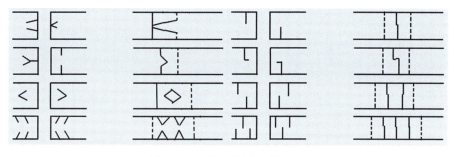

图4-158　面材反折式插接结合

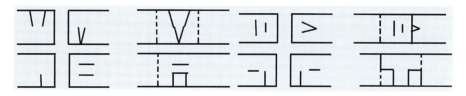

图4-159　面材垂直式插接结合

（4）榫接结合。在立体造型的结构上，连接的双方中一方出凹口，另一方出凸榫，将凸榫插入凹口处，再加上横销或配以黏合。木工工艺中就经常采用榫接结合的方法（图4-160）。

(5) 旋插结合。这种方法多用于柱体四周的封口处，也可用于包装纸盒上、下盖口。将上口四片封盖，按回旋方向顺次挤压，将最后一片反插在下面，使之成为一个整体，但不必封口（图4-161）。

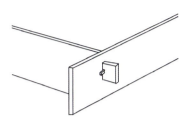
图4-160　面材榫接结合

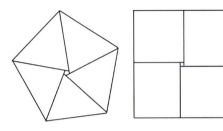
图4-161　面材旋插结合

(6) 压插结合。将封口板切割成互相咬卡的斜形切口，经包装物重量挤压，便能承担一定的重负。若商品的重量太大，可在里面加上衬板，外加封条进行加固（图4-162）。

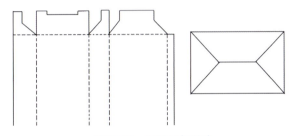
图4-162　面材压插结合

3. 面立体形态构成的结构形式

人们在实践中总结出了许多既实用又美观的面立体形态的结构方式，可以按照不同的用途采用不同的方法。主要有以下几种。

(1) 板式结构。将面材经过折曲和切割加工后，会形成一种具有浮雕性质的板式立体构成。这种构成形式可应用于室内外装饰墙面效果的处理或天棚装饰花纹，也可作为小型壁饰悬挂在室内。由于是浅浮雕，因此在拍摄时，借助于不同角度光源的照射会产生多种形式的投影，表现出丰富的明暗效果（图4-163）。

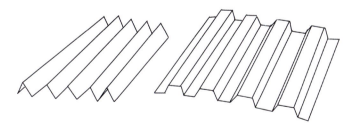
图4-163　面材板式结构

板式结构设计的种类按其不同的加工方式可形成不同的效果，如直线折曲构成、蛇腹变异构成、斜向折曲的直线构成、直线折曲为"并列金字塔形"的造型、曲线折曲构成、切割构成和集聚构成等。若加上装饰框，效果会更好。

① 直线折曲构成。在一张平面的纸板上不经过切割等手段，只进行直线的折曲或反复折曲成瓦楞形、方台形等立体浮雕形态。其特点是各部分的凹凸变化相互制约，折曲的硬度较大，坚固度也较强，整体效果很好。

② 蛇腹变异构成。将蛇腹折在长度上的等距离改为阶段性地加长，形成带有阶梯状的造型。其造型能增强节奏感和韵律感，富有动感（图4-164）。

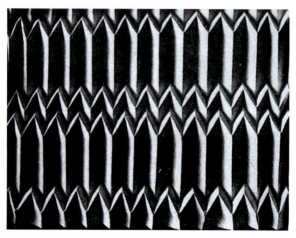
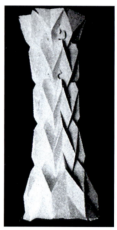

图4-164　面材蛇腹变异构成

③ 斜向折曲的直线构成。在竖向平行排列的格位里靠近格线两侧的位置交错地画出平行折线，然后沿折线进行折曲，便可形成带有转折曲面的扭转体立体造型。其特点是富于变化，有较强的韵律感（图4-165）。

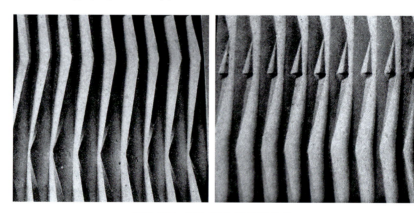

图4-165　斜向折曲的直线构成

④ 直线折曲为"并列金字塔形"的造型。其结构是在正方形的格位上折出对角线形，相对的两线凸出，另两线凹下，形成起伏状。其特点是造型优美，富于变化（图4-166）。

⑤ 曲线折曲构成。在板式结构的构成中比较常见的作品是直线折曲居多。直线总体给人的感觉是刚直、明快，造型较为利落大方，而曲线的总体心理反应是柔软、绵长。如果两者交叉应用，就会增加优雅、活泼的感觉。例如在一张平面的卡纸上先画出正方形的骨骼线，按一定比例重复排列，然后以两格为一单元，画出两条对角线的折线。第二组按同一方向，以两格相交的中点为圆心，以方格的边长为半径，画一个半圆弧。其他组以此

类推。在这些骨骼线上，将斜向直线下凹，将半圆弧的内侧向下压成曲面，半圆弧的外侧自然凸起，两个弧的夹角下凹折成深沟。给每一个单元都折曲一次，形成立体造型。再如波纹形曲线压曲构成和条形单元的凸凹折曲等都是这种类型（图4-167）。

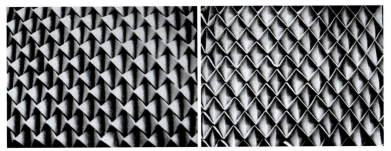
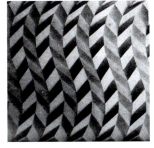

图4-166　并列金字塔形　　　　　　　　　图4-167　面材曲线折曲构成

⑥ 切割构成。这是较常见的一种加工方法。在经过折线折曲和瓦楞式折曲之后，在其凸出的棱线上进行圆形、方形或其他形状的切割。在整体上有一些局部的变化，经过光线的照射，其效果丰富而富有变化。在设计时，要先处理好造型与造型之间的关系，形成大小、疏密、聚散等有规律的变化，使作品在变化中有统一，在统一中有变化，形成一定的韵律美（图4-168）。

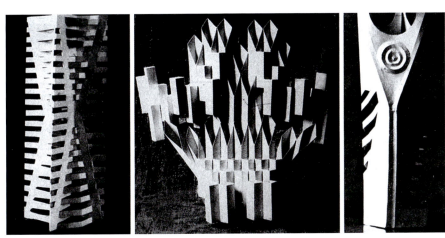

图4-168　面材切割构成

⑦ 集聚构成。这是一种基本形态的重复群化形式。通过基本形的集聚，重新组合成新的立体形态。在加工时，首先要考虑到基本形，并使其造型优美；其次通过重复排列，在整体上达到完整而有序的变化，使作品富于韵律美（图4-169）。

（2）柱式结构。在平面的卡纸板上进行重复折曲构成，然后将折面的边缘相互黏接在一起，形成上下贯通的筒状形态。在此基础上，将上盖、下底封闭，即可形成柱式的封闭立体形态。这类作品可以当作设计时的构思稿和样稿，也可以用作造型基础结构的研究，主要包括三棱柱、四棱柱、五棱柱、八棱柱或圆柱等造型。如果要有所变化，还可进行局部处理，使造型更加丰富，更加富有表现力。

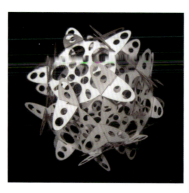
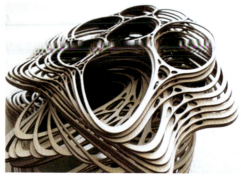

图4-169　集聚构成

① 柱端变化。柱体是将平面底板进行反复折曲后所形成的封闭造型。在柱体的上端部进行有目的的加工，以增强变化。加工方法可切断两端后，向外折曲成凸出的三角形造型，也可将柱口的中部进行切割，再向外折曲、弯曲后形成相应的造型。总之，利用一切办法使柱端按自己的设计意图进行加工变化，以达到较好的效果（图4-170）。

② 柱面变化。这是柱体变化的主要部分。在柱面上进行有目的的切割加工，使其凸出或凹进或拉伸，形成一种开窗的效果，增强柱体的透明变化。有的圆柱体可以进行横向切割、垂直切割或斜向切割，使柱体经过弯曲构成后形成一种旋转体的构成效果（图4-171）。

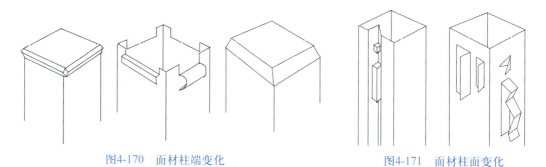

图4-170　面材柱端变化　　　　　　　图4-171　面材柱面变化

③ 主体的棱线变化。柱体的棱角是其造型的重要部位，也是画龙点睛的部位。在这些凸出的棱线上，经过压曲可以使棱线的局部成为曲面的造型；也可进行切割加工，使其形成有节奏的造型变化（图4-172）。

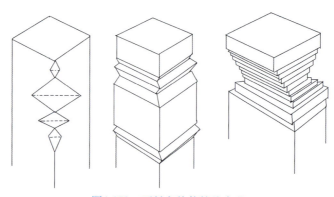

图4-172　面材主体的棱线变化

④ 柱体的构成。柱体的加工方法多种多样，主要有以下两种类型。
➢ 直线折曲、压曲加工构成。这是应用蛇腹折的结构形式，经过弯曲加工所形成的圆柱体，其造型多样，美观大方（图4-173）。

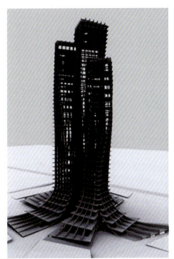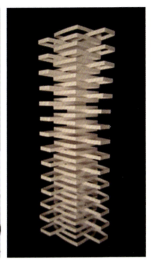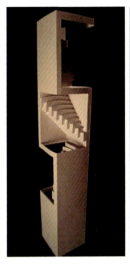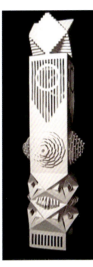

图4-173　直线折曲、压曲加工构成

➢ 曲线压曲加工构成。这是在三角柱体的棱线上进行正圆形曲线的弯曲构成所形成的曲面变化（图4-174）。

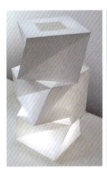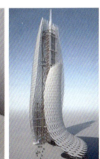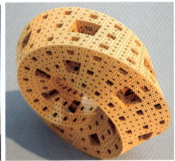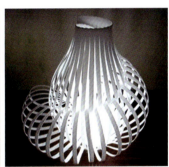

图4-174　曲线压曲加工构成

⑤ 柱面折曲转体造型。其加工方法是将多面体柱面从前一个格位进行斜向折曲，并转向下一个柱面的格位。其折曲线是将两个格位的对角线反复折曲加工（图4-175）。

⑥ 对棱线部位进行切割、折曲及压曲加工（图4-176）。

⑦ 柱体切割压缩构成。将柱身的高度缩短，多余部分通过对柱身周围的切割，再加以向外折曲、拉伸等处理，使凹凸产生有节奏、有规律的丰富变化。这种构成要处理好拉伸造型内外和上下的交替变化，还要处理好造型长短、宽窄等空间关系的对比，避免过分单调（图4-177）。

⑧ 移位转体造型。将柱体折面上的切割线按有节奏的次序排列，使其长度超越一个棱线，再按切割渐变的次序改变棱线的折曲位置，使棱线原有的折曲线移位，产生有秩序的错位，形成转体变化（图4-178）。

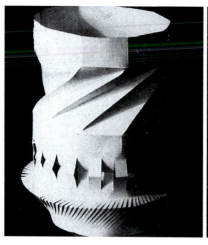
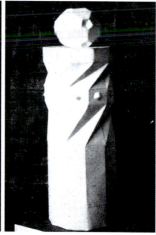
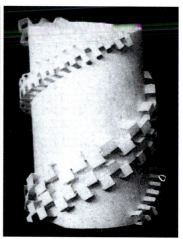

图4-175　柱面折曲转体造型

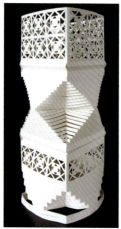
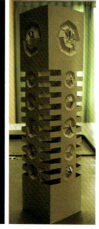
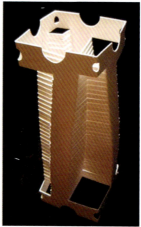
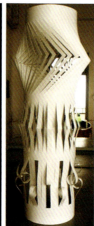
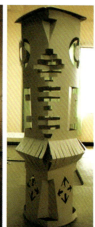

图4-176　对棱线部位进行切割、折曲及压曲加工

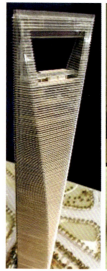
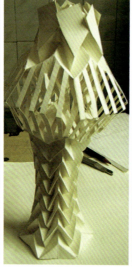
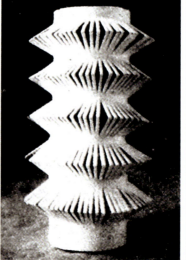
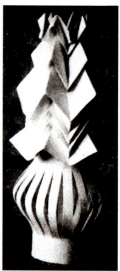

图4-177　柱体切割压缩构成

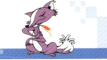

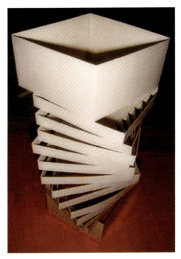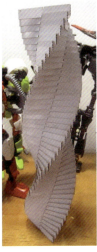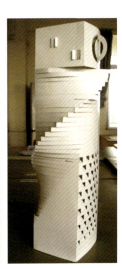

图4-178 移位转体造型

⑨ 其他柱形形态。在应用各种加工手段形成丰富多彩的柱式立体造型时，只要多考虑、多实践，就可丰富其柱式构成形式（图4-179）。

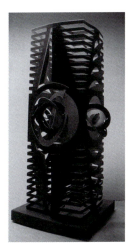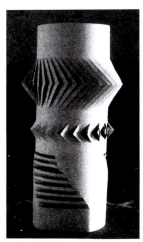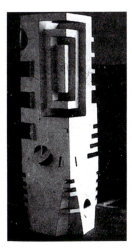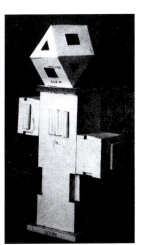

图4-179 其他柱体形态

（3）仿生结构。这是应用面材加工表现自然界各种物象的一种构成。自然界的形态丰富多彩，给艺术家和设计师以无穷的想象力，如何使这些活生生的形态表达一些情感，是艺术家和设计师的基本功，这些形态也能丰富和提高他们的艺术手段和表现能力。仿生的立体形态归纳起来大致有人物、动物、植物以及景物四大类型。在表现时要在其基本形象的基础上进行大胆的构思，遵照美的形式法则进行艺术的再创造。仿生结构制作的要点：首先，要按照艺术规律进行创作。作者必须深入生活，要对所表现的对象从不同侧面进行全面观察，这样才能抓住所表现对象的特征加以归纳、概括，并有夸张、有取舍地进行创作。其次，在表现手法上要概括其大的形象特点，适当夸张其造型的韵律，使作品更有装饰意味。再次，进行更高层次的变形可形成一种抽象的几何形体的组合，使作品概括力更强，更有说服力。最后，在加工手段上，由于有的形态太复杂，就必须进行多种手法的综合应用，如采用直线折曲、曲线弯曲、自然曲线弯曲加工以及切割、拉伸、压曲、黏接等办法，使所表现的对象生动自然（图4-180）。

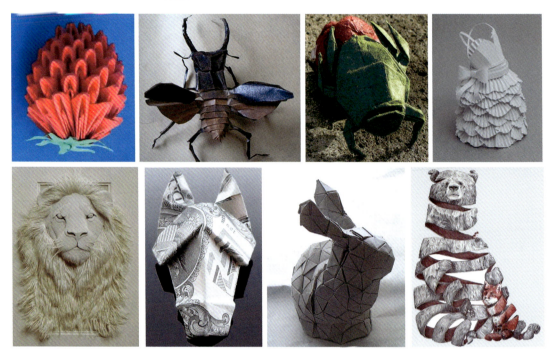

图4-180　仿生结构实践

（4）面群结构。一种将面材形态进行集聚组合的形式。如果是单一的面材，其表现力、说服力不强。若将若干单一的面材所构成的形态重复组合在一起，就可形成面群，其表现力大大增强，所占空间会有一定分量。如果将其进行有规律的渐次排列、发射排列，便可得到具有一定空间性格的立体形态（图4-181）。

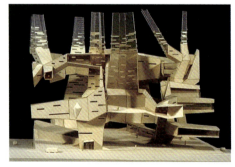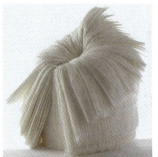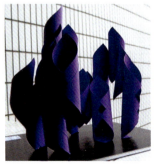

图4-181　面群结构

4. 面立体形态在动漫中的应用

前面讲过的面立体形态是指具有长、宽的二维空间，且具有一定厚度，但不能太厚，太厚就会有体块的感觉。如果把时间因素介入，就会打破静止的感觉，而变成运动面立体形态了。这里主要研究面立体形态在运动中的作用及视觉平衡。

例如，经典动画电影《小鸡快跑》中的一些场面和道具，各种面立体形态相互配合，营造一定的气氛来打动观者。从画面中可以看出，从远处飞过来的软体物质黏在具有一定厚度的木纹质感的物体上，形成面立体形态。其形状是一种很自然的偶然形，与规整的木纹形成反差，且占有大部分面积，给观众在心理上造成一种强调。下一个画面是吃惊的小鸡中间有一圆面形铁器装置发出的软体物质，同样与具有一定厚度的木纹形成对比，给观众造成一种紧张的感觉。再如，动画电影《僵尸新娘》中破旧的木头房子营造了一种非现实的另类空间，但这种空间更具活力，更加自然，比现实生活中冷酷的环境空间更温馨。导演会应用这些面立体形态的道具来表达主题，产生一种对比，这种反差取得了较好的效果。因此，各种面立体形态在立体空间中的布置是设计者要考虑的问题之一，也是表达思想情感的手段（图4-182和图4-183）。

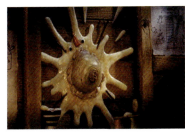 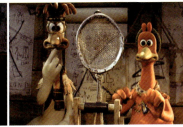 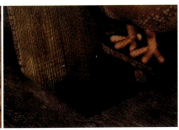

图4-182　动画电影《小鸡快跑》中的一些场面和道具

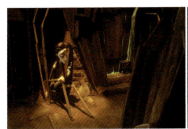 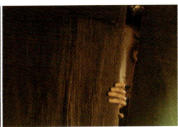 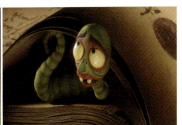

图4-183　动画电影《僵尸新娘》中破旧的木头房子

4.4.3　块立体形态构成

在日常生活中，我们接触到的大多数块状物体是具有长、宽、高的三维空间，有很强的体感和量感，由于外表及轮廓不同，形体的造型千变万化。

1. 块立体形态的特点及性质

块立体形态是立体造型最基本的表现元素，具有三维立体效果，是能有效地表现空间立体的造型，给人以充实感和稳定感。

体块是塑造形体时应用较广泛的素材，在实际应用中不但能表现出作品的造型美，而且能充分地表达材质的质量和设计创意。

我们通常用的块材原料种类很多，但在练习时可用价格比较便宜并便于加工的材料，如石膏粉、橡皮泥和胶泥等，这些材料在制作作品时具有硬度强、肌理效果丰富的特点。而铜、铁、铝材价格较高，尽量少用。也可选用价格较低且加工方便的塑料、有机玻璃和各种石材。无论应用什么材料，都要为设计服务（图4-184）。

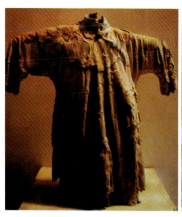
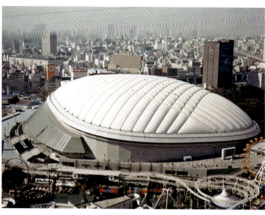

图4-184　块立体形态

2. 块立体形态的切割法

根据自己的设计意图对各种块材进行多种形式的切割，可以丰富创意，增强空间思维能力。切割后的各种形态再经过重新组合，便可得到一种新的具有一定创意的立体形态。切割的基本方法是切、挖，其实质是"减法"。切割后的形态要考虑方向、大小、转折面的变化等，同时形体表面所产生的交界线要舒展流畅和富于变化，形成既统一又有变化的形态效果。

（1）几何式切割法。规则几何式切割在形式上强调数理秩序，如等形切割、等量切割、渐变切割等。其中，等形切割是指分割后的子形相同，易产生相互协调的关系。等量切割是指分割后的子形体量、面积大致相当，但形状不一定相同。由于子形的形状相异，不易协调，在处理时，要充分考虑原形对子形的作用，使之具有一定的完整性，使若干子形统一起来。渐变切割是按一定的比例关系切割，如等比、等差、黄金比等关系，使切割后的子形具有较强的秩序感和逻辑性。具体包括以下几种方式。

① 立方体直线切割。在立方体材上进行宽窄不同的垂直方向和水平方向的切割，会产生富有变化的造型，经过切割后的形体可形成大小、厚薄、高低错落的对比关系（图4-185）。

② 立方体直线斜向切割。在立方体材上进行斜向直线切割，切割后所形成的形体可呈现不同的三角形、梯形造型，其组合应注意统一性（图4-186和图4-187）。

③ 立方体曲面切割。经过曲线切割的形体会呈现出几何曲面的效果，可表现出曲面与平面的对比关系，增强形体变化的美感（图4-188）。

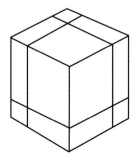
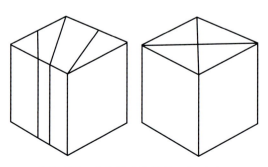

图4-185　立方体直线切割　　　　　　图4-186　立方体直线斜向切割（1）

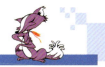

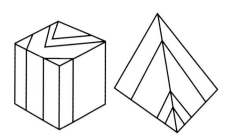 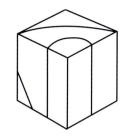

图4-187　立方体直线斜向切割（2）　　　　　　图4-188　立方体曲面切割

④ 曲面立体的直线切割。可在曲面立体如圆柱、圆球或圆锥形体上进行垂直、斜向、回旋切割，形成曲面与平面的对比关系（图4-189）。

对体块进行几何式切割时，应注意切割的子形不宜太多，否则会形成不完整感，显得支离破碎。切割后的形体比例要均匀，保持总体的均衡与稳定。

（2）自由式切割。能够使原来单调的整块形体发生变化，并产生新的生命力。由于正方体显得稳定、单纯，不够活泼，易形成四平八稳的静止状态。为打破这种局面，就要通过分割创造一些较活泼的形态，增强动感，力求营造视觉上的冲击力。但在分割时，应特别注意子形与原形的关系以及子形与子形之间的关系，这样有助于各形态之间的统一，以便产生美感（图4-190）。

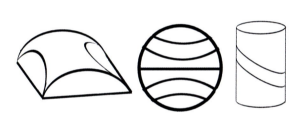 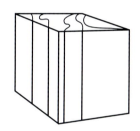

图4-189　曲面立体的直线切割　　　　　　　　图4-190　自由式切割

3. 块立体形态的组合

块材经过切割后要按一定的设计意图和形式美法则进行有机组合，组合的实质是使体量增加。在组合中进行叠加或挖切，可形成大小、高低、疏密、曲直或重复等种种造型变化，或正、负形的重复构成等。

块材的形体组合变化包括相同形态的重复组合和不同形态的变化组合。无论哪种组合方式，都应当遵循美学原理，形成具有一定空间感、质感、量感、运动感的组合形态，并注意形体之间的穿插连接，形成既有变化又协调统一的立体形态。

（1）重复形、相似形的组合。在立体空间中，相同或相似的立体形态通过不同的连接方式及不同的位置变化，构成不同的空间感觉。可采用不同的轨迹，加以渐变处理或局部变化，会形成极其丰富的造型效果，并能增强空间感和运动感（图 4-191 和图 4-192）。

（2）对比形的组合。要将不同的单位立体形态组合成空间形态，可以在形体切割的基础上进行重新组合，从而构成新的空间形态，也可以将相近或相似的单位形体进行组合。对比形的组合通常以视觉平衡为审美标准，采用自由的手法，强调形态的大小、多少、动静、方向、粗细、轻重的对比因素，因此要特别注意整体的协调性和统一性（图 4-193）。

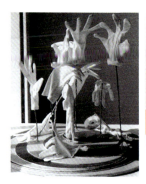
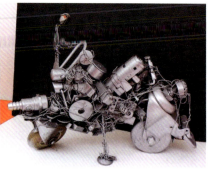
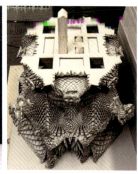

图4-191　重复形、相似形的组合（1）

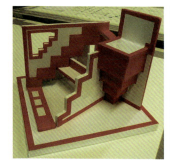
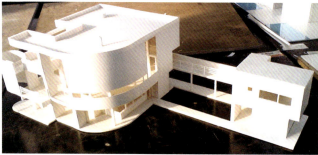

图4-192　重复形、相似形的组合（2）

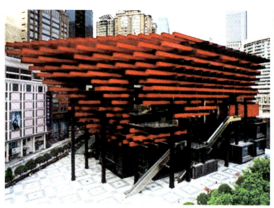
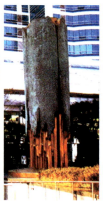

图4-193　对比形的组合

4. 块立体形态构成在动漫中的应用

块立体形态在动漫中的应用可看作动漫块立体形态。其含义有两层，即静止的动漫块立体形态和运动的动漫块立体形态。前者是指单个造型，后者则通过时间的推移带给人的视觉运动变化。我们知道，块立体形态与面立体形态的本质区别是厚度，厚度达到一定程度，超出了面的感觉就变成体块了。体块在视觉上更加具有说服力，而且在群聚时气势更加宏大，所造成的气氛更令人惊叹。我们先看静止的动漫造型，不同的立体形态可体现出作者不同的情感和心境。如学生作业——《老人》，从形态上就给人一种视觉冲击力，驼背的身形、花白的胡子、深陷的皱纹，无不表现出老人的慈祥和深邃（图4-194）。最为突出的是民间泥塑大师于庆成的作品，普通的泥土在他手里就变成了朴素大方、粗犷豪放的艺术作品。

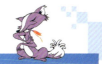

从体块中能感受到与大自然融为一体的厚重感，其作品中散发着泥土的芳香以及深厚的情感，将那种原始美表现得淋漓尽致，给人们在心理上造成一种震撼。

在动漫影片中，这种体块给人们的影响力同样重要，也是导演和设计者着重应用的艺术表现手段之一。如动画电影《小鸡快跑》中的一个片段。众多的小鸡在压抑的环境中出来放风，随着镜头的推拉运动，出现了画面中小鸡出现的点与体相互转换的视觉现象。排着整齐队伍的小鸡们虽然在做着运动，但每只小鸡的心中有丰富的想法，都试图要逃出那种非人的环境而获得自由，而外面的看门狗则把守严密。这些体块都形成了鲜明的对比，营造了紧张而又压抑的气氛，让观众担心小鸡如何逃出而捏了一把汗，这也正是导演要表现的意图。再如动画电影《僵尸新娘》中的一个场面，一个大蛋糕从远

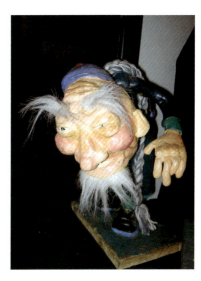

图4-194　动漫块立体形态

处抬进来，慢慢占据了画面的大部分面积，这个大蛋糕与形态怪异的僵尸们形成对比，表现出另一个世界的热闹场面。这种气氛是活跃的而不是死气沉沉的，与现实生活中不自由、受约束的环境形成强烈反差。体块巨大的蛋糕更增强了欢乐的气氛，在运动场面中起到了一定的作用。因此，块立体形态在气氛和内在心理变化的表现中就比面立体形态和线立体形态要强得多。但也不能一概而论，各种立体形态的有机组合可以共同体现出导演的思想，给观众传达一种理念，达到设计的目的（图4-195和图4-196）。

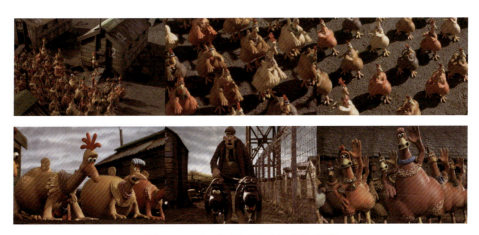

图4-195　动画电影《小鸡快跑》截图

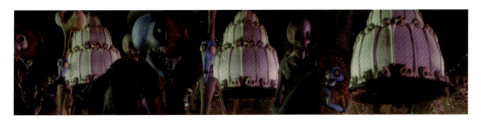

图4-196　动画电影《僵尸新娘》截图

思考与练习

1. 根据所学线立体构成的知识，结合自己的经验，完成一个硬质线与软质线相互结合的立体构成作业。具体要求如下。
   (1) 题材、内容不限，但主题要积极向上。
   (2) 形式感要强，并具有一定的设计目的。
   (3) 材料自选，对比与调和要适当，最好能形成节奏感。
   (4) 底面尺寸为50cm×50cm。
   (5) 若需要色彩，应适当考虑色彩的作用。

2. 根据所学面材的立体加工方法做柱形立体造型。具体要求如下。
   (1) 设计新颖，有一定的主题。
   (2) 利用所学加工方法，有目的地切割加工，使柱形变化丰富，但不可太乱。
   (3) 底面尺寸为30cm×30cm。
   (4) 材料为卡纸。
   (5) 若需要，应适当考虑色彩。

3. 根据所学面材仿生结构的加工方法完成一个仿生练习。具体要求如下。
   (1) 仿生内容不限，但尽量抓住被模仿形象的特征。
   (2) 应较熟练地应用所学制作加工手法，尽量做到干净利落。
   (3) 最后做一个边框，把做好的仿生作业放入其中，边框尺寸自定，但要有美感。
   (4) 仿生作业尺寸为30cm×50cm。
   (5) 材料为卡纸。
   (6) 若需要，应适当考虑色彩。

4. 根据所学立体形态构成的知识，结合自己的经验，完成一个综合练习。具体要求如下。
   (1) 题材、内容不限，应随意发挥。
   (2) 最好能突出体块构成。
   (3) 注意整体结构的把握，体现出节奏感和韵律感。
   (4) 加工手法随自己的需要而定，但要做得干净利落。
   (5) 材料自选，注意处理不同材料的相互对比与统一关系。
   (6) 若需要，应适当考虑色彩搭配。
   (7) 底部尺寸为50cm×50cm。

参 考 文 献

[1] 王弘力. 黑白画理 [M]. 沈阳：辽宁美术出版社，1991.
[2] 赵殿泽. 立体构成 [M]. 沈阳：辽宁美术出版社，1994.
[3] 曹方. 色彩 [M]. 南京：江苏美术出版社，1994.
[4] 赵国志. 色彩构成 [M]. 沈阳：辽宁美术出版社，1995.
[5] 郑钢，丘斌. 平面构成艺术 [M]. 南昌：江西美术出版社，2000.
[6] 邢庆华. 设计平面 [M]. 南京：江苏美术出版社，2001.
[7] 庞绮. 服装色彩基础 [M]. 北京：北京工艺美术出版社，2002.
[8] 王力强，文红. 平面·色彩构成 [M]. 重庆：重庆大学出版社，2003.
[9] 李刚，杨帆，洗宁. 立体构成 [M]. 沈阳：辽宁美术出版社，2007.
[10] 张彪. 色彩构成设计 [M]. 合肥：安徽美术出版社，2003.
[11] 爱娃·海勒. 色彩的文化 [M]. 吴彤，译. 北京：中央编译出版社，2004.
[12] 周景秋. 错视 [M]. 南宁：广西美术出版社，2004.
[13] 刘振武，罗雪. 色彩构成基础教程 [M]. 北京：中国传媒大学出版社，2006.
[14] 唐泓，纽敏，刘孟. 构成基础 [M]. 沈阳：辽宁美术出版社，2006.
[15] 刘赞爱. 构成基础 [M]. 沈阳：辽宁美术出版社，2006.
[16] 梁锐，王凛. 立体构成与现代设计 [M]. 福州：福建美术出版社，2007.
[17] 刘绥，覃卫红. 立体构成 [M]. 北京：印刷工业出版社，2013.
[18] 陈祖展. 立体构成 [M]. 北京：北京交通大学出版社，2018.